Uri Aran

What's this man doing mom?
He's beginning.

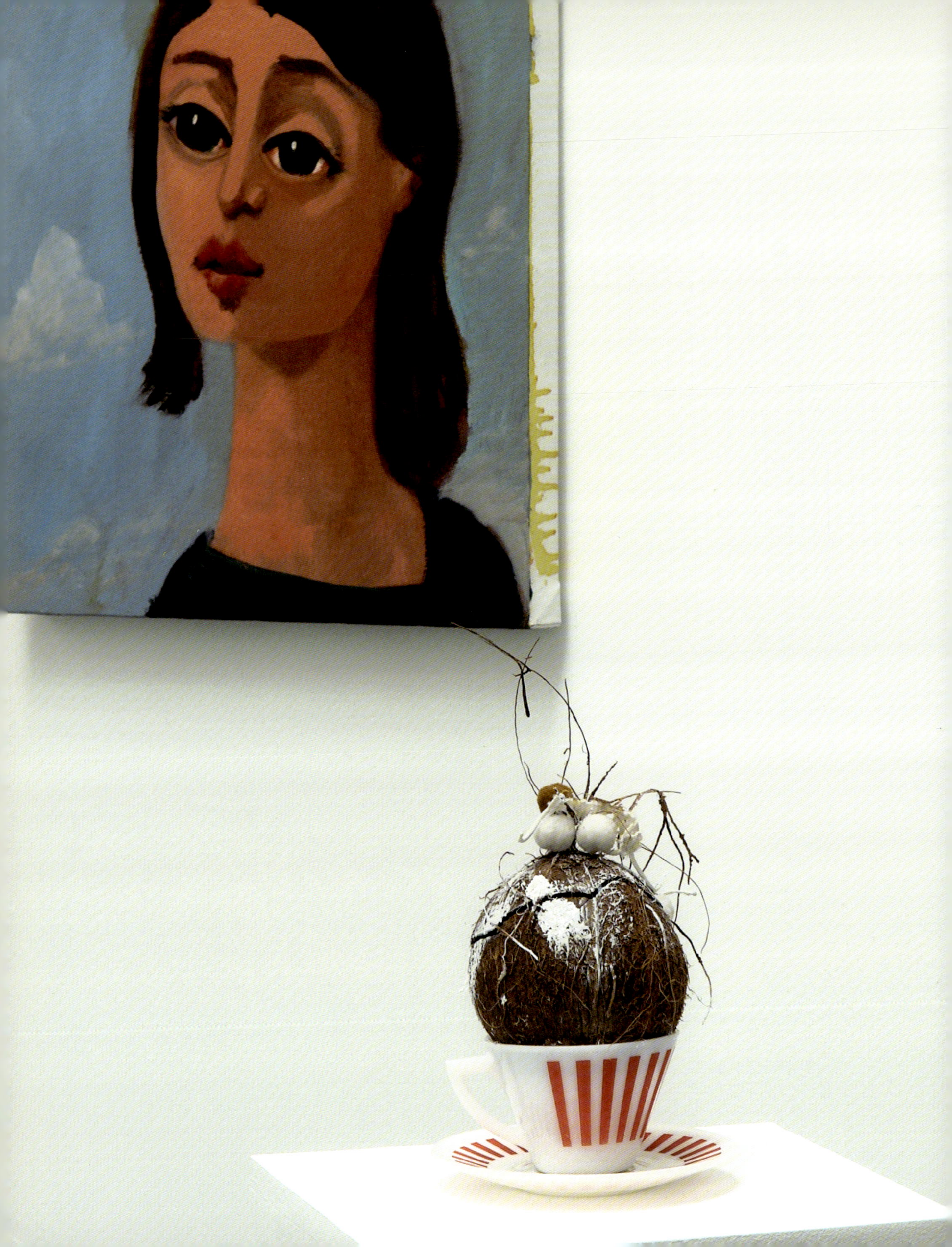

In loving memory

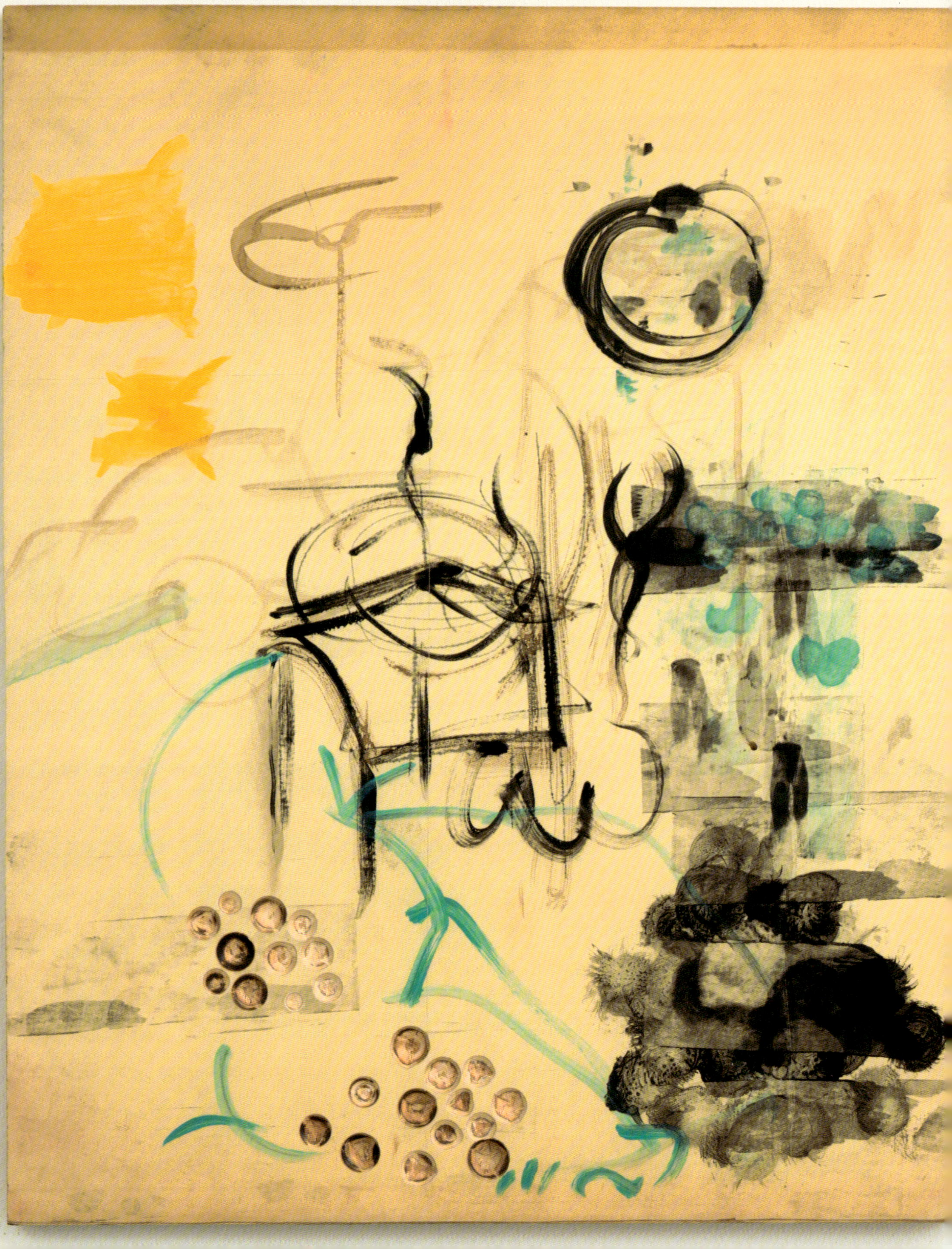

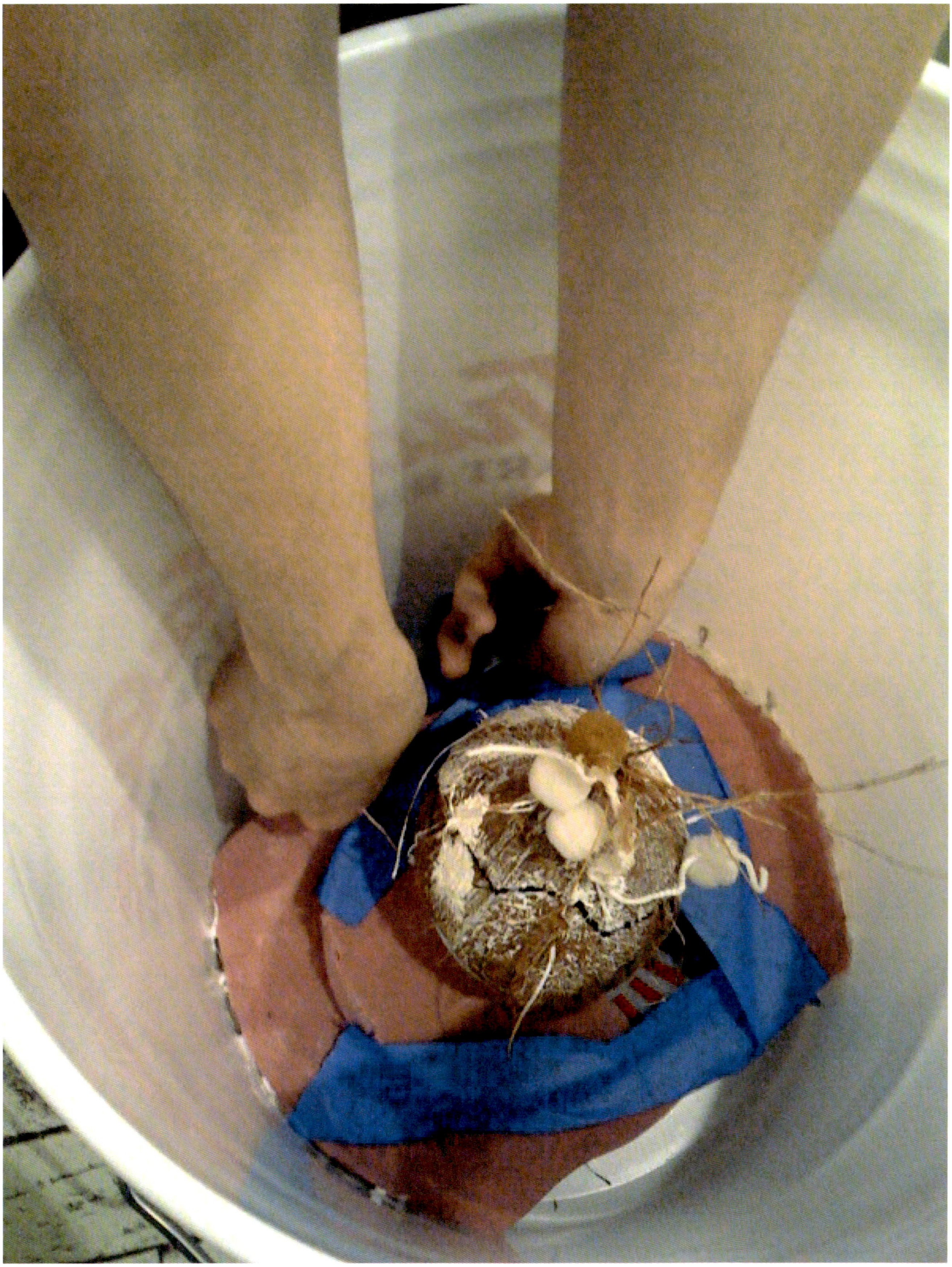

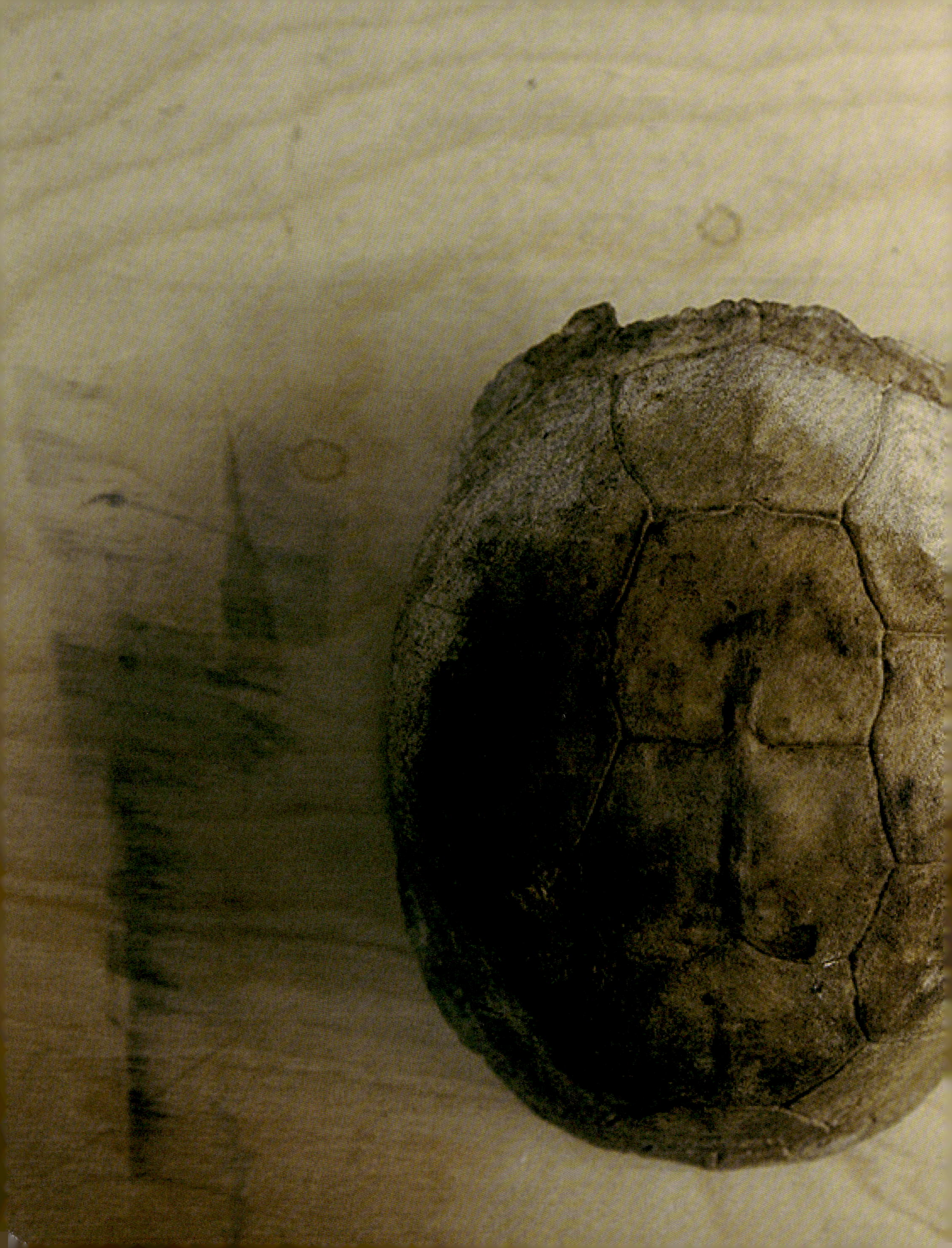

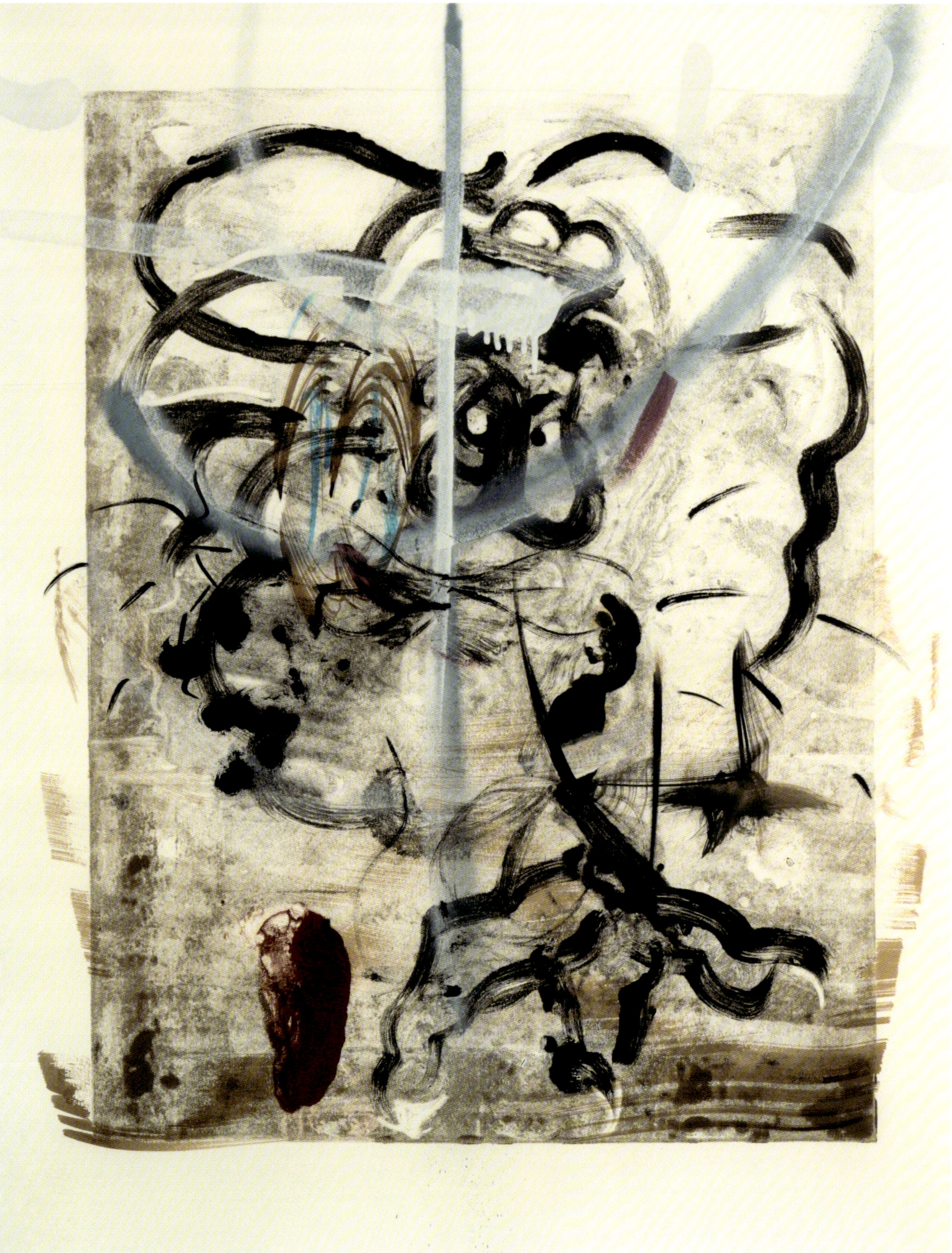

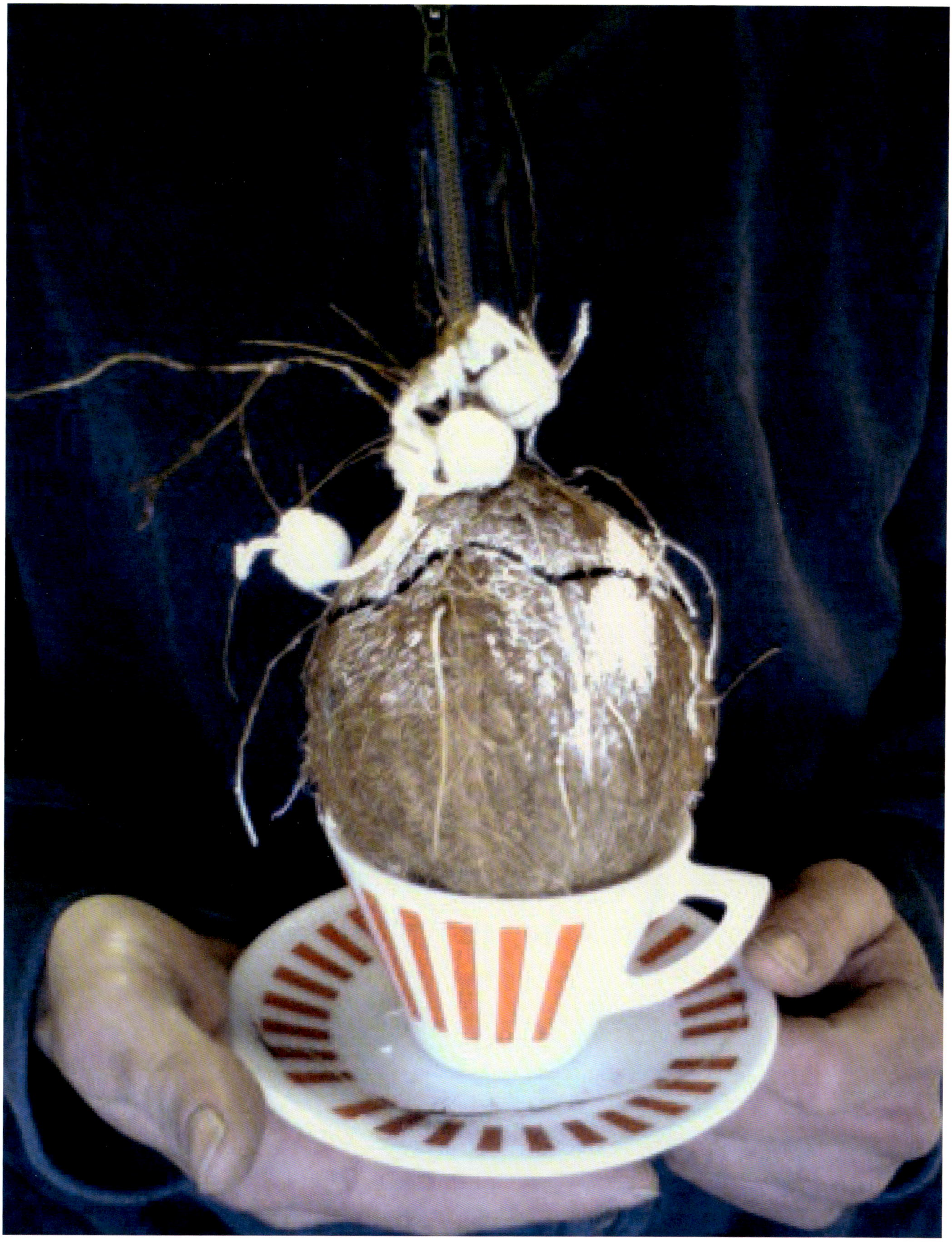

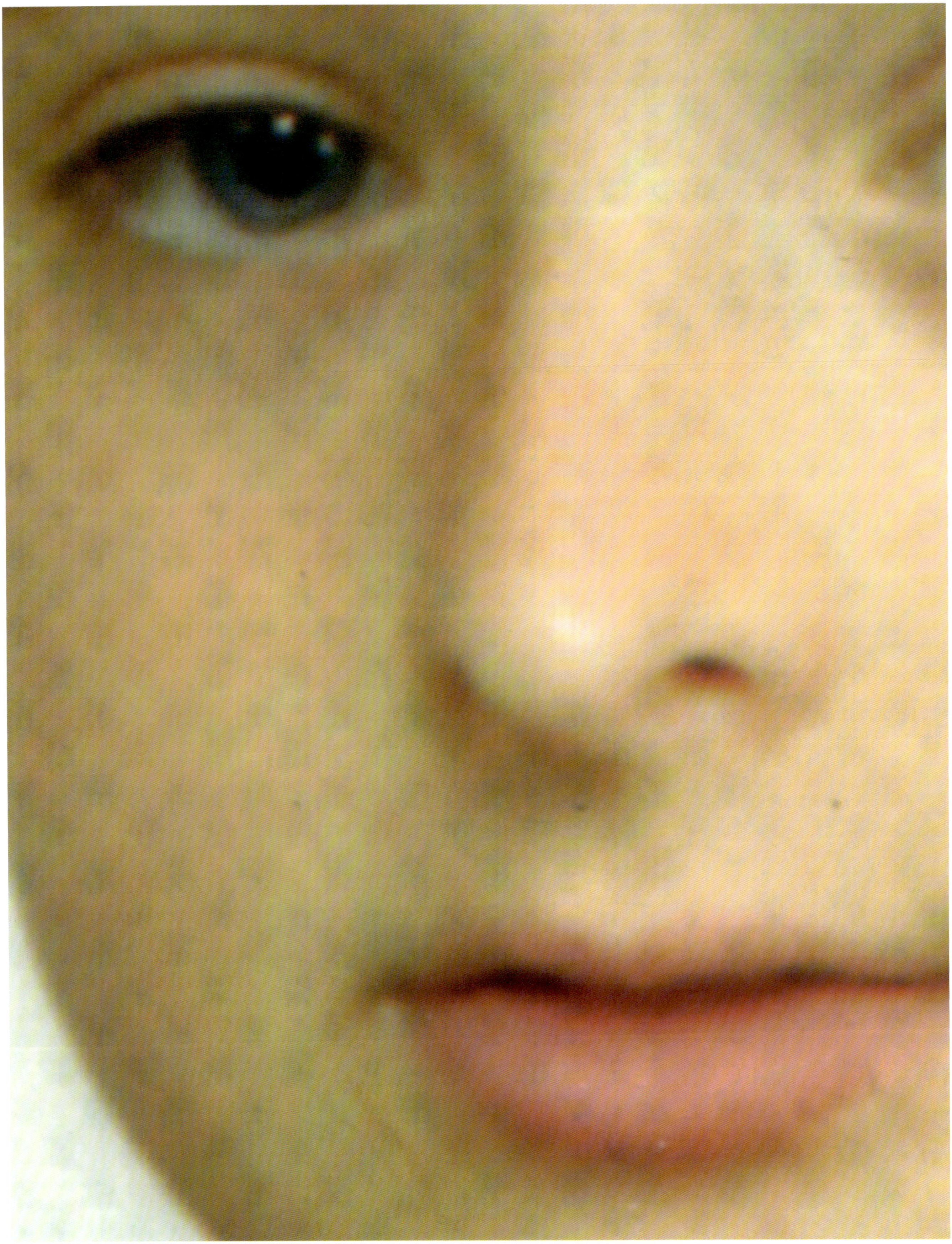

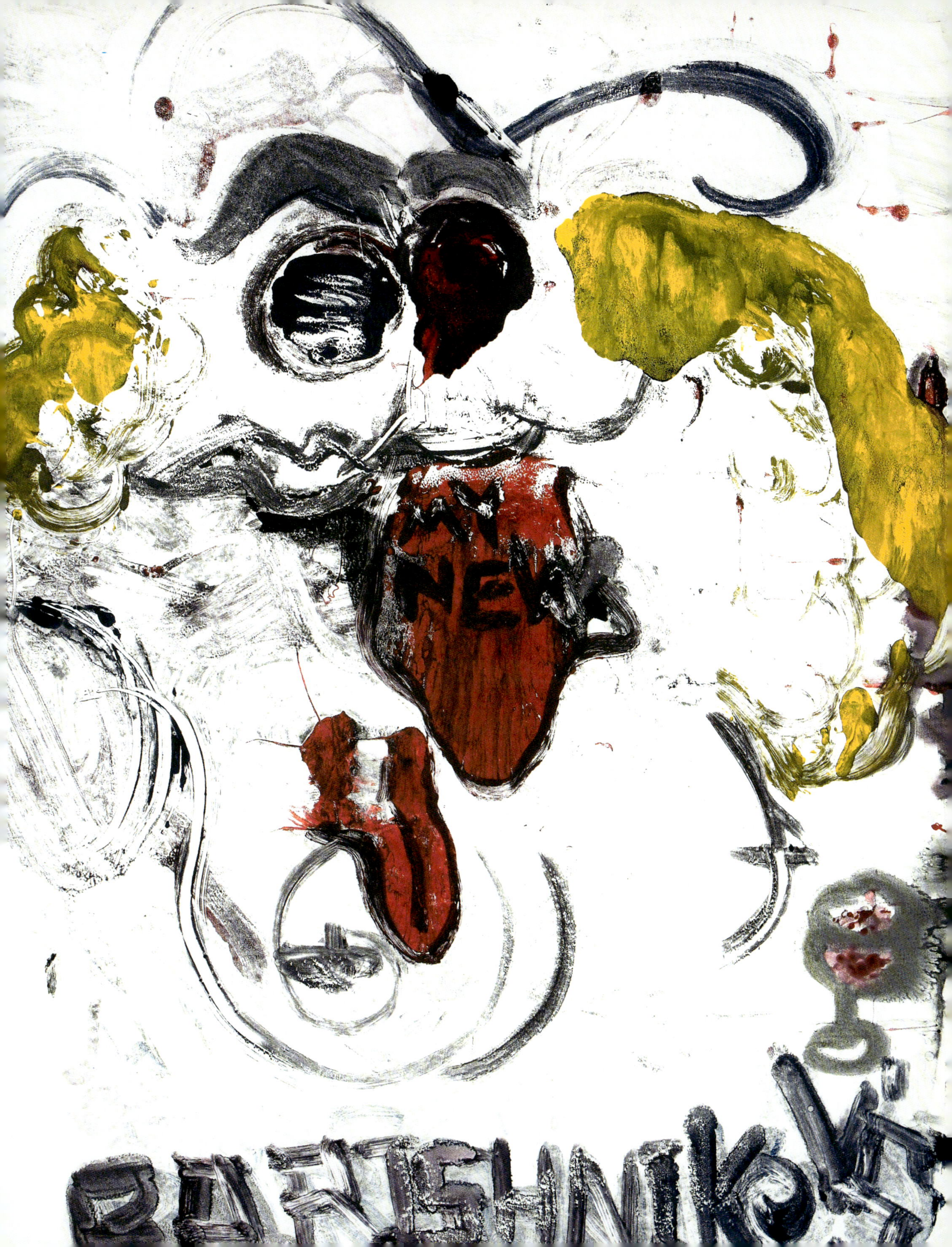
MY NEW
BARISHNIKOV

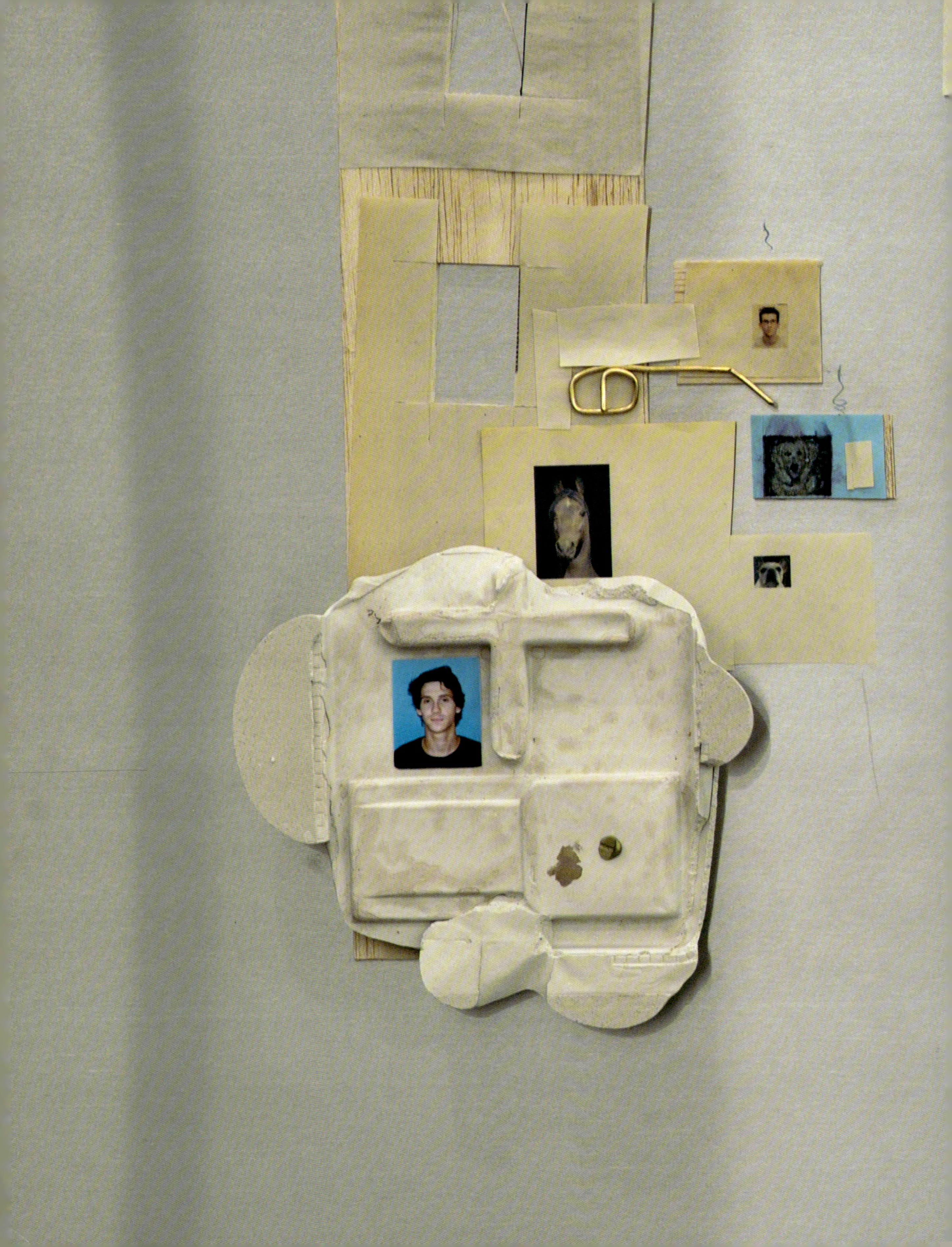

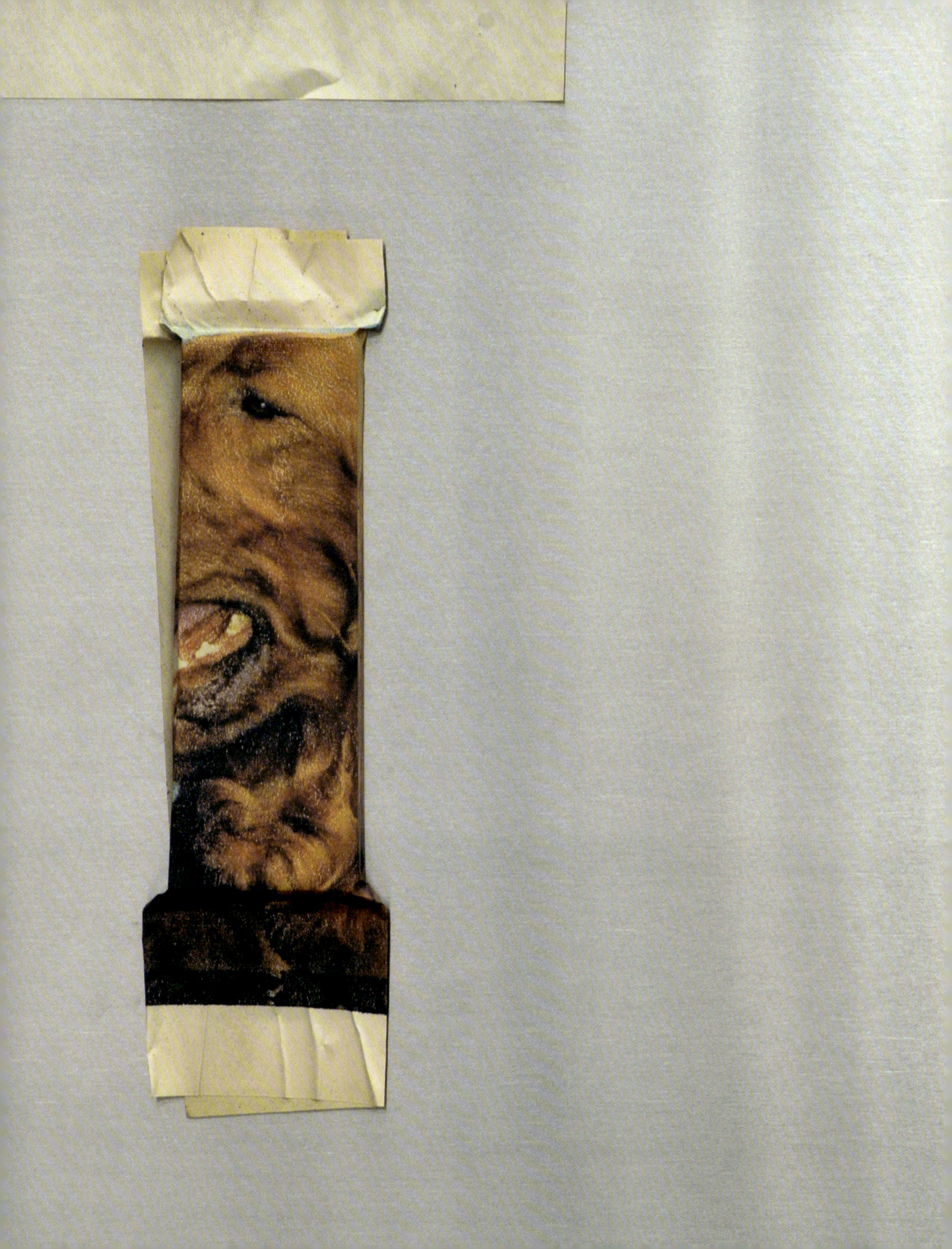

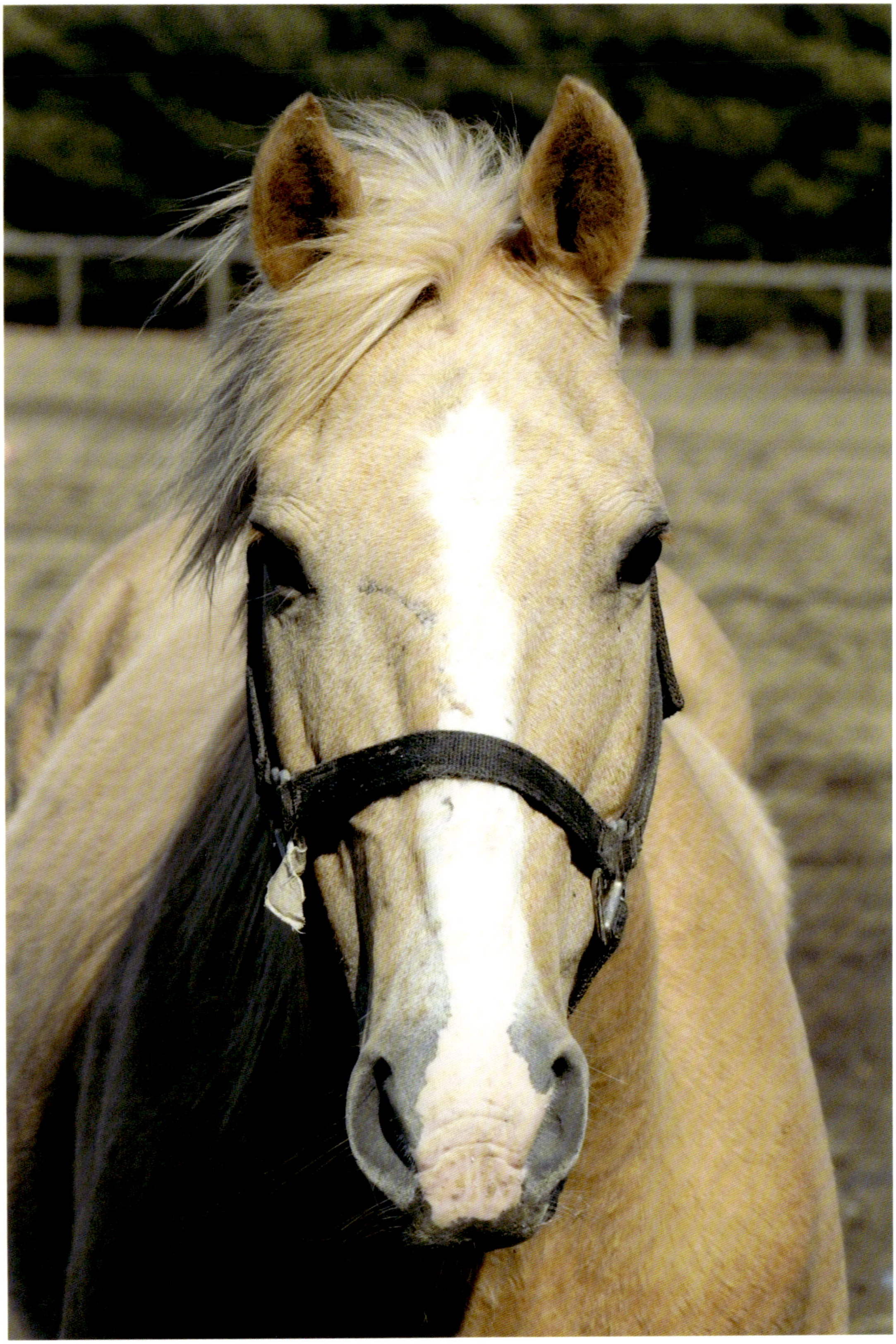

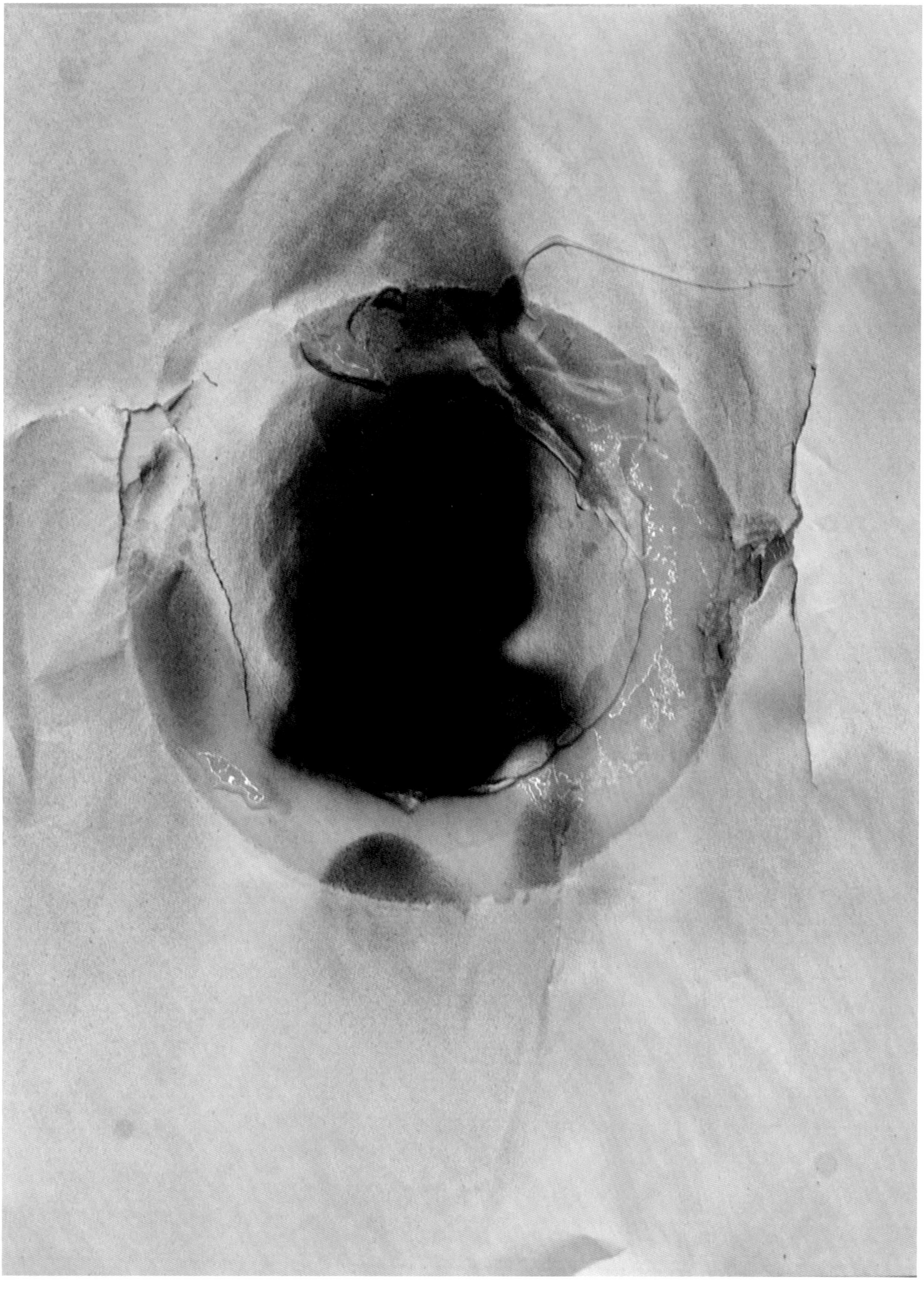

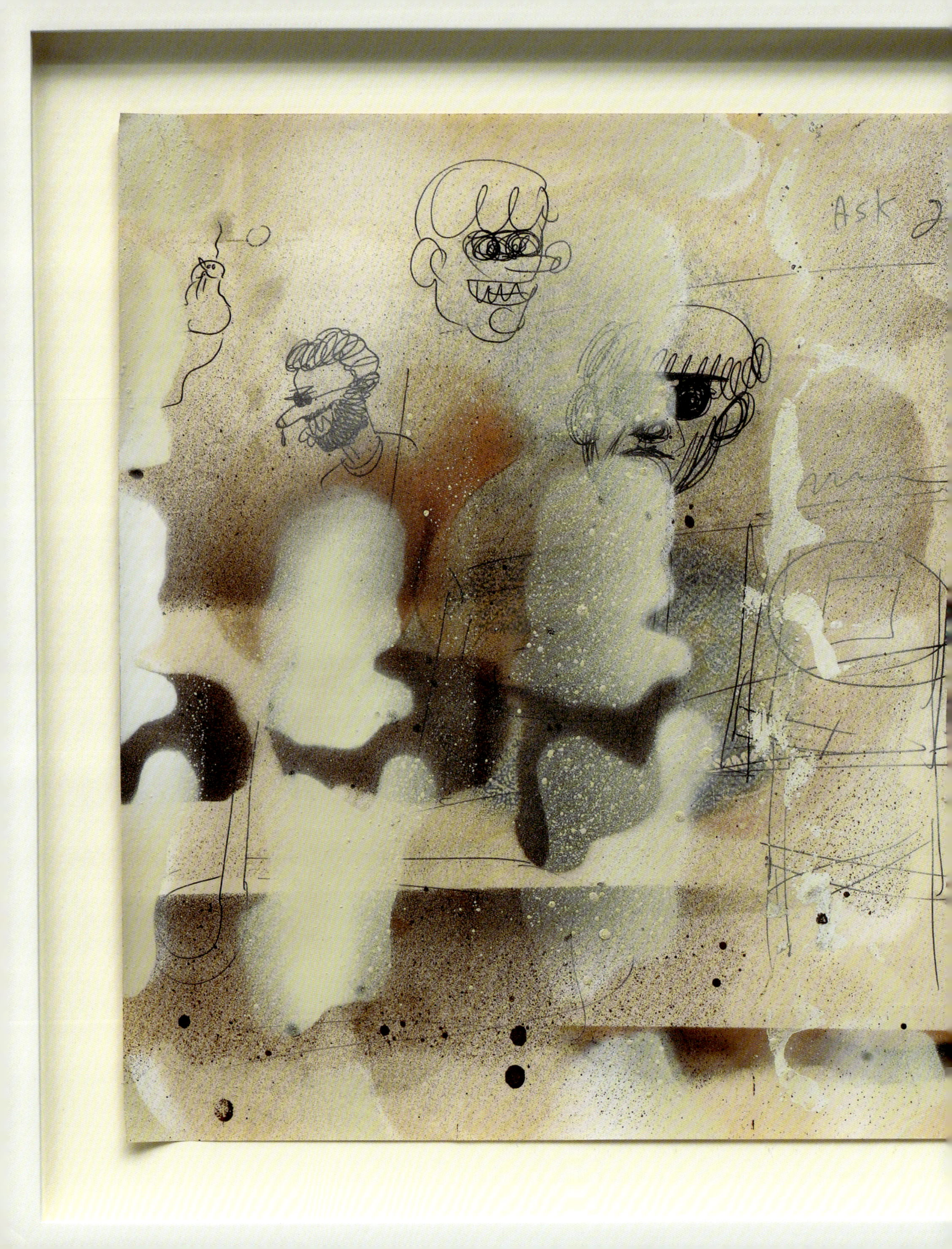
ASK

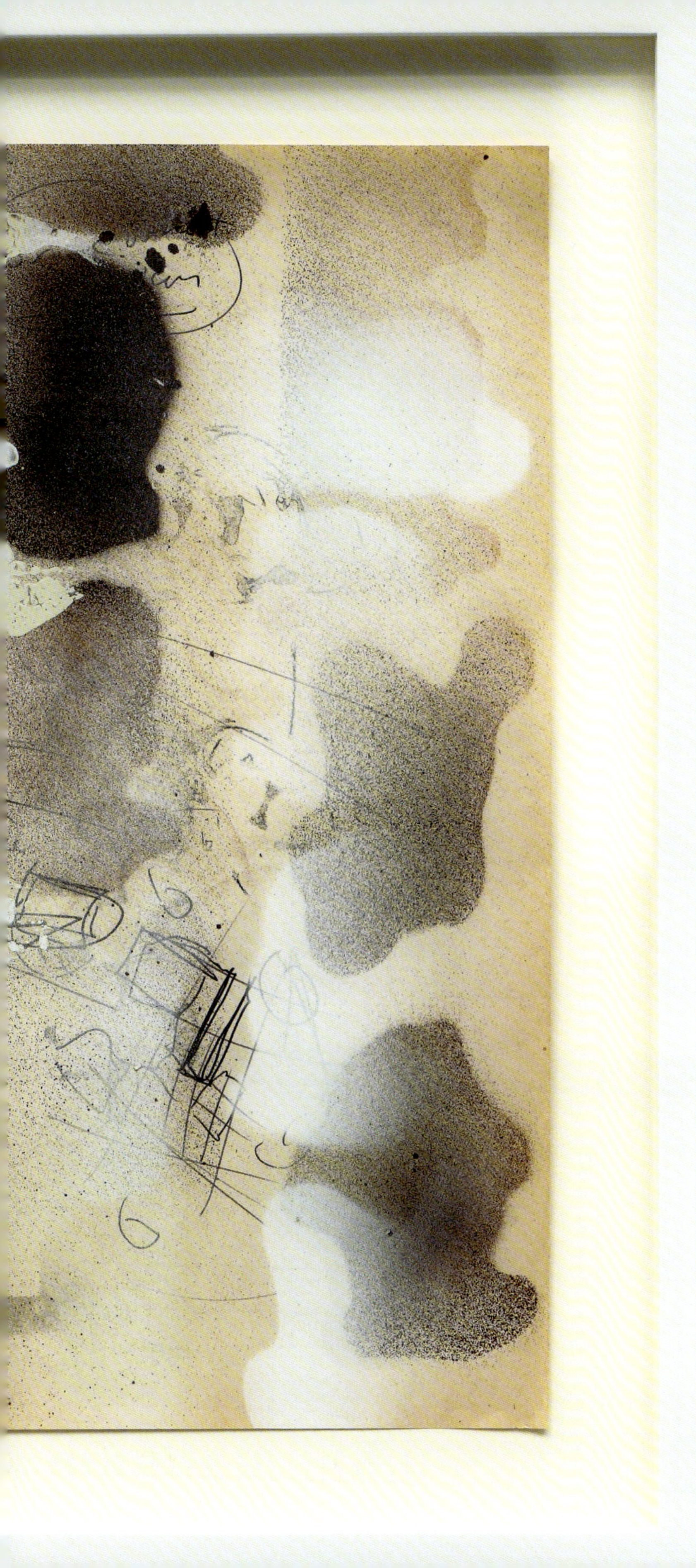

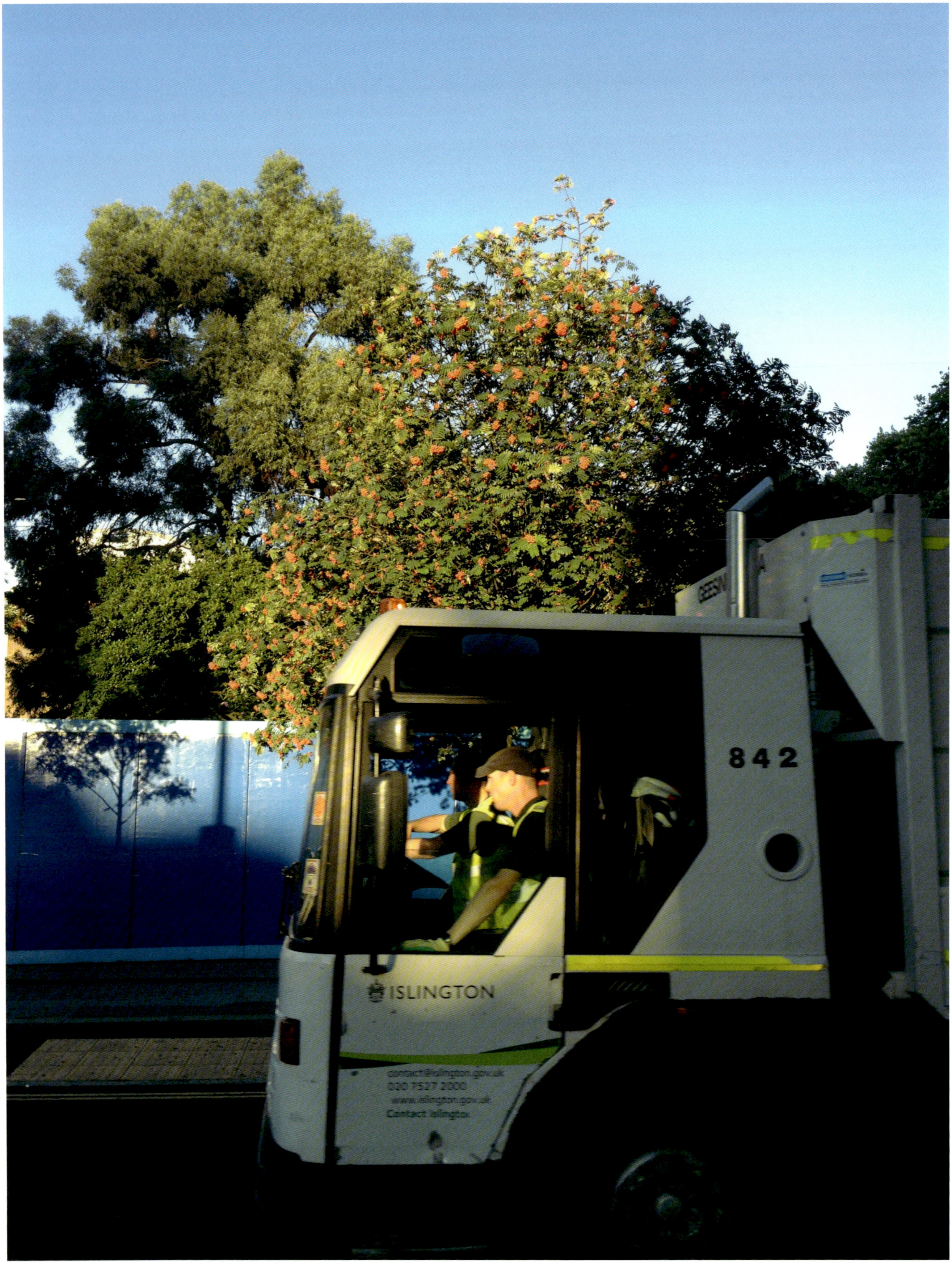
842
ISLINGTON
contact@islington.gov.uk
020 7527 2000
www.islington.gov.uk
Contact Islington

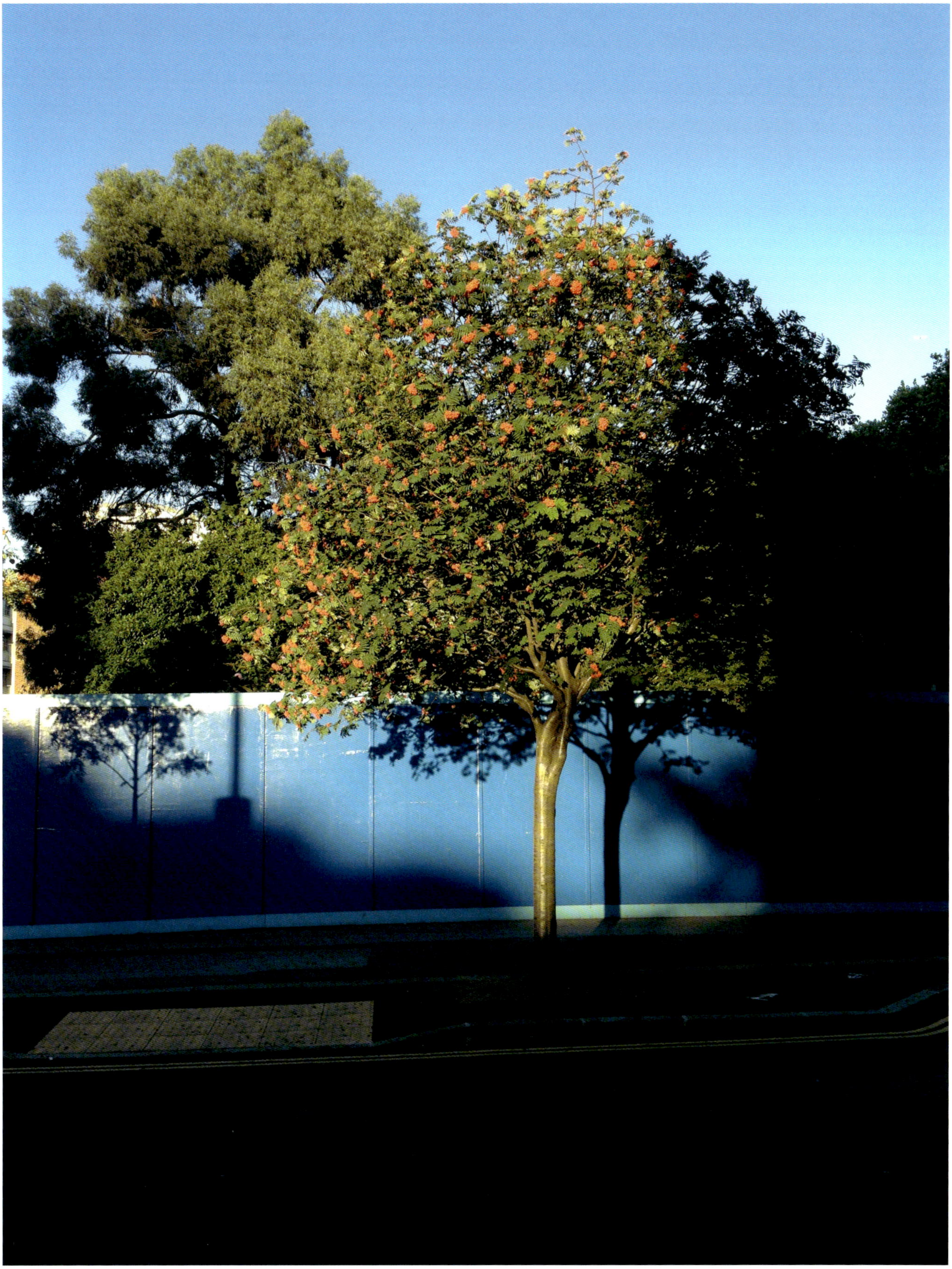

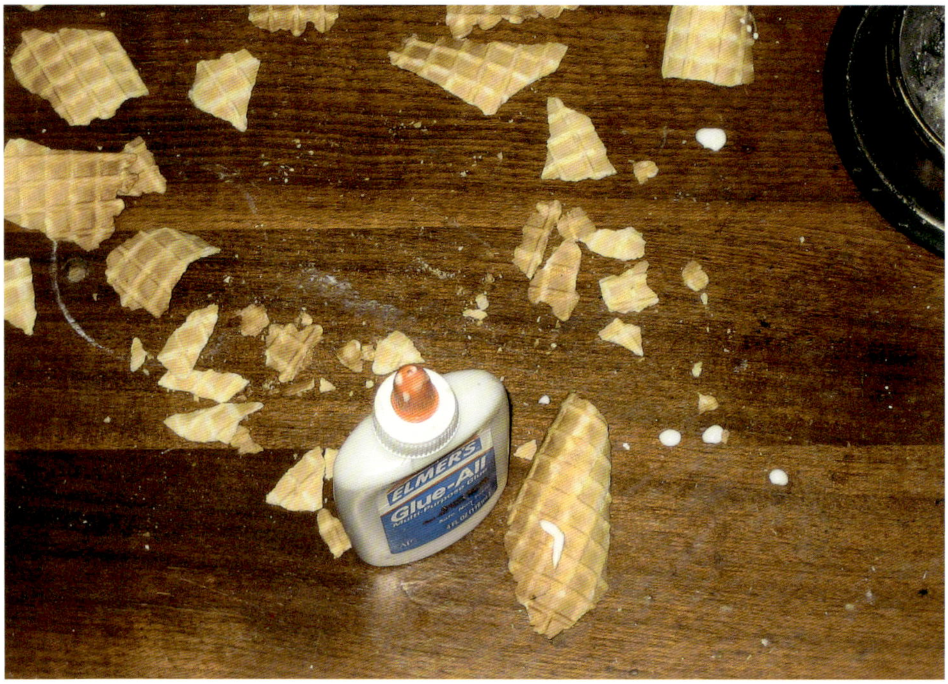
ELMER'S
Glue-All

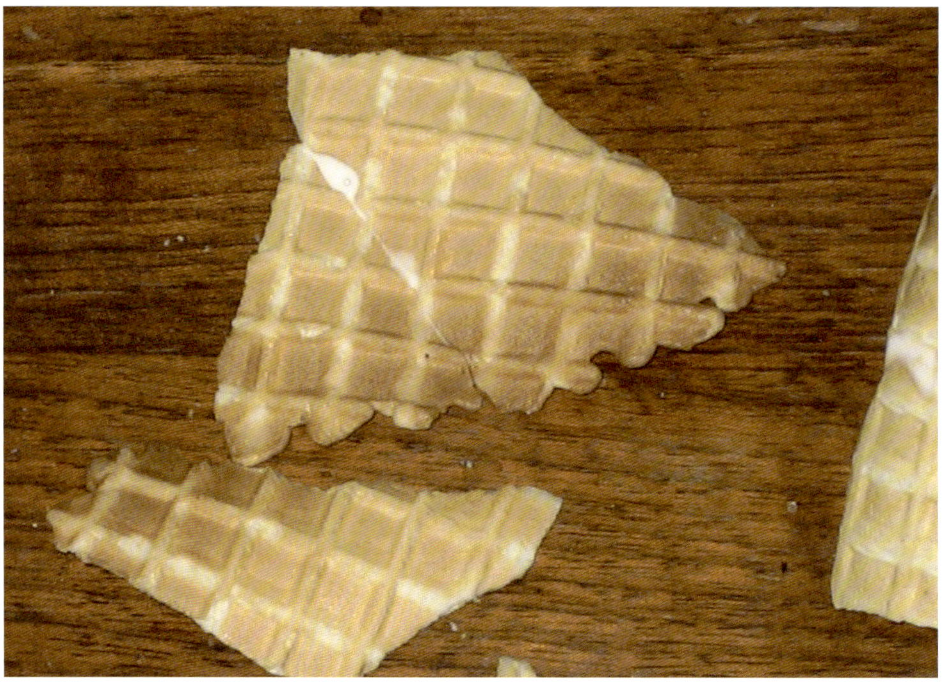

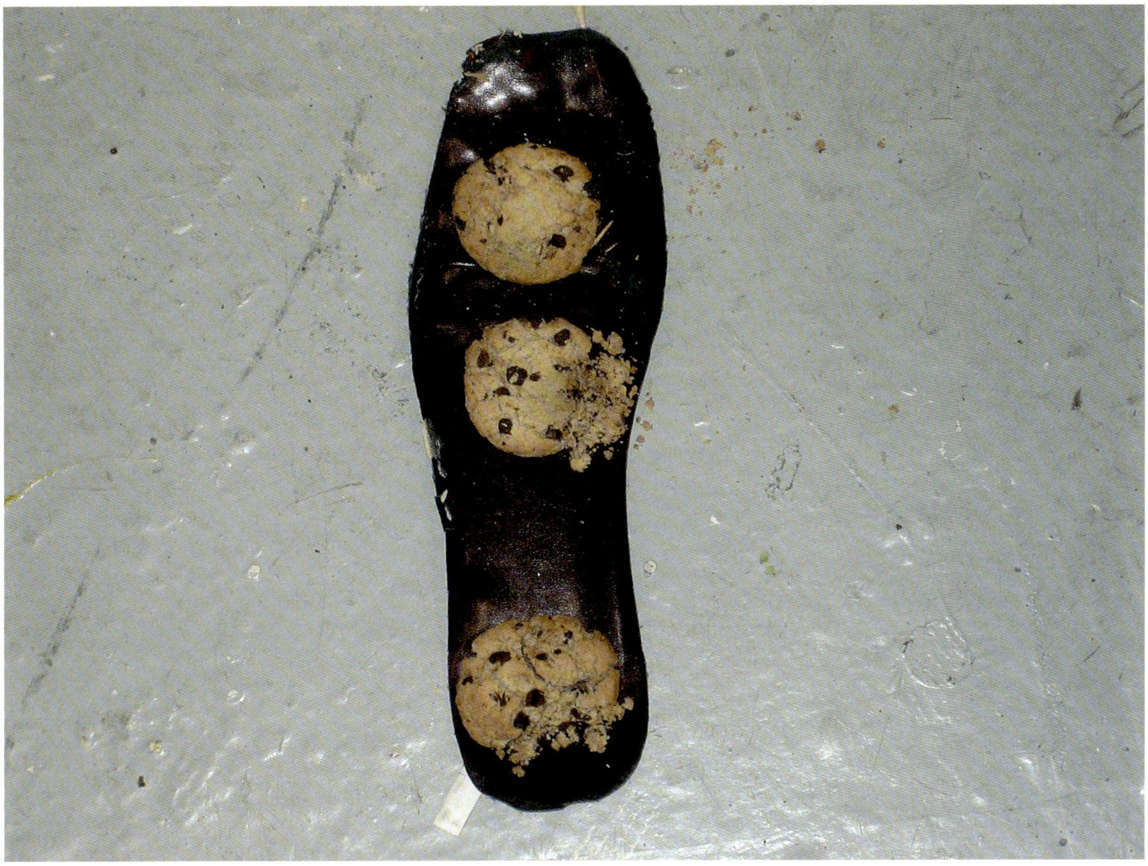

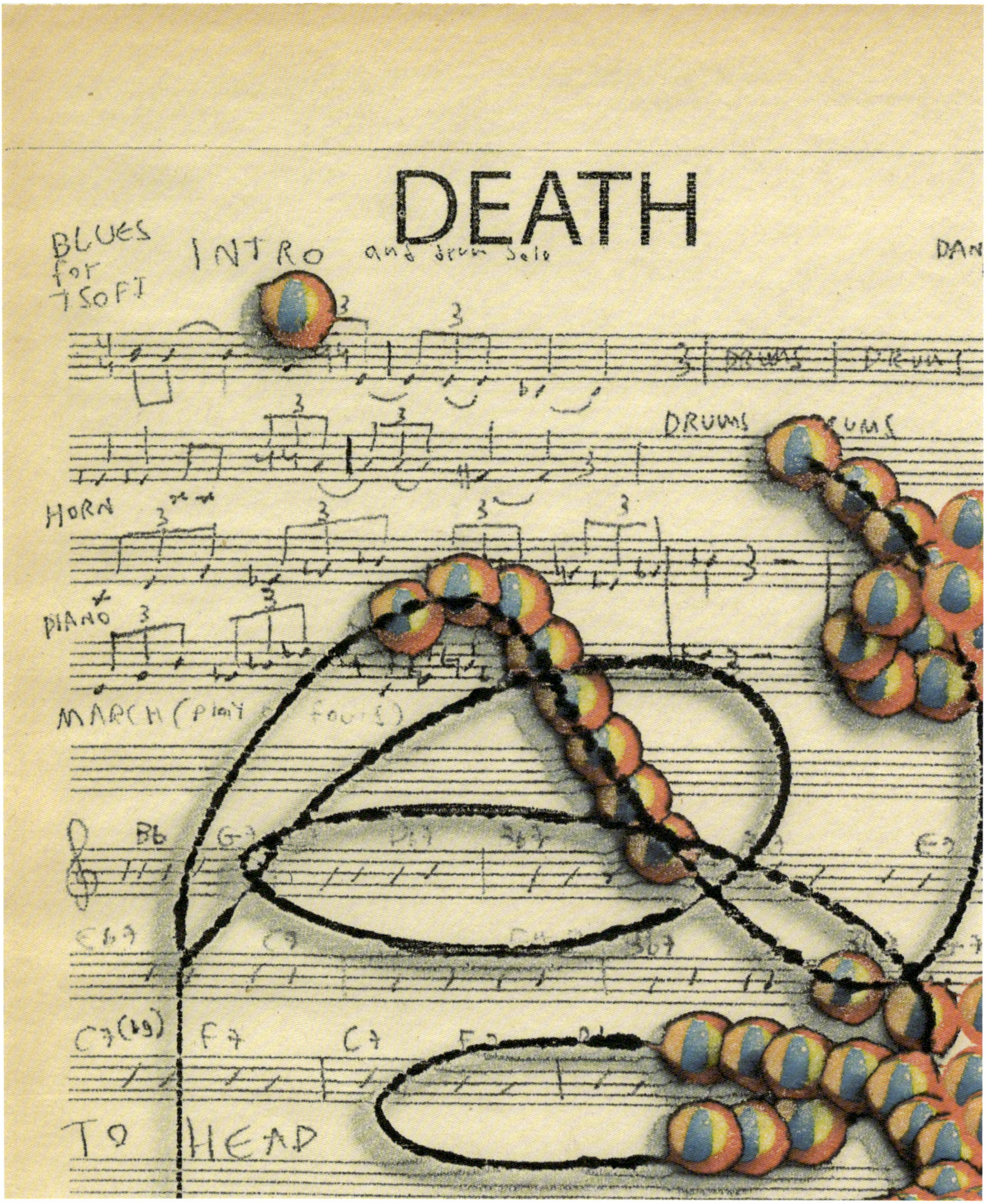
DEATH
BLUES for
INTRO
and drum solo
DRUMS
HORN
PIANO
TO HEAD

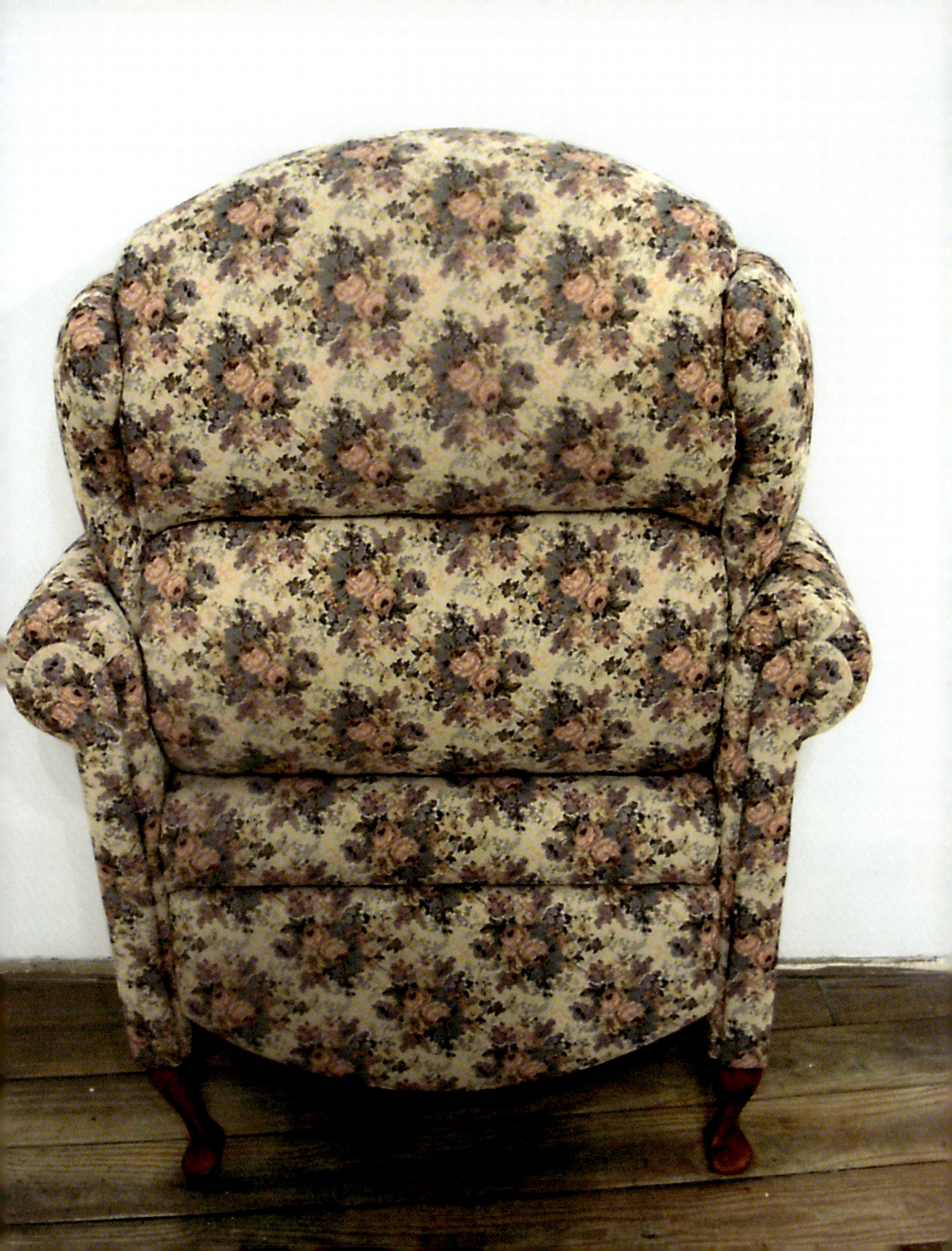

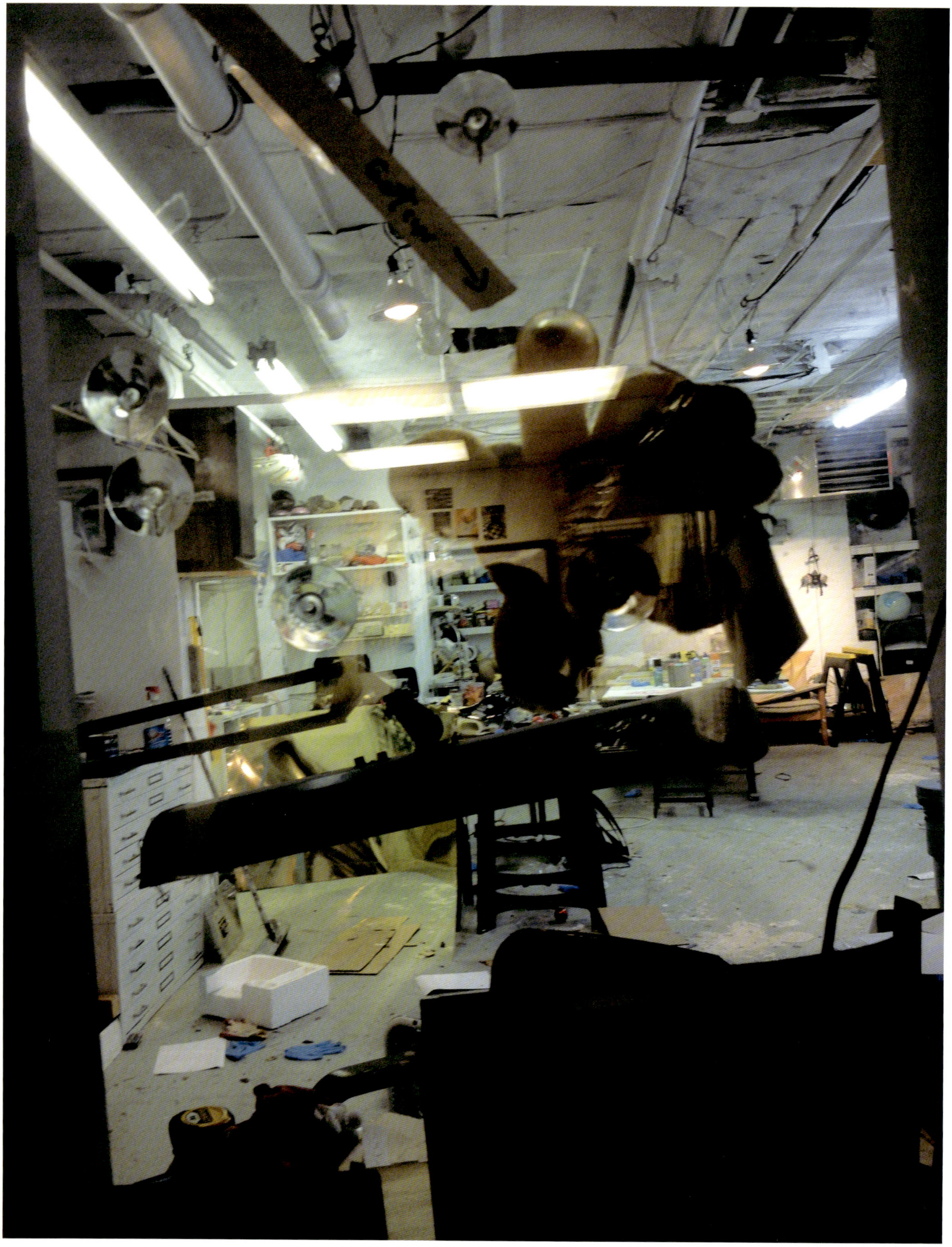

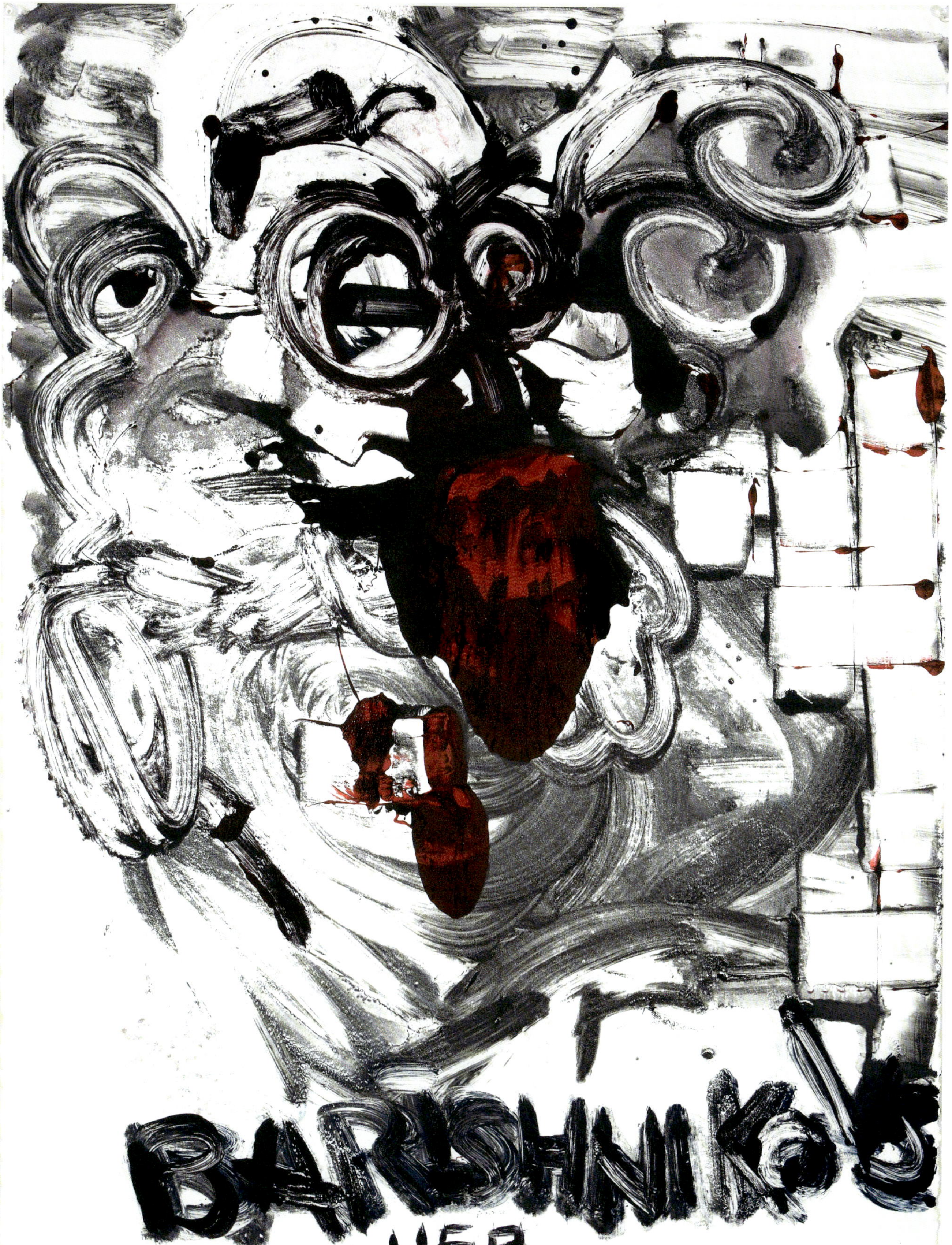
BARISHNIKOV
USA

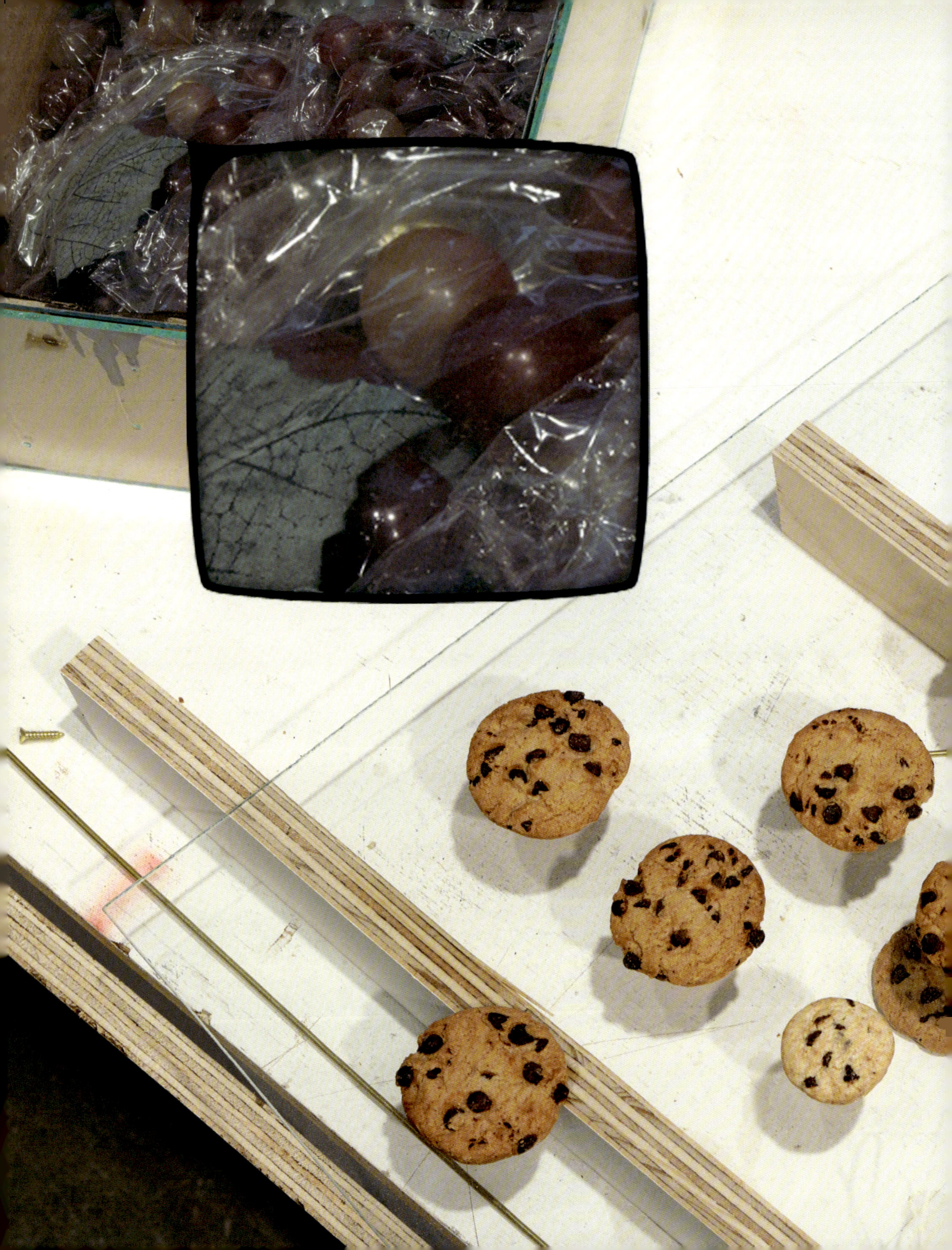

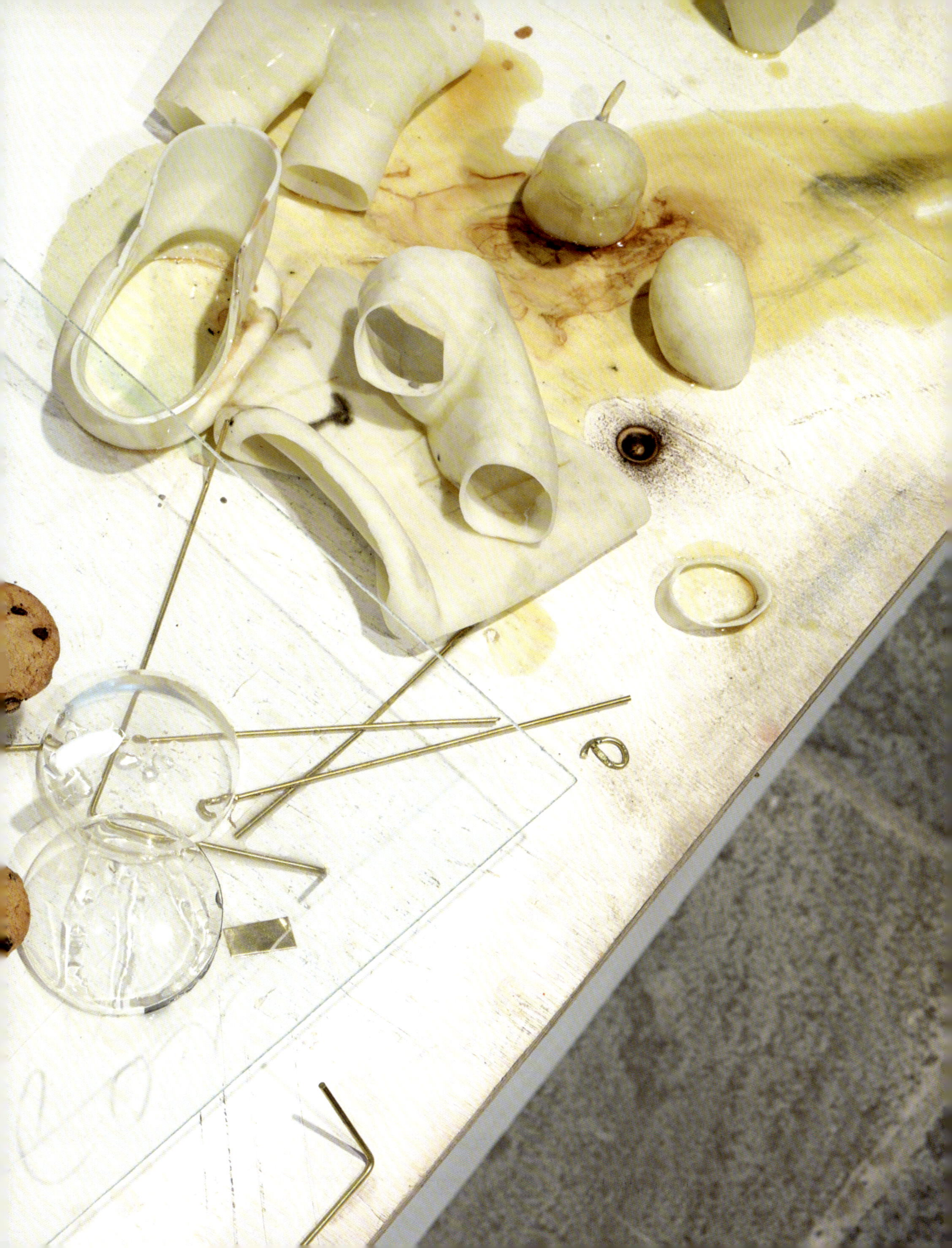

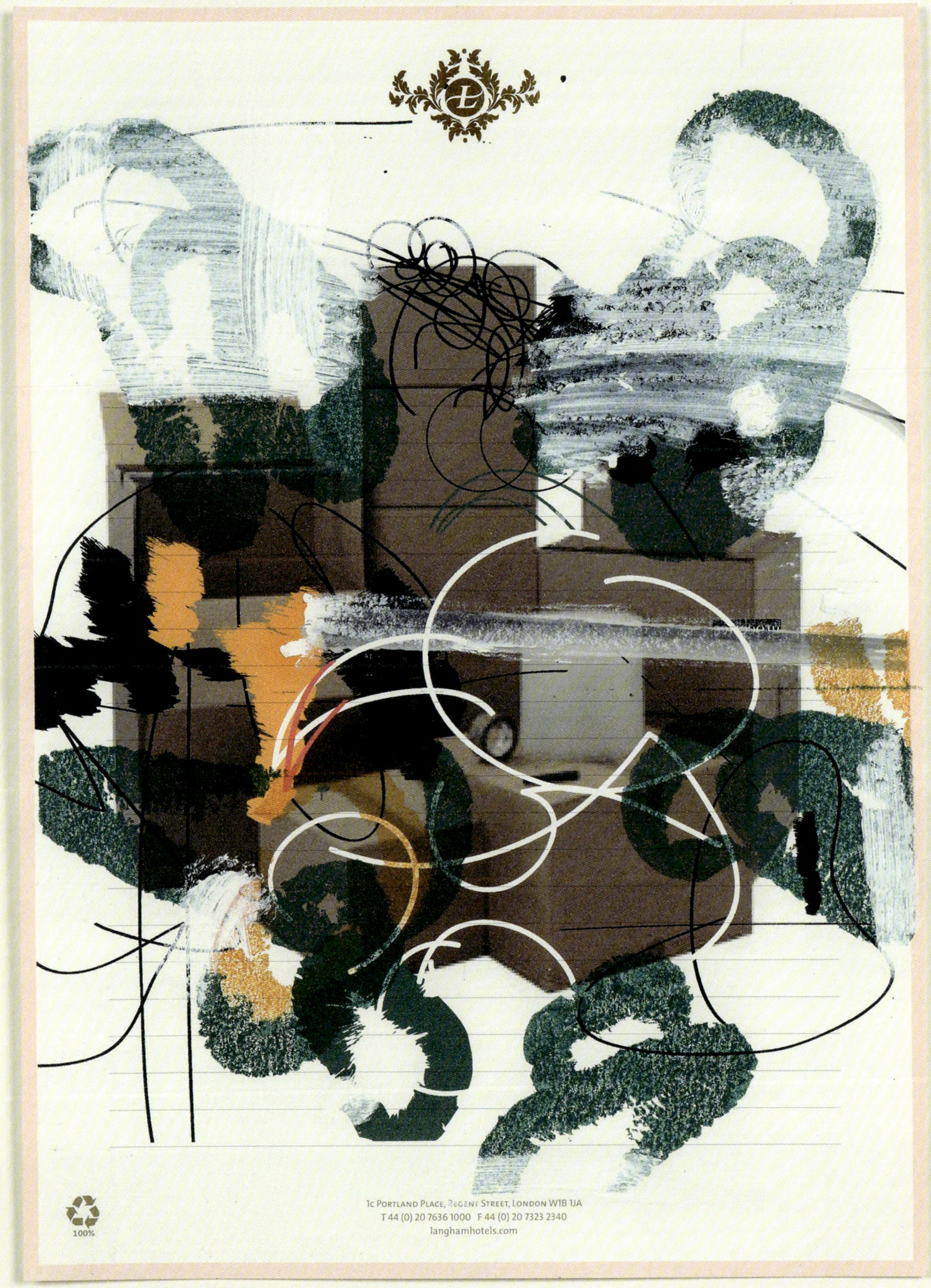
1c Portland Place, Regent Street, London W1B 1JA
T 44 (0) 20 7636 1000 F 44 (0) 20 7323 2340
langhamhotels.com
100%

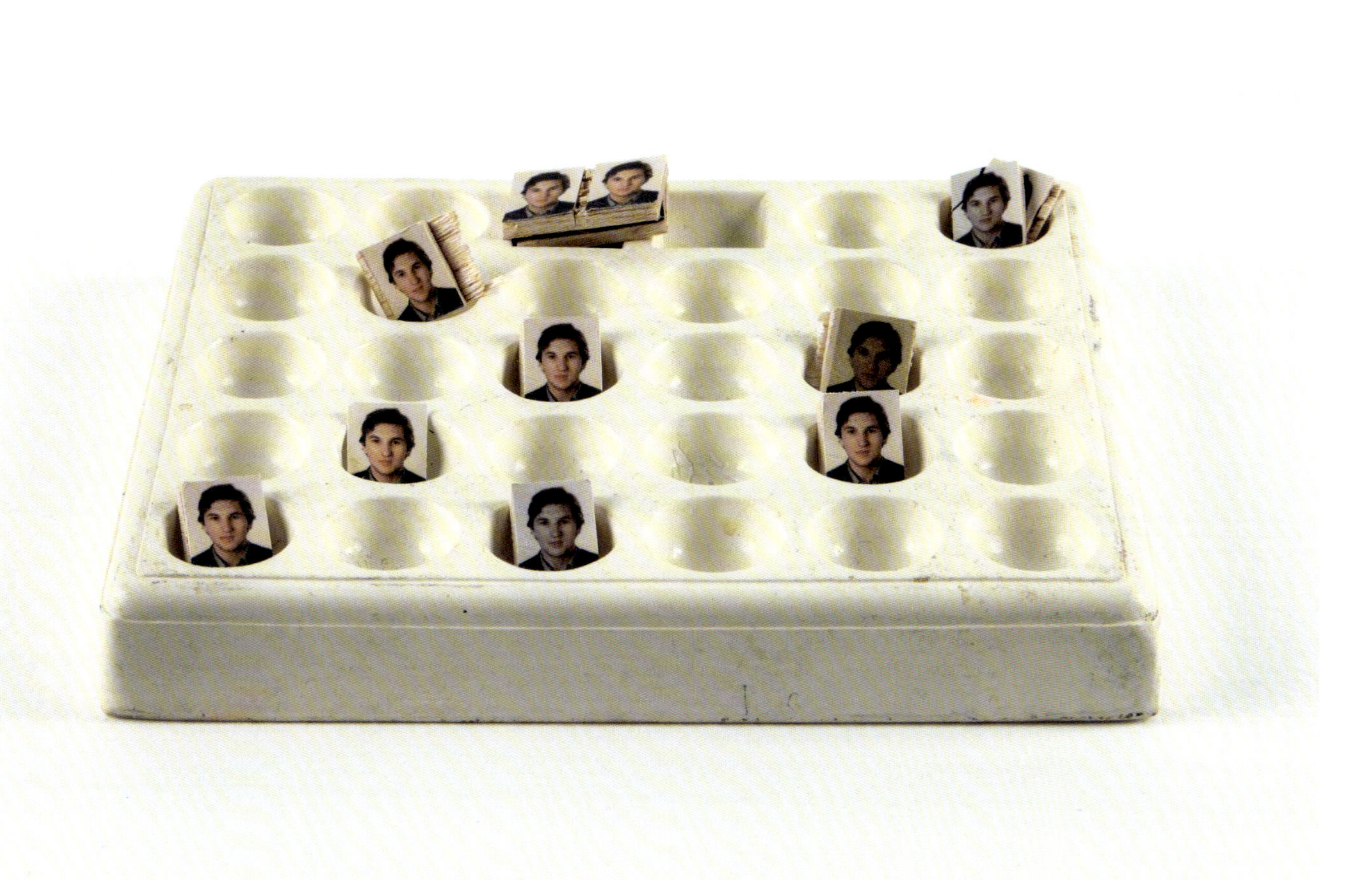

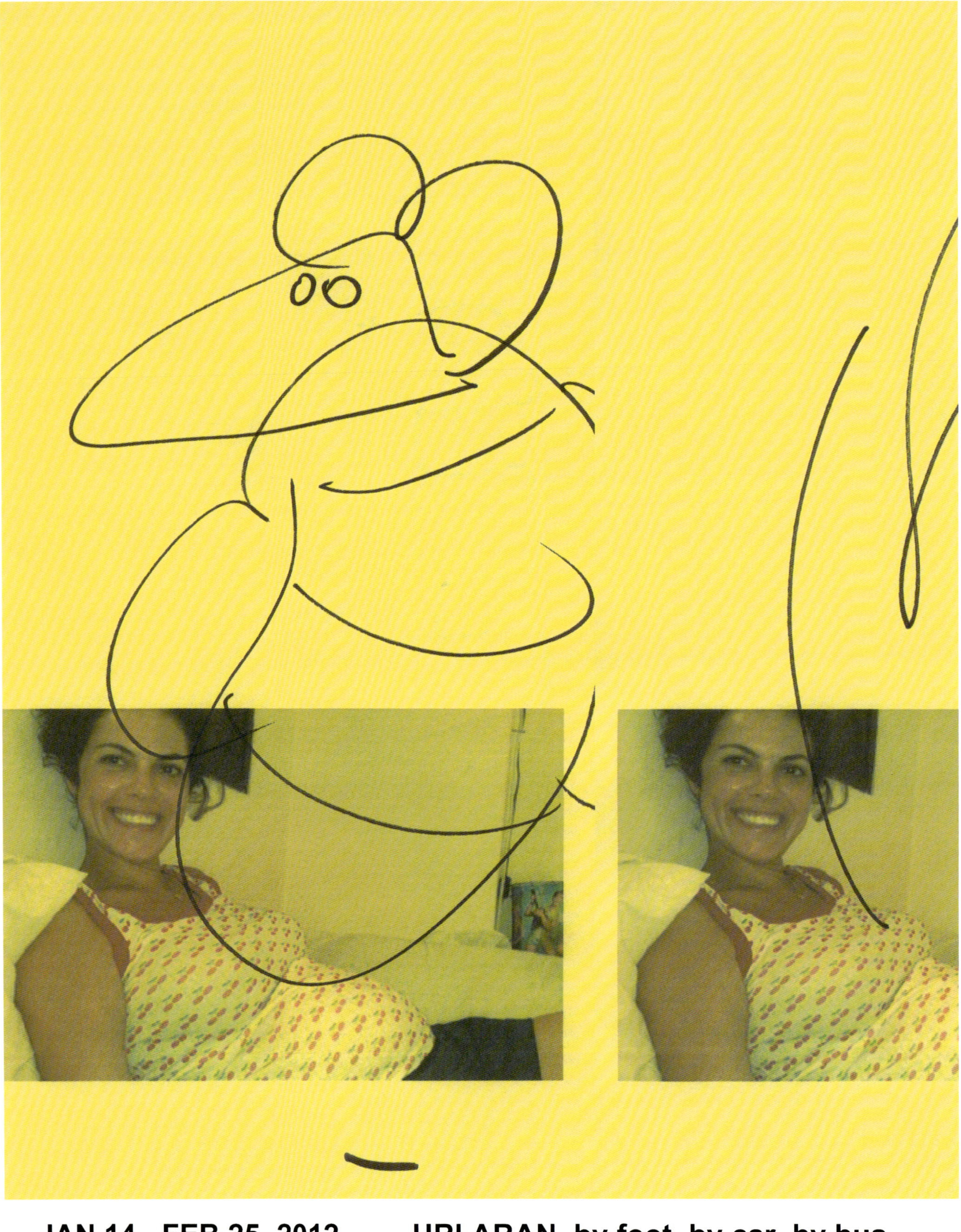

JAN 14 - FEB 25, 2012 URI ARAN by foot, by car, by bus

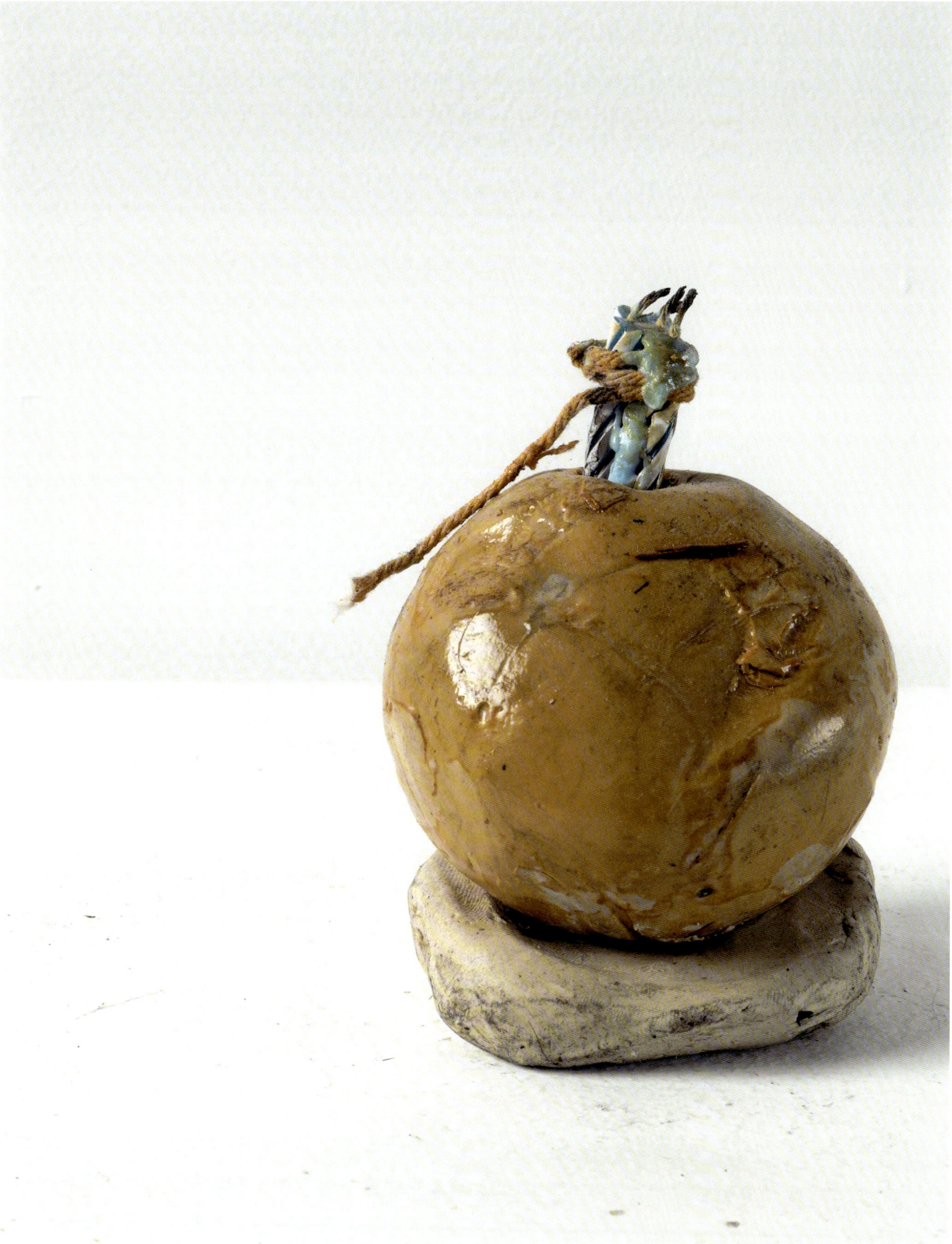

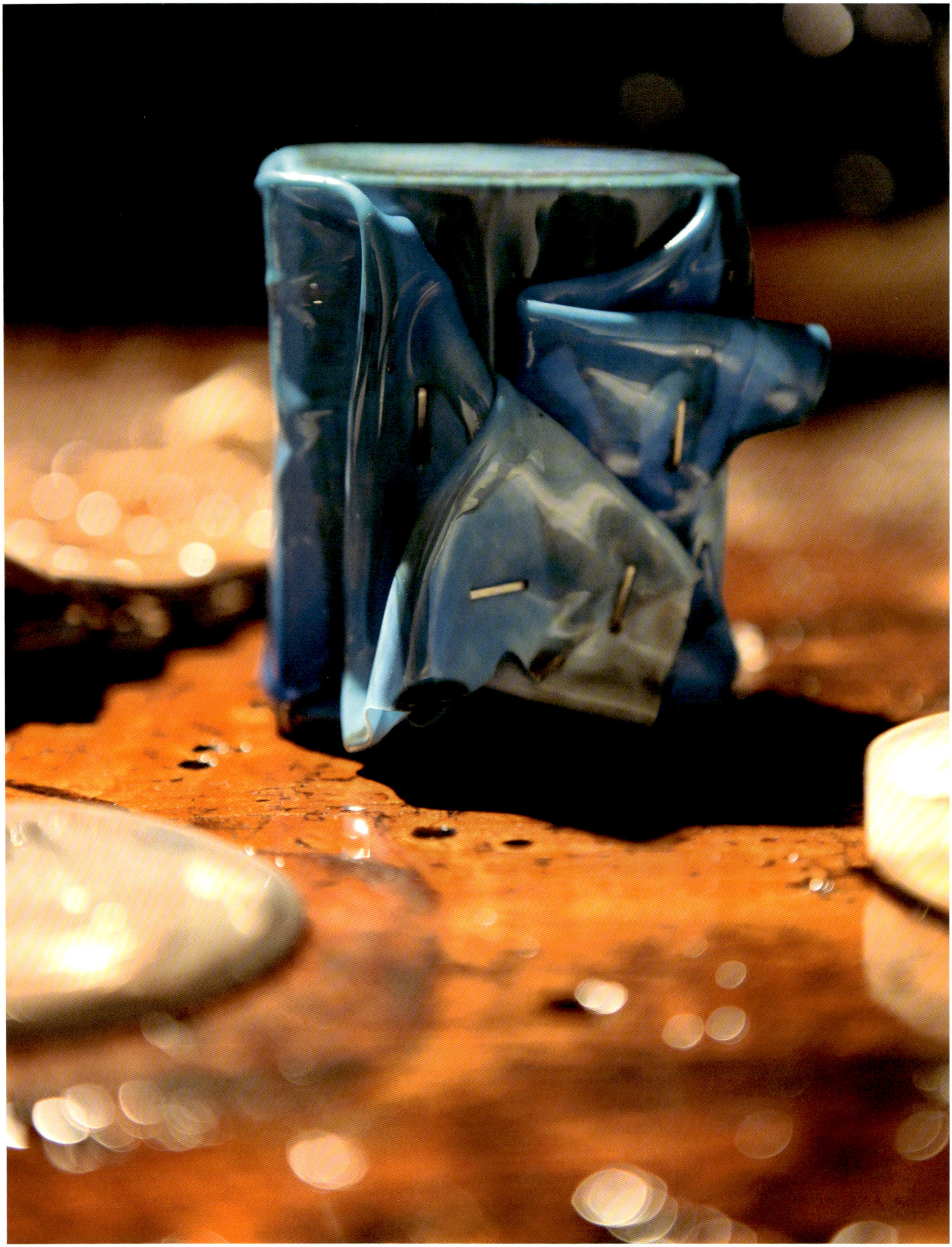

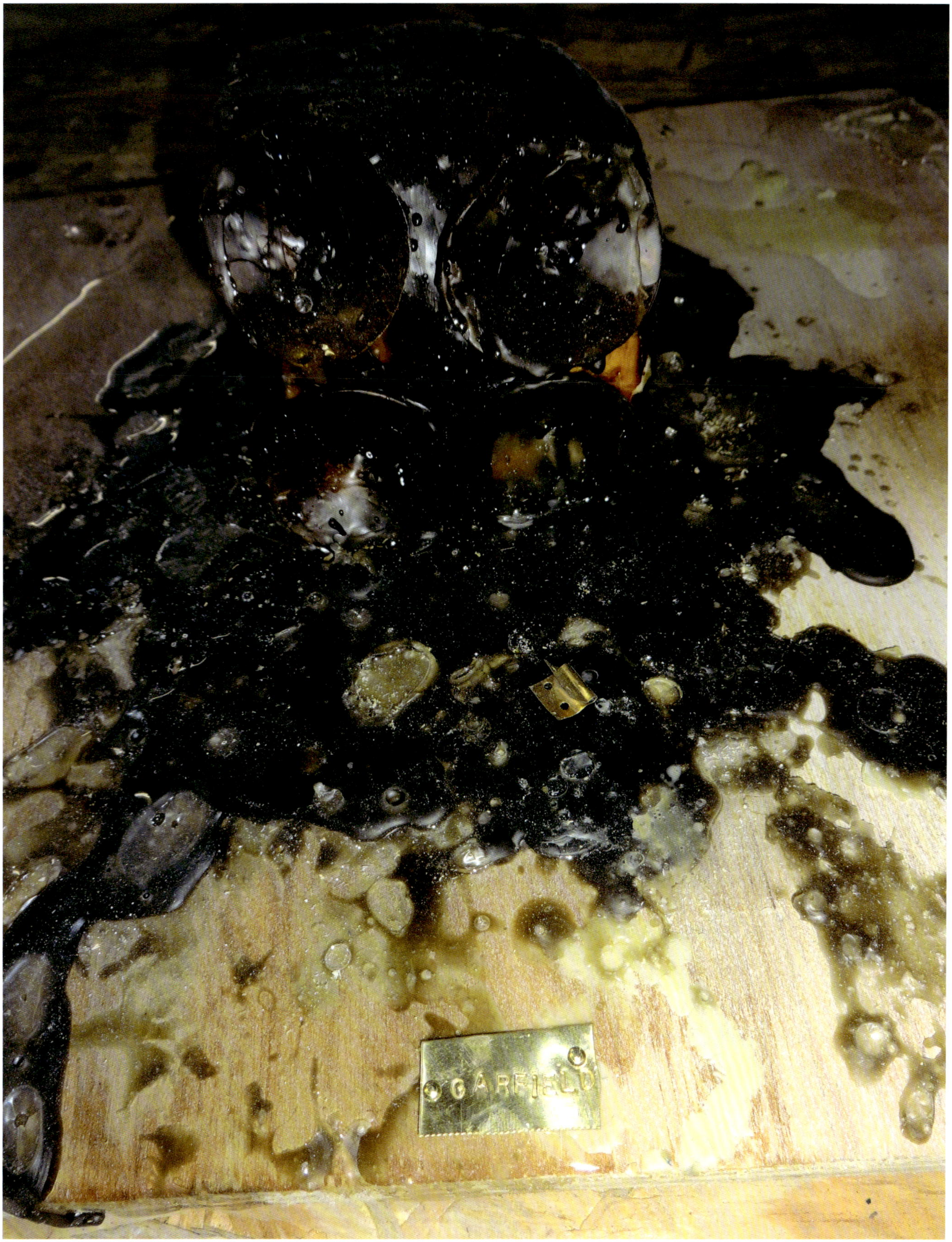
GARFIELD

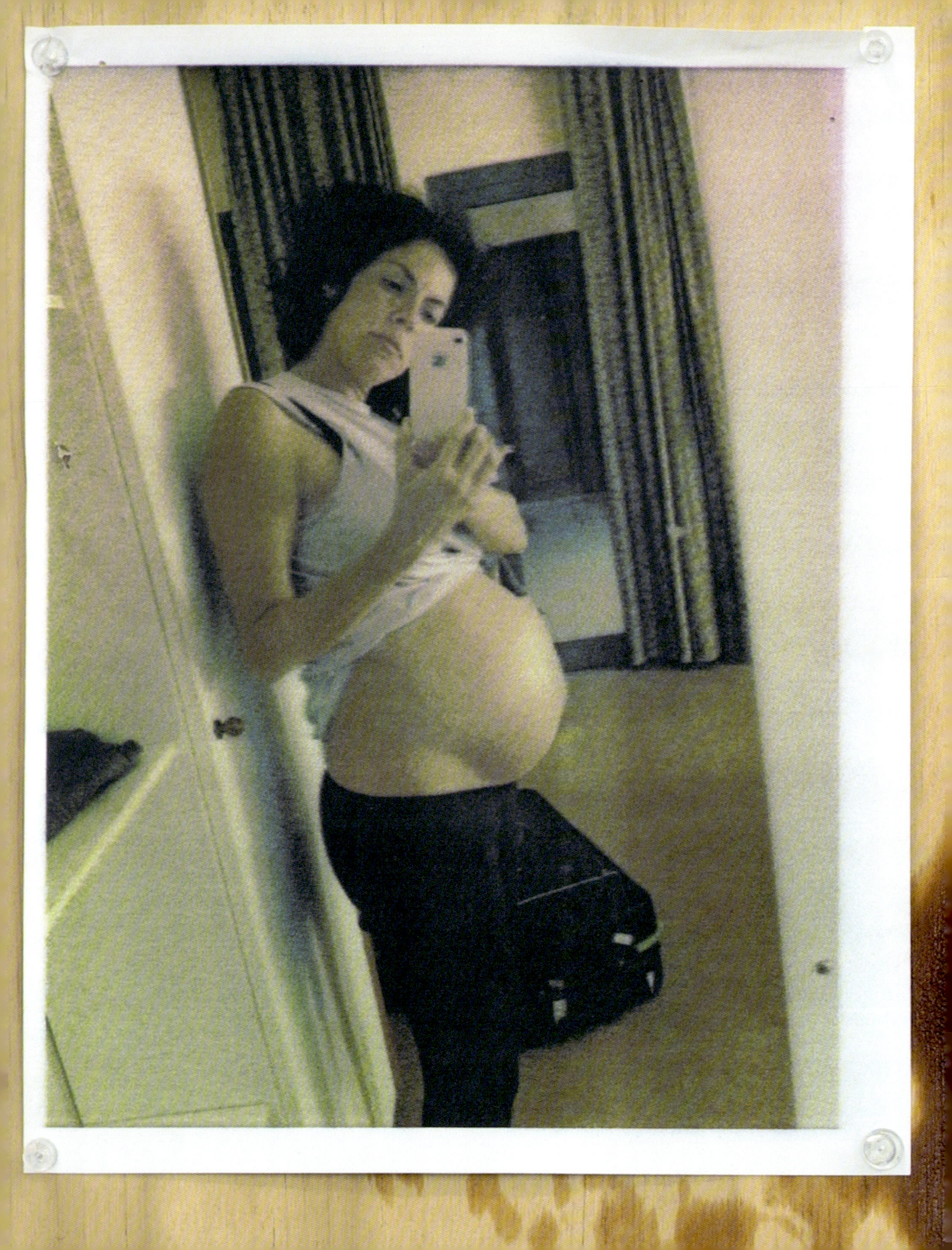

me

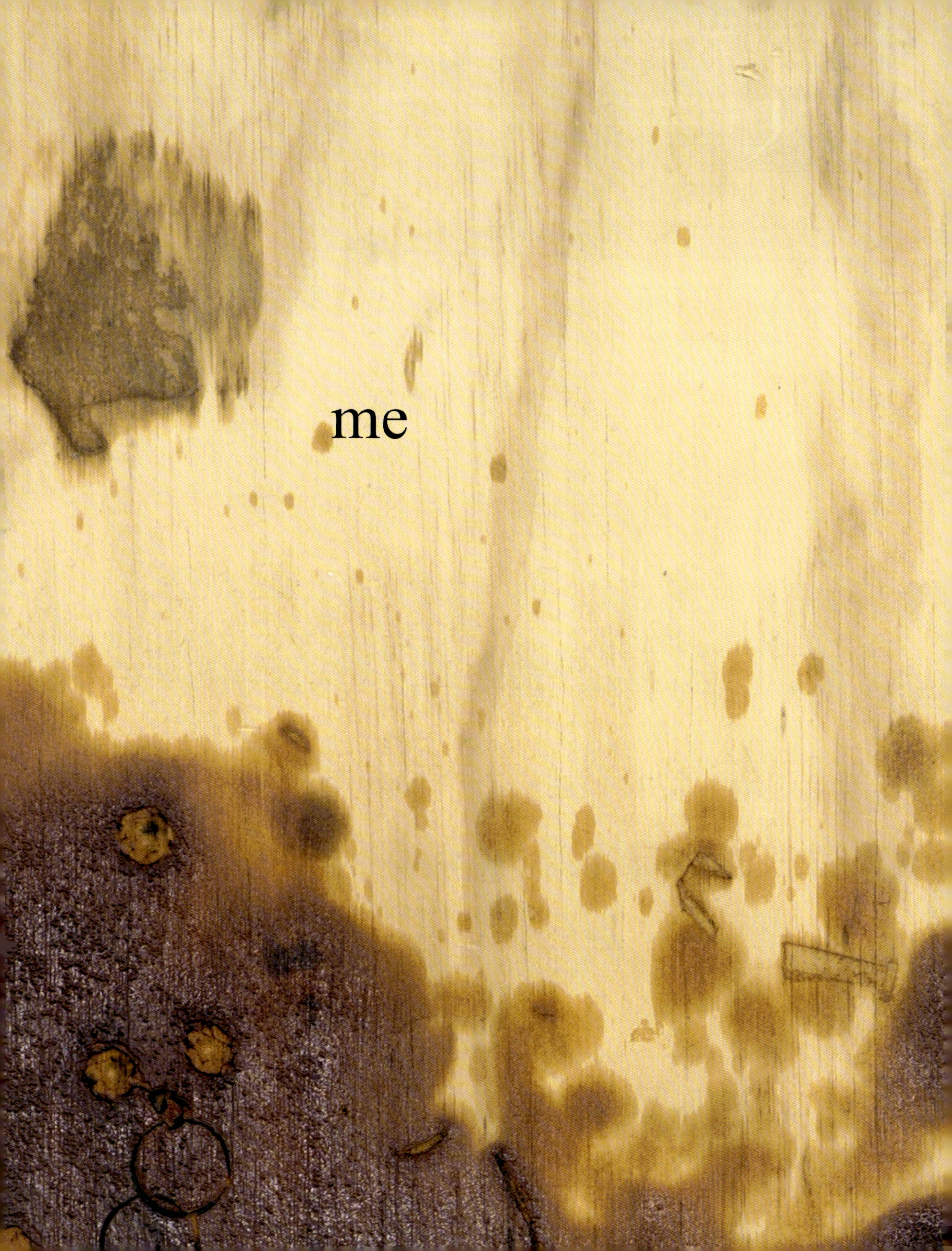

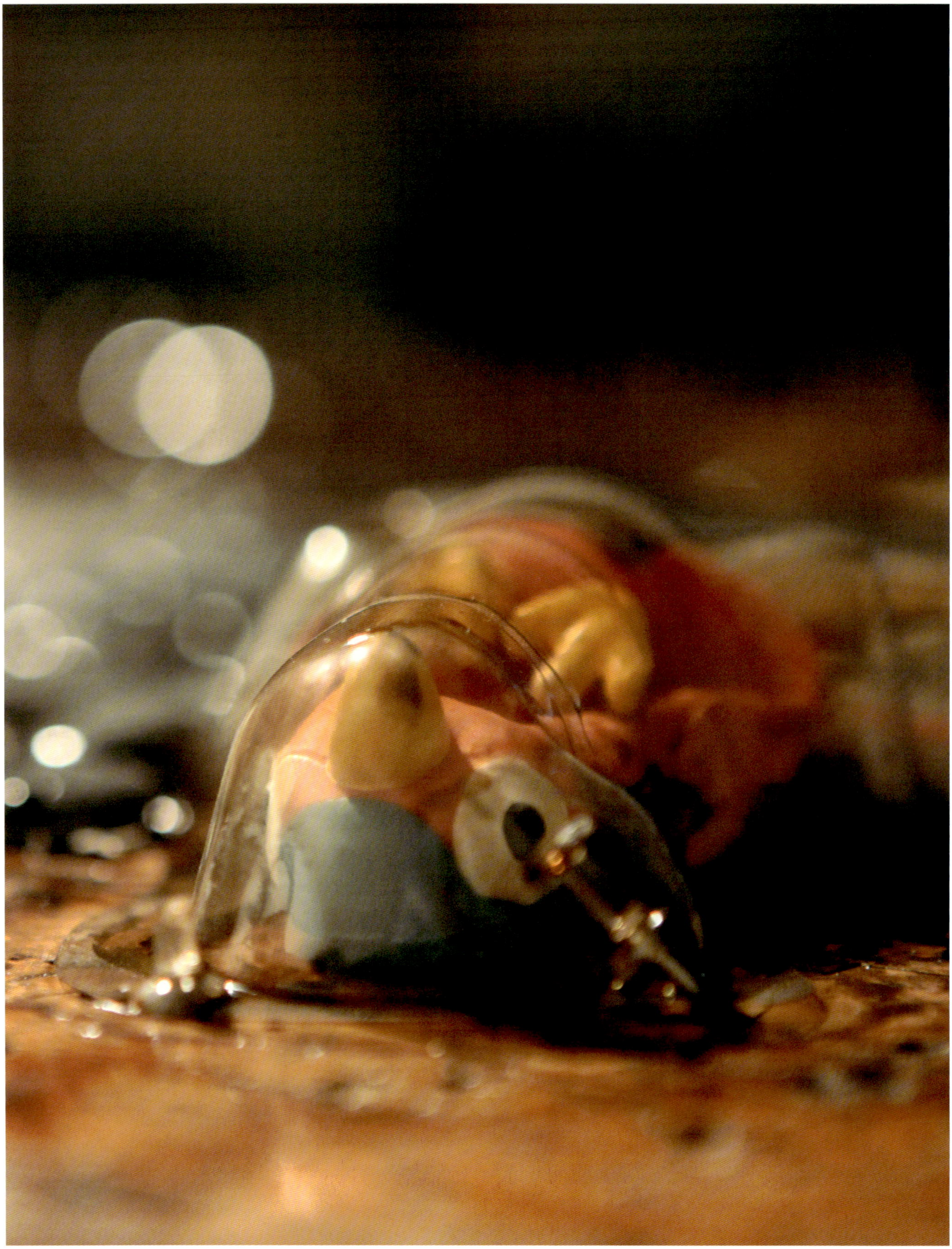

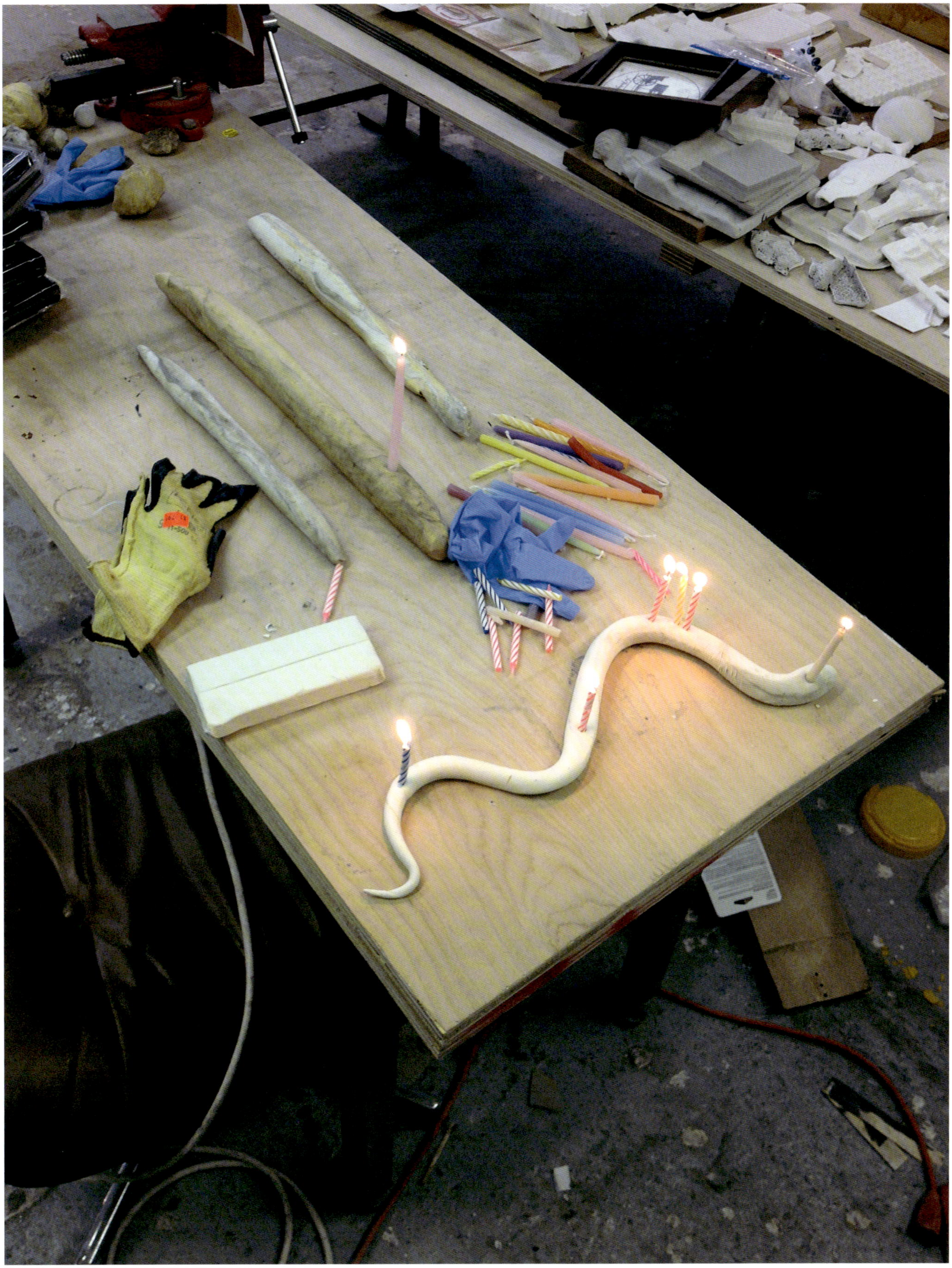

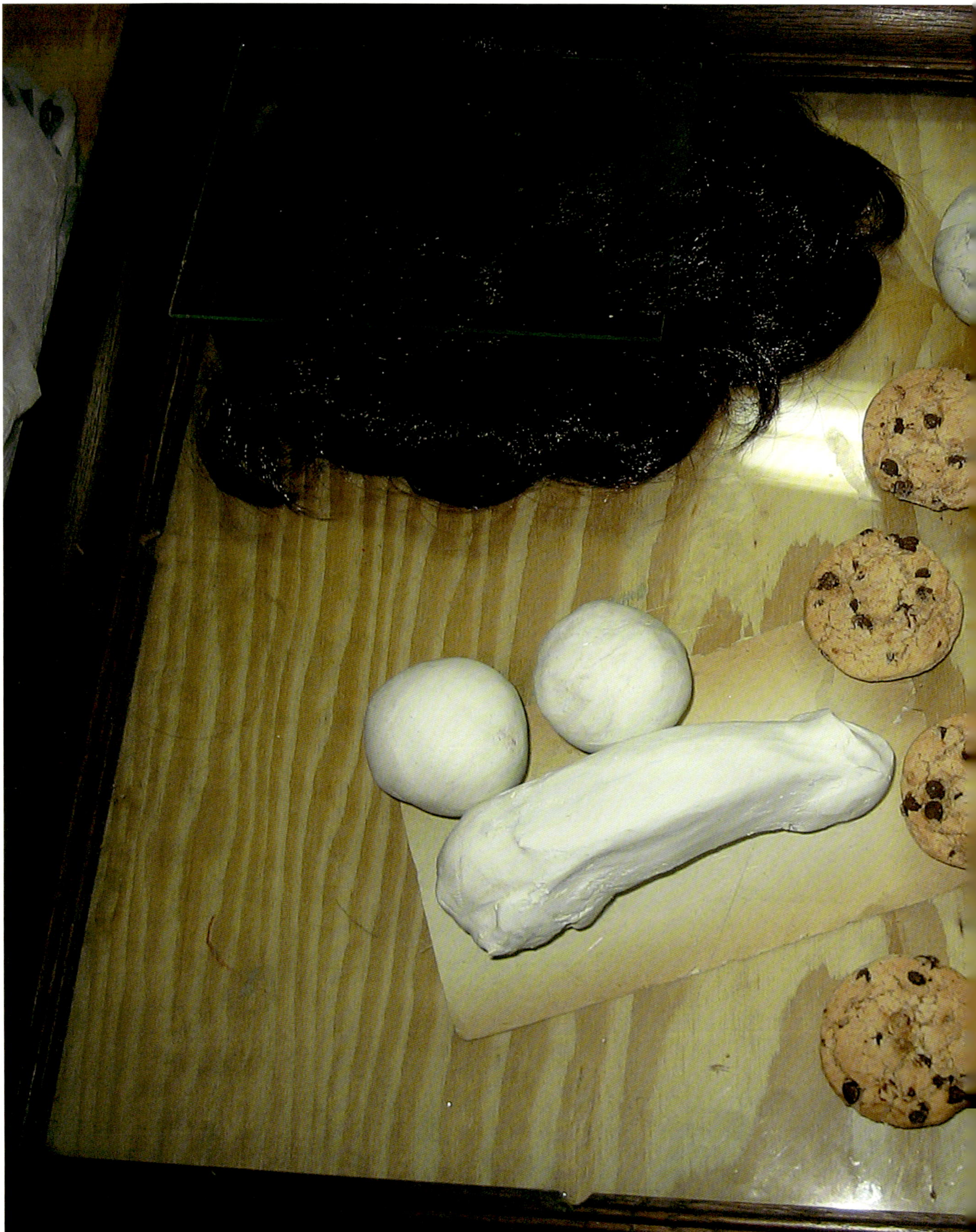

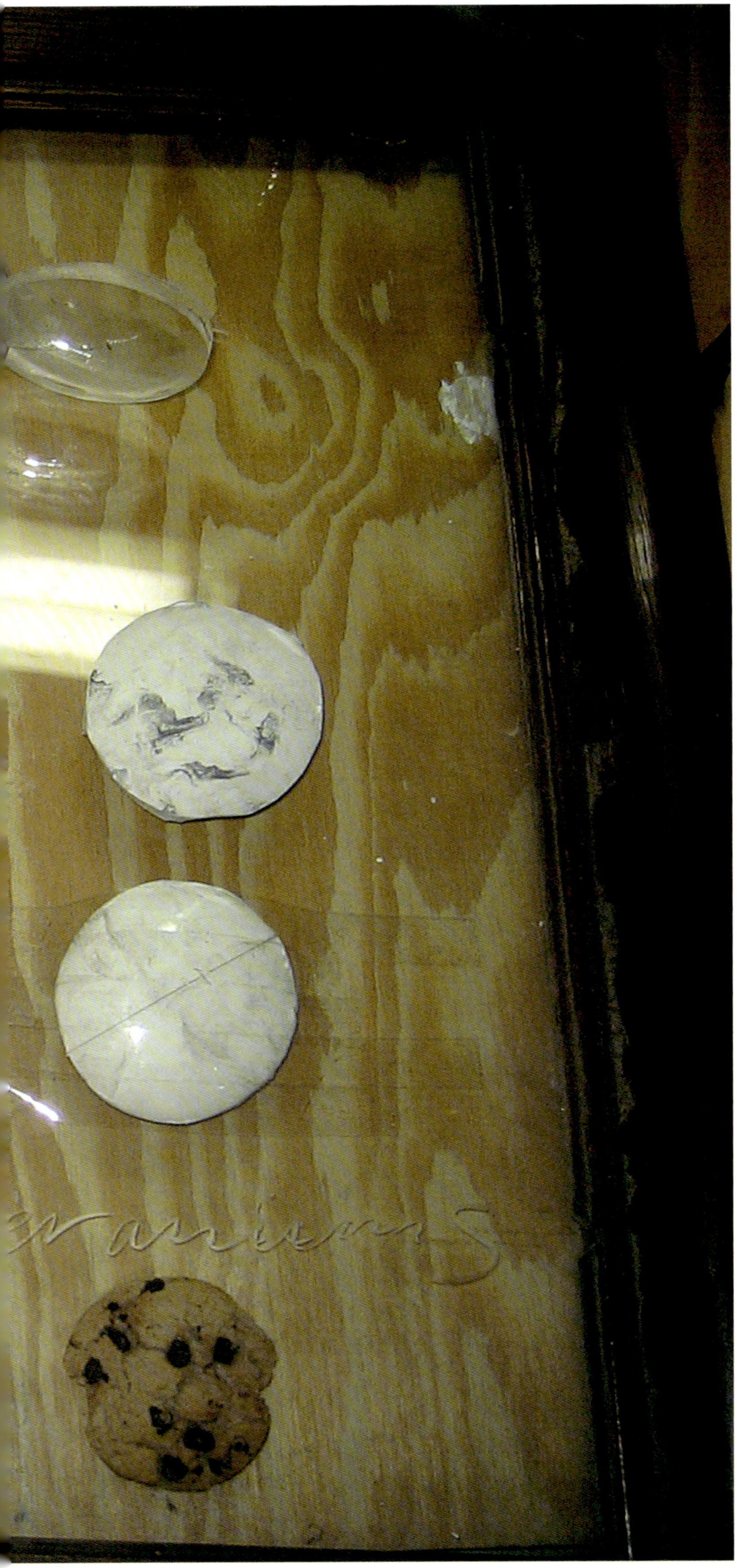

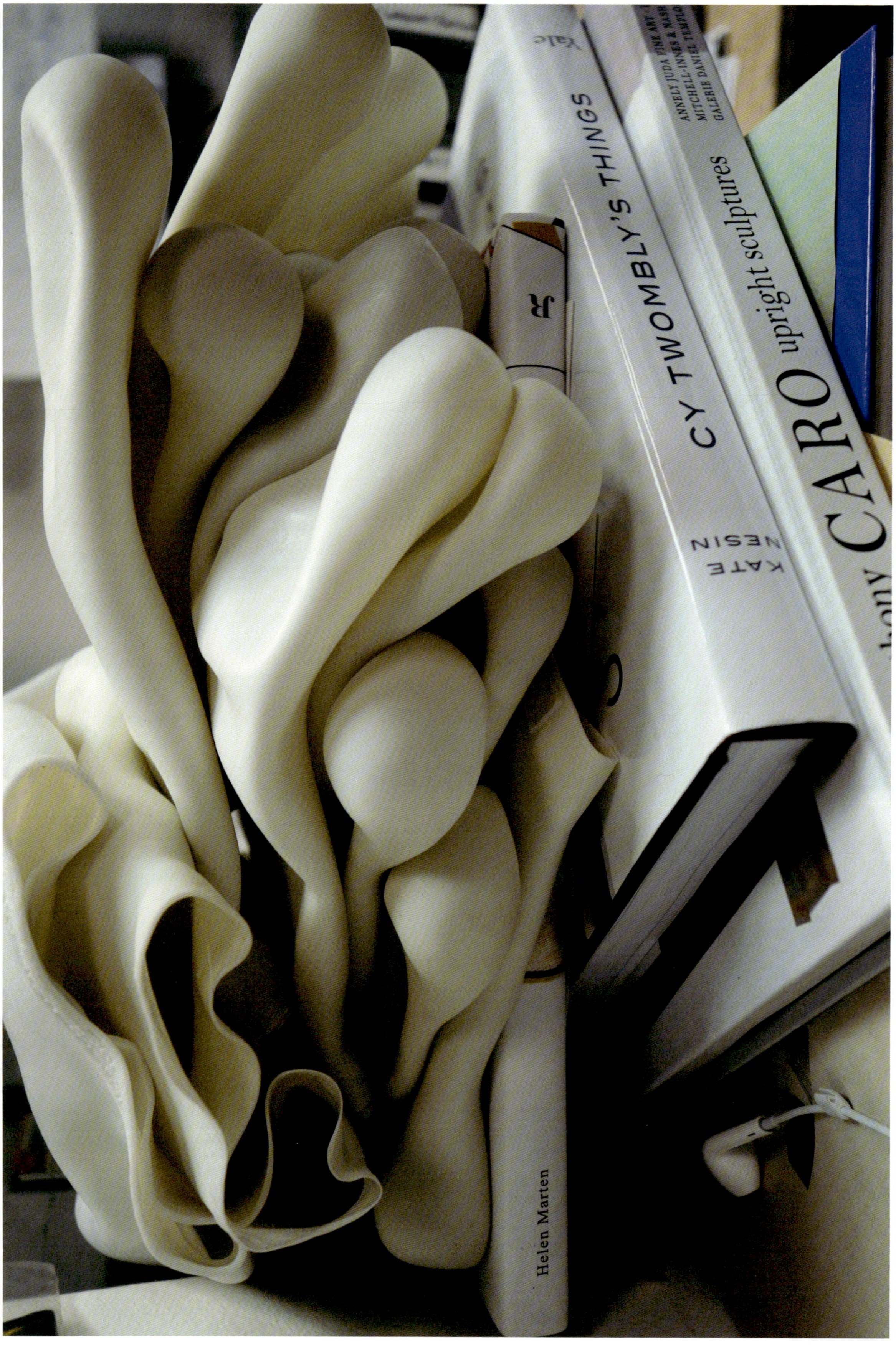

Yale
CY TWOMBLY'S THINGS
KATE NESIN
ANNELY JUDA FINE ART
MITCHELL-INNES & NASH
CARO upright sculptures
Helen Marten

In Acting Class
Groups may be formed within the class.
Sexual tensions might result in love affairs and relationship forming.
And after class, members of the class might go out to do activities together, to express the tensions that form within the class. Envy, jealousy, and hatred may even form, within an acting class.
Also, sexual intercourse may occur among members of an acting class.
A student acting class is a very dynamic environment. As a result of the intense activity among the students relationships sometimes form. Sexual tensions and love affairs. After acting class the students sometimes go out and express the urges and desires that form within the class.
Often it happens that the two most talented actors in the class find each other,
and a relationship might develop between them.

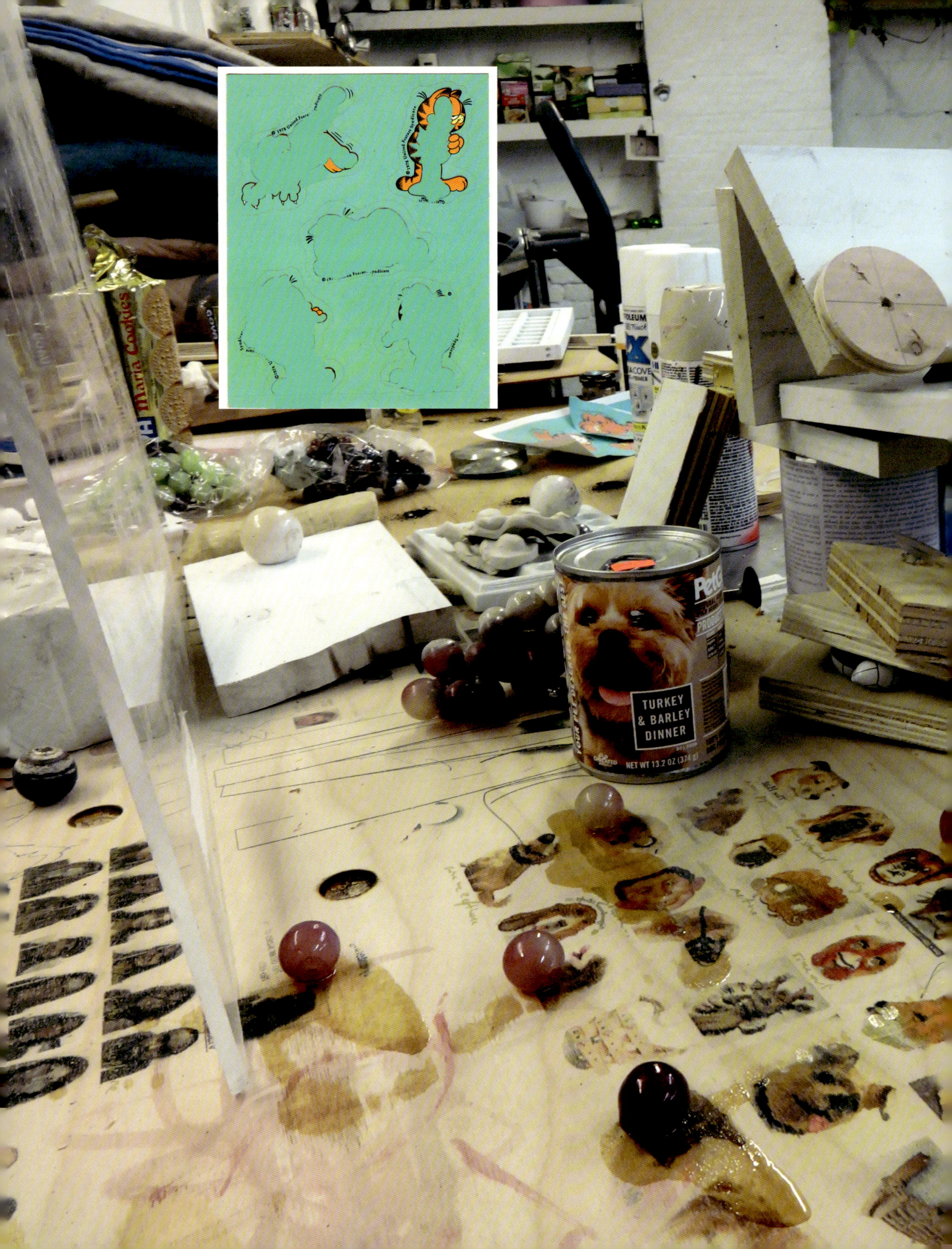
Maria Cookies
TURKEY
& BARLEY
DINNER
NET WT 13.2 OZ

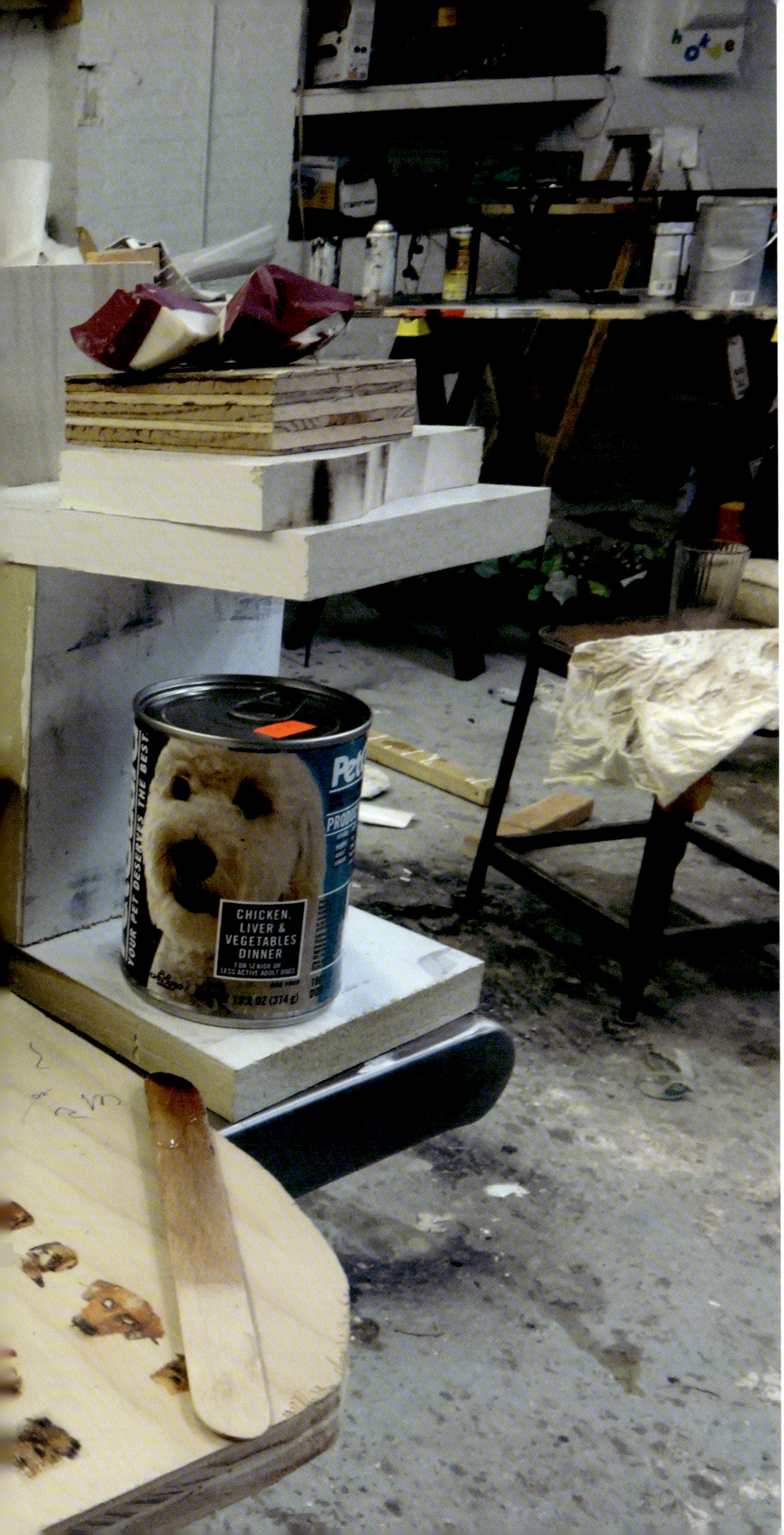
YOUR PET DESERVES THE BEST.
CHICKEN, LIVER & VEGETABLES DINNER
FOR SENIOR OR LESS ACTIVE ADULT DOGS

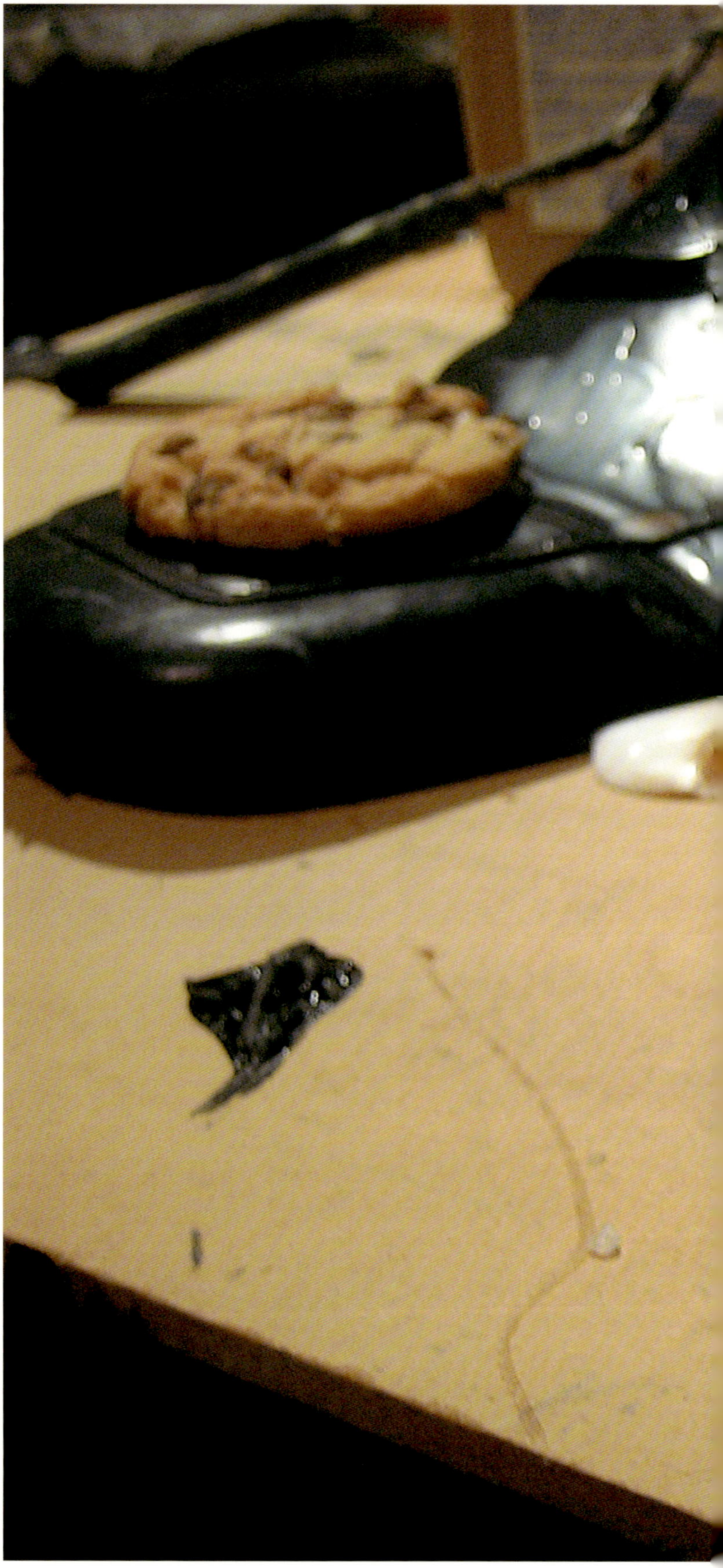

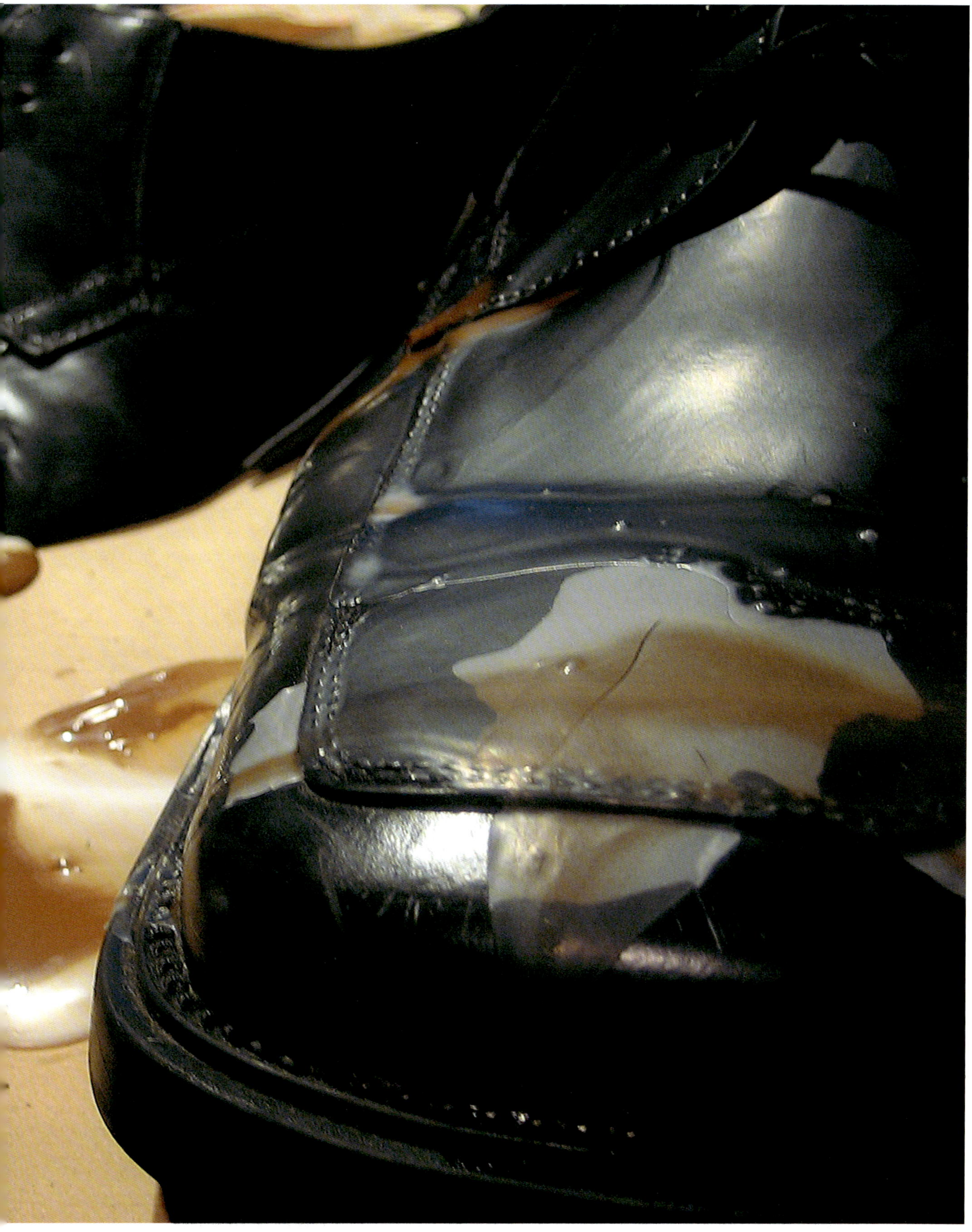

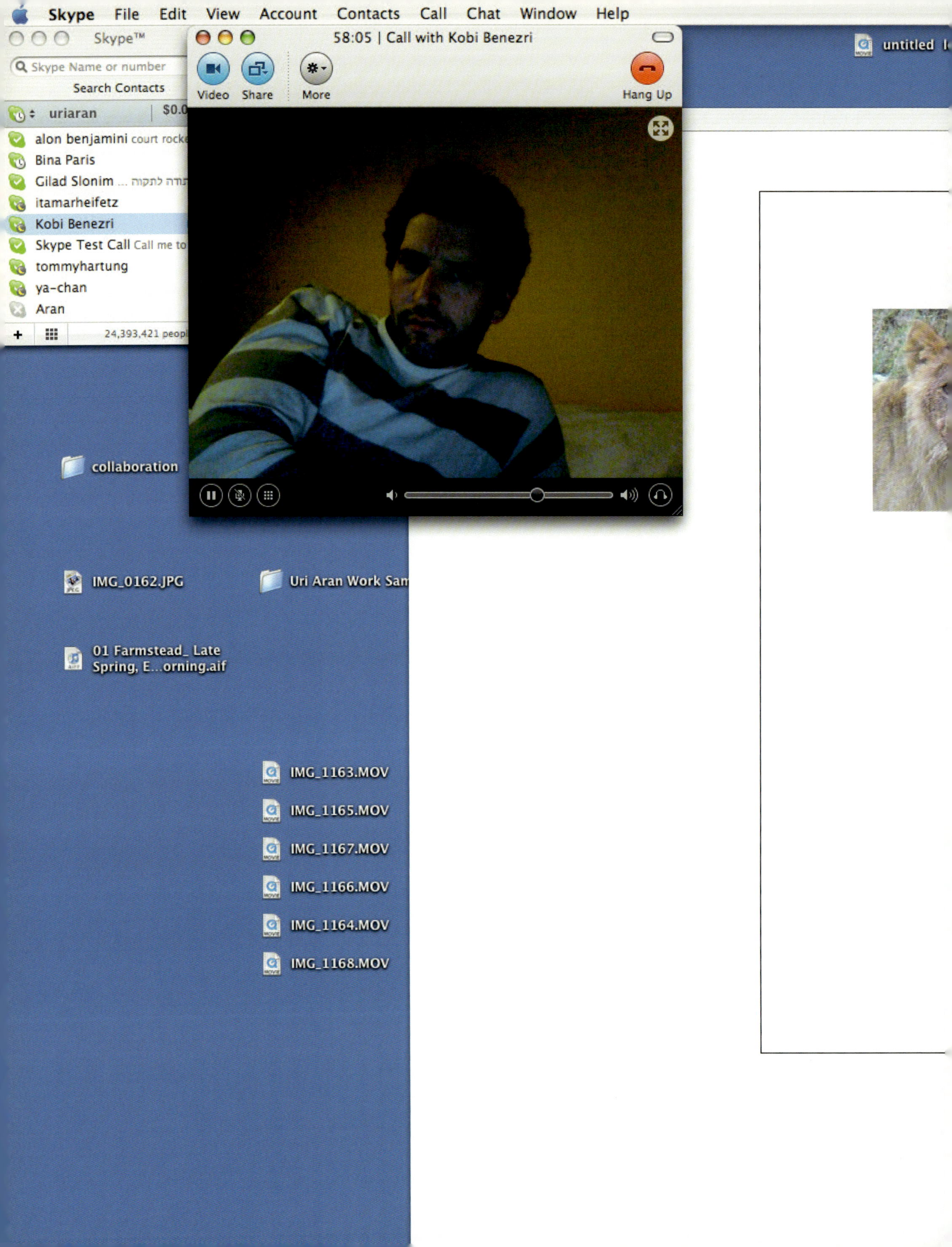
Skype File Edit View Account Contacts Call Chat Window Help
Skype™
Skype Name or number
Search Contacts
uriaran
alon benjamini court rocke
Bina Paris
Gilad Slonim ... תודה לתקופ
itamarheifetz
Kobi Benezri
Skype Test Call Call me to
tommyhartung
ya-chan
Aran
24,393,421 peopl
58:05 | Call with Kobi Benezri
Video
Share
More
Hang Up
untitled
collaboration
IMG_0162.JPG
Uri Aran Work San
01 Farmstead_ Late Spring, E...orning.aif
IMG_1163.MOV
IMG_1165.MOV
IMG_1167.MOV
IMG_1166.MOV
IMG_1164.MOV
IMG_1168.MOV

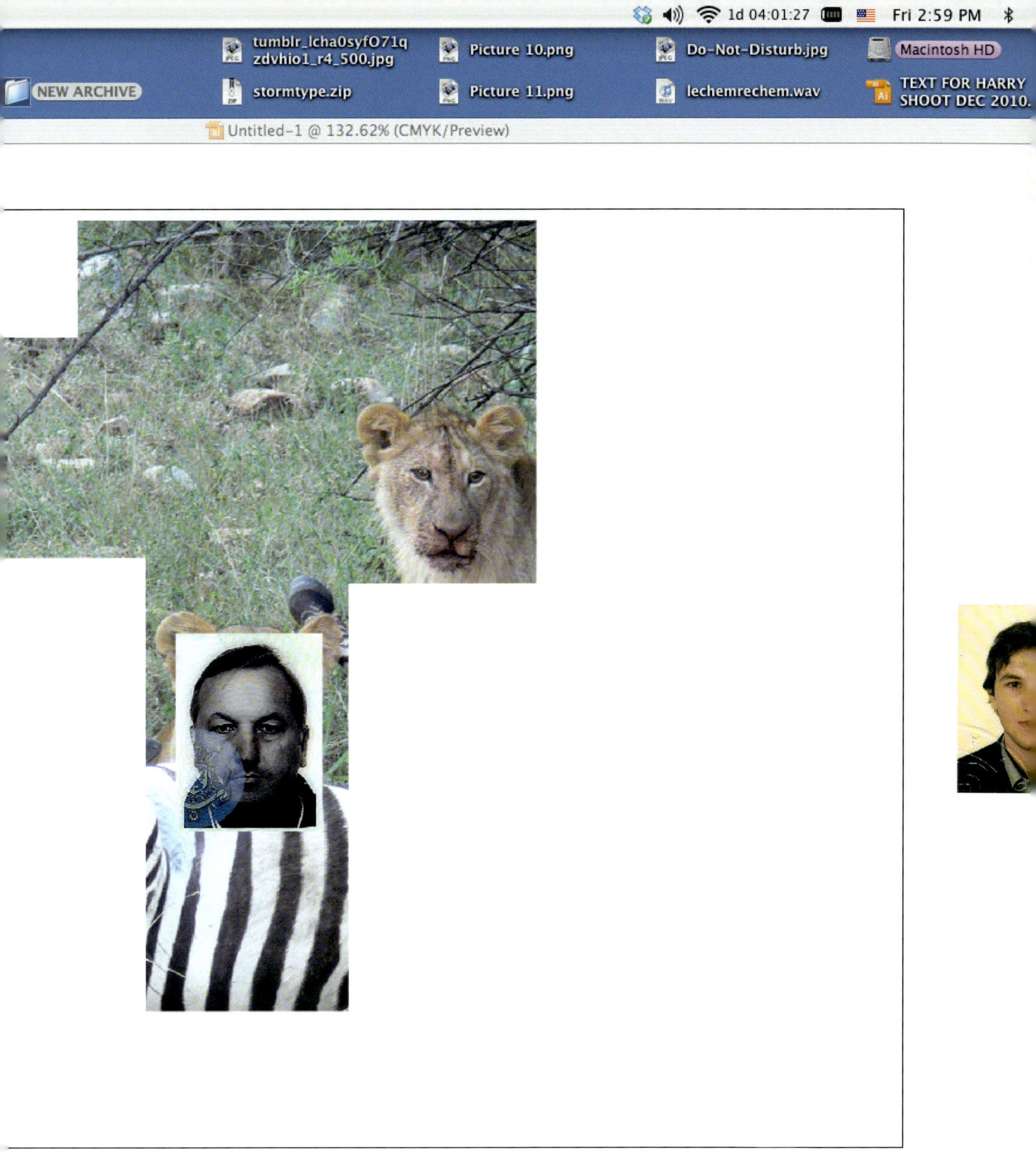
1d 04:01:27
Fri 2:59 PM
tumblr_lcha0syfO71q zdvhio1_r4_500.jpg
Picture 10.png
Do-Not-Disturb.jpg
Macintosh HD
NEW ARCHIVE
stormtype.zip
Picture 11.png
lechemrechem.wav
TEXT FOR HARRY SHOOT DEC 2010.
Untitled-1 @ 132.62% (CMYK/Preview)

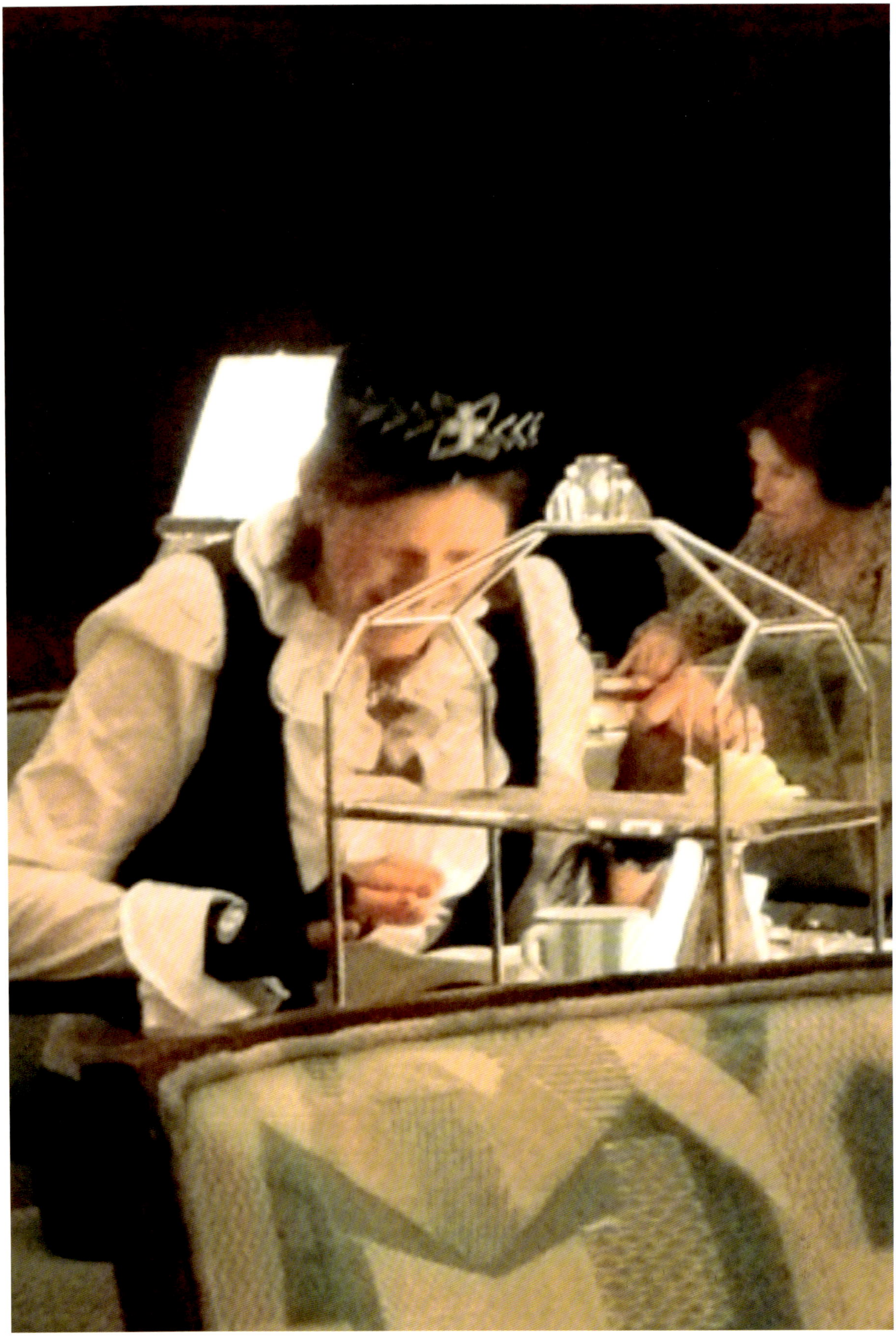

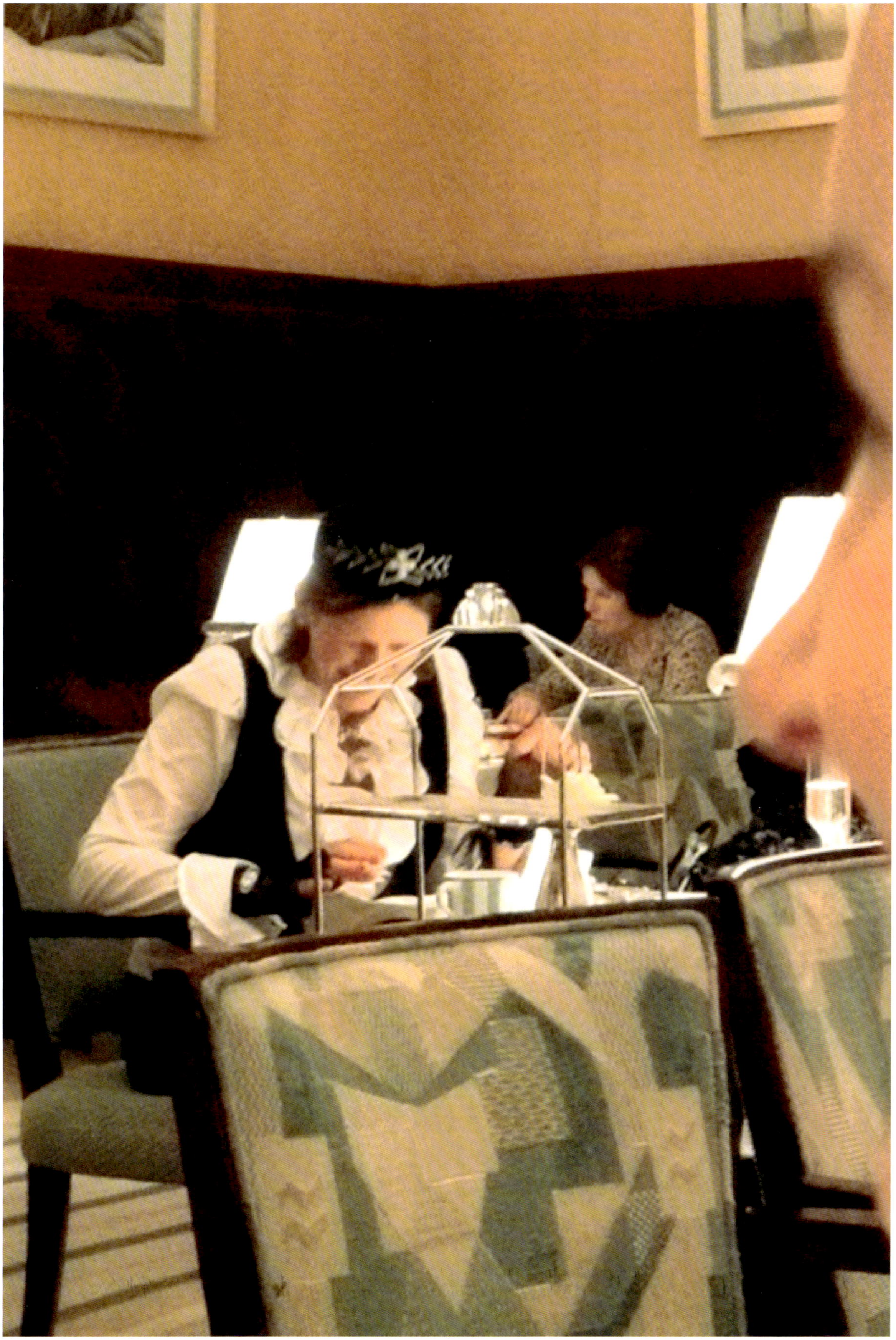

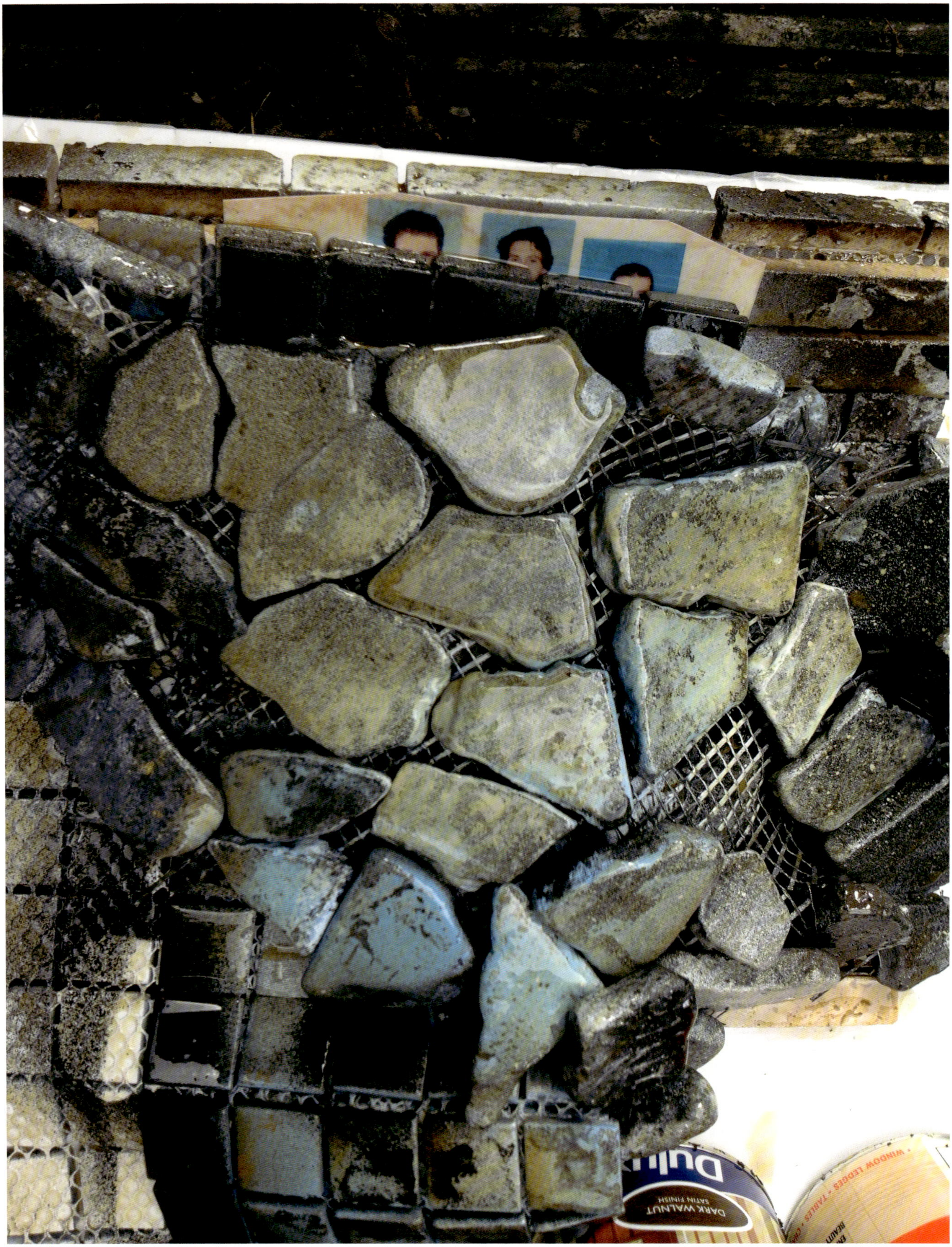
DARK WALNUT
SATIN FINISH

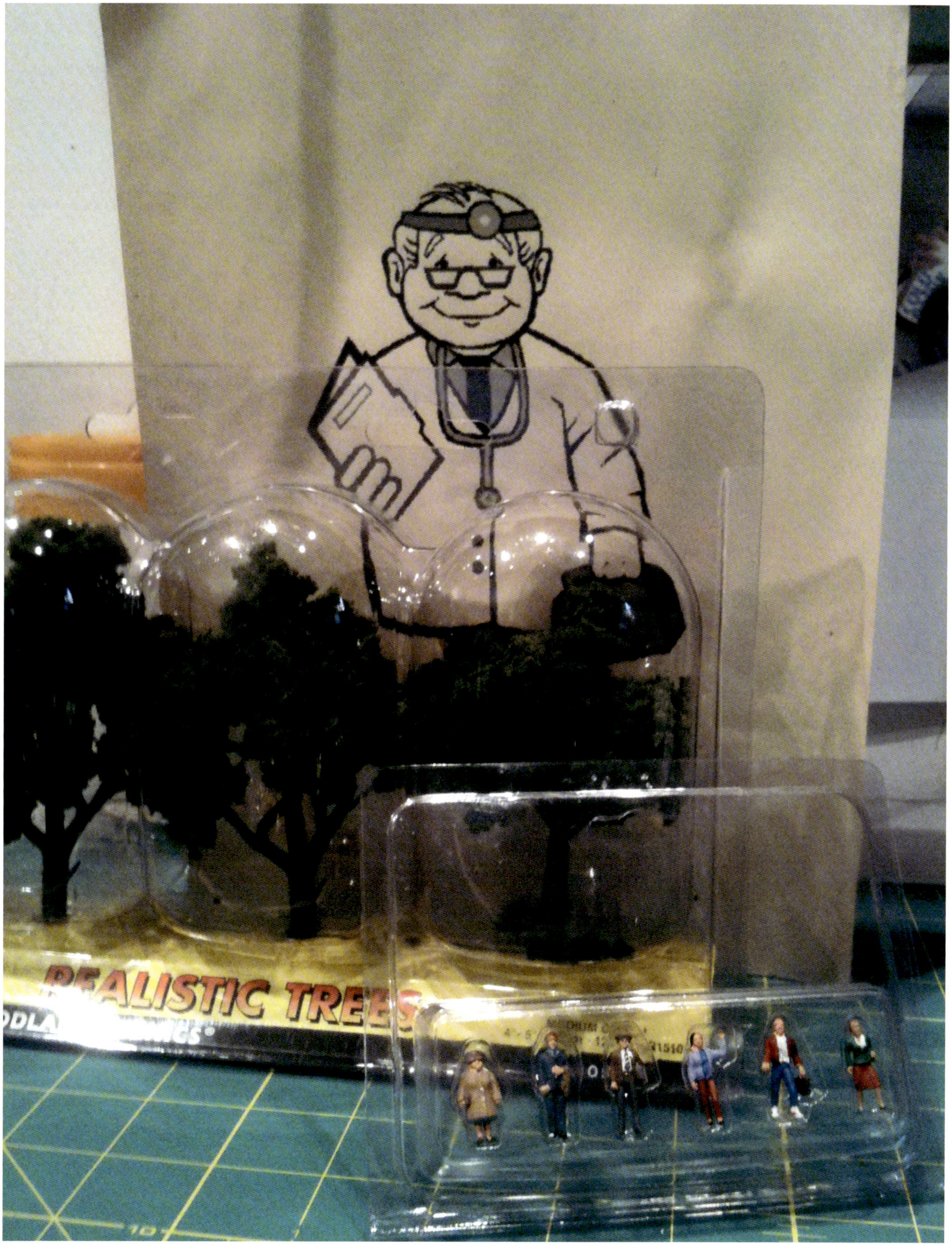
REALISTIC TREES

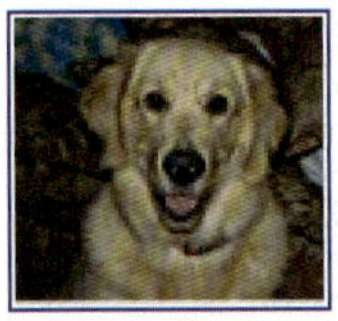

Image size:
600 × 542

Find other sizes of this image:
All sizes - Medium

Pages that include matching images

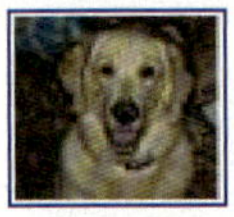

600 × 542

CODY FAN CLUB UPDATE
blog.medicinegarden.com/2008/09/cody-fan-club-update/
26 Sep 2008 Comments Off. CODY FAN CLUB UPDATE. Hi Everyone. I'm desperately trying to find a niche of time to get an update on our seven month old ...

Visually similar images - Report images

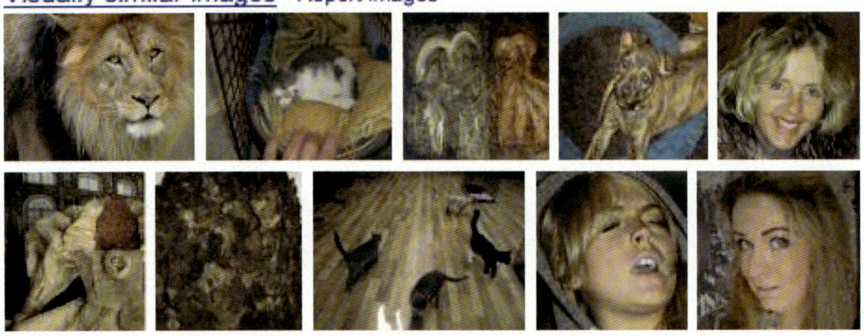

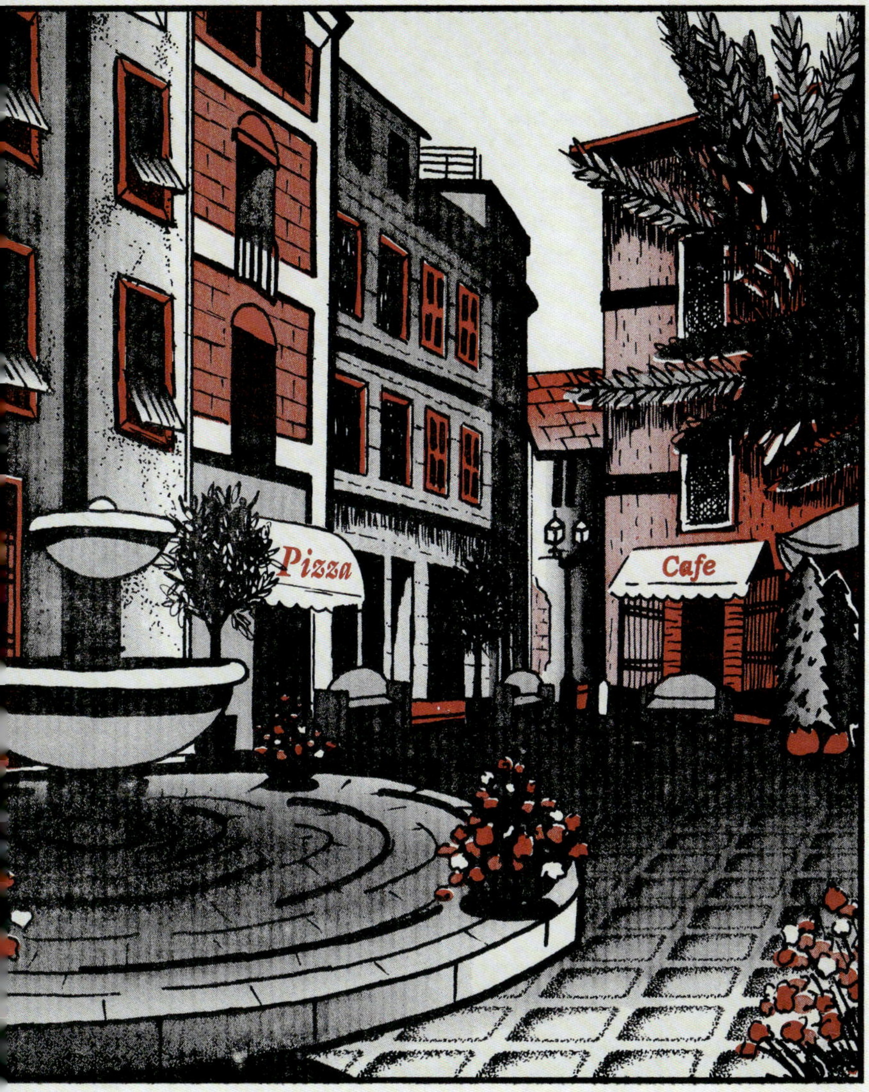
Pizza
Cafe

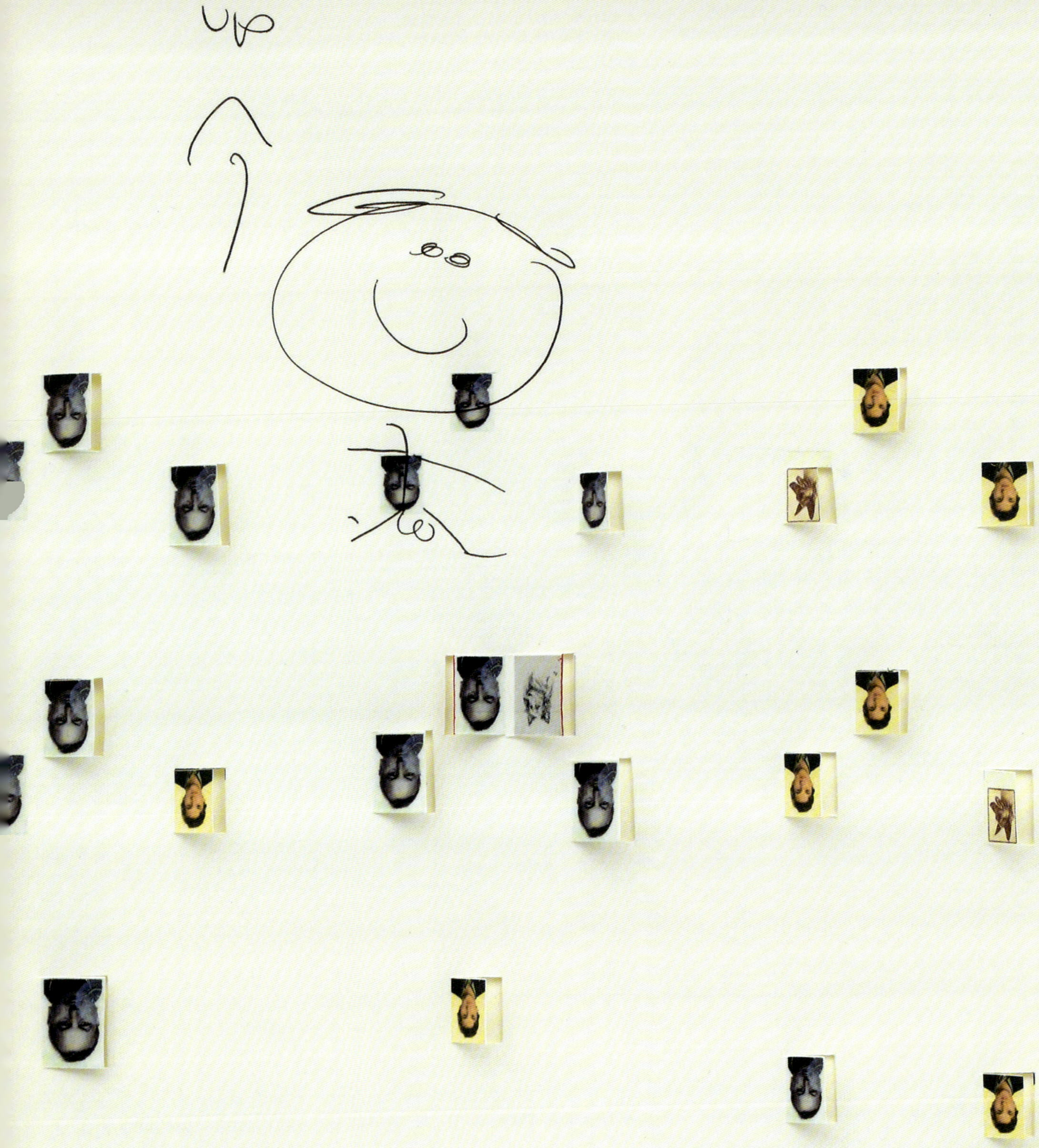
up

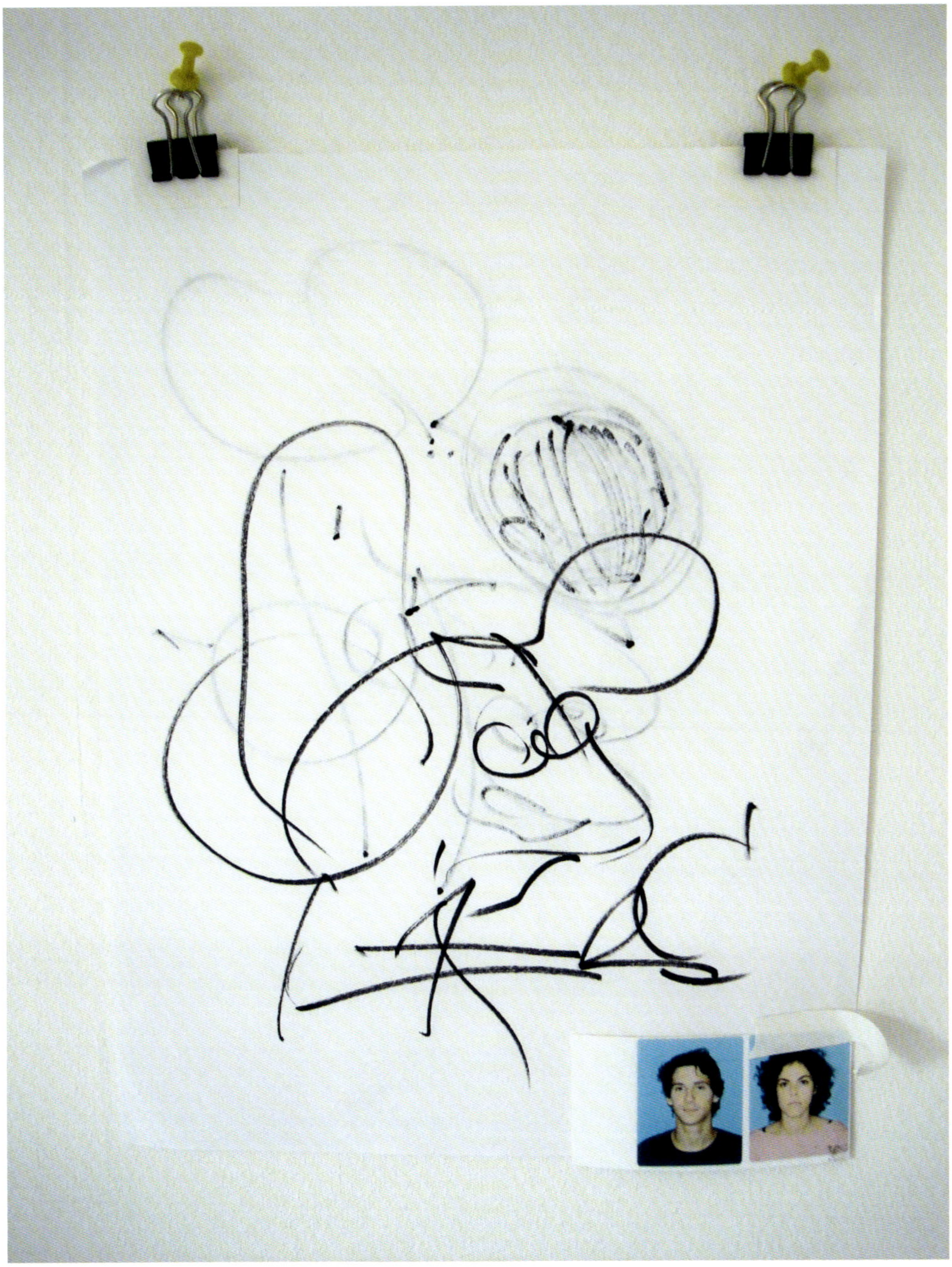

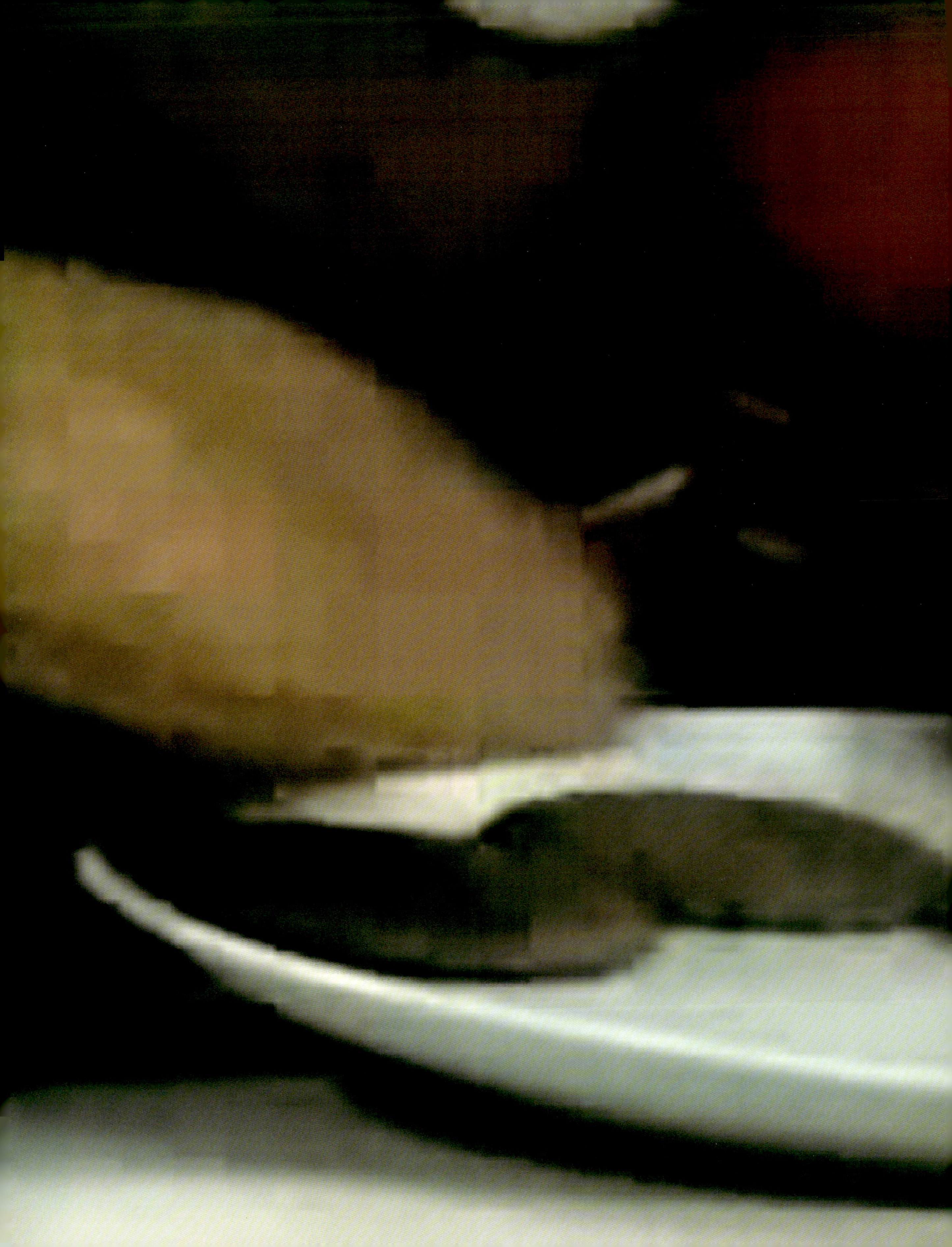

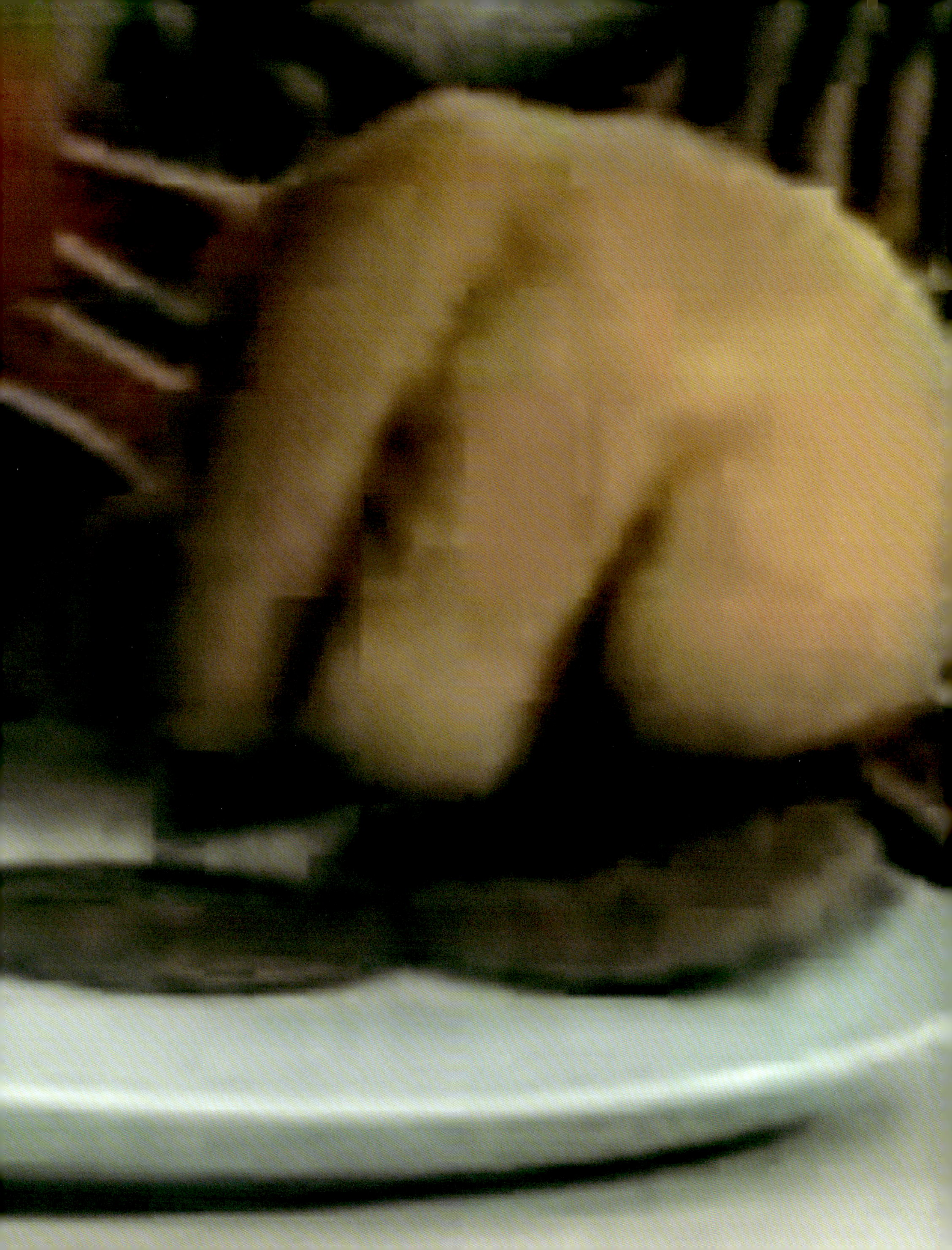

Inhaltsverzeichnis

Table of Contents

Vorwort
Beatrix Ruf, Kunsthalle Zürich
Margot Heller, South London Gallery

Preface
Beatrix Ruf, Kunsthalle Zürich
Margot Heller, South London Gallery

Uri Aran ist ein Geschichtenerzähler. Die Befragung und Neudefinition von Strukturen und Modellen der Kommunikation sowohl der materiellen Welt als auch der zwischenmenschlichen Beziehungen durchdringt sein Werk. Seine visuell eigenwilligen und irritierenden Arbeiten siedeln sich im Grenzbereich zwischen dem Vertrauten und dem Fremden an. In der Überlagerung von verschiedenen Zeitachsen, sprachlichen Ordnungsstrukturen und materiellen Kategorien rekonstruiert, erweitert und manipuliert der Künstler die Auffassung von dem, was eine Erzählung ist, und untergräbt bestehende Genres sowie Hierarchien. Seine visuelle Sprache reicht von Drehbuchtexten und aufwendig erarbeiteten Filmen über angeeignete oder dekontextualisierte Bilder und einfache, gewöhnliche Alltagsgegenstände, die er bearbeitet, kombiniert und in Ensembles zu intimen und zugleich befremdlichen Welten zusammenbringt. Den Materialien haftet etwas Behagliches an, sie sind aber zugleich nicht entzifferbare Wegweiser in der Narration, denn stets bleibt die Bedeutung der einzelnen Komponenten unklar. Aran untersucht mit seinen Arbeiten den Humor, die Poetik und Manipulation von populären Objekten und ruft damit im Zusammenhang stehende Gefühle auf, um im selben Moment an den Objekten, den Beziehungen, in denen diese zueinander stehen, zweifeln zu lassen.

Diese Publikation, die zum ersten Mal Arans Werk ausführlich dokumentiert, erscheint anlässlich der ersten umfassenden institutionellen Einzelausstellung des Künstlers in der Kunsthalle Zürich und seiner Präsentation in der South London Gallery und ist Fokus der Zusammenarbeit. Die Ausstellung in der Kunsthalle Zürich zeigte eigens für die Ausstellung entstandene Werkgruppen, die die gesamte mediale Breite seines Schaffens umfassten. Aran vereinte seine Arbeiten in Raumassemblagen und kreierte raumeigene Systeme, die aber gleichzeitig in Relation zueinander standen. Die neue Videoarbeit *Chimpanzee* (2013) führte in Gesprächssituationen von Individuen und Paaren, die geprägt waren von alltäglichen Ritualen und intimen Erfahrungen, deren subjektive Logik und Bedeutung nicht vollkommen erschlossen werden konnte. In einem Raum trug Aran Landschaften in Kartonboxen

Uri Aran is a storyteller. His work is pervaded by the interrogation and redefinition of structures and models of communication, the material world, and interpersonal relationships. His visually idiosyncratic and disconcerting works hover on the boundary between the familiar and the strange. By superimposing different temporal axes, linguistic structures, and material categories, he reconstructs, extends, and manipulates what constitutes a story, subverting existing genres and hierarchies. Aran's visual idiom ranges from screenplays and elaborately developed films about appropriated and decontextualized images, to the assemblage of familiar everyday objects—including, for example, eggs, passport photos, and pizza boxes—which he processes, combines, and hence unites to form ensembles comprising intimate and simultaneously disconcerting worlds. The materials used have something domestic and comfortable about them, but act as indecipherable signposts as the meaning of the individual components constantly remains unclear. Why are certain meanings ascribed to certain things? Which questions should be asked? In his works Aran explores the humor, poetics, and manipulation of popular objects, and triggers feelings associated with them in the viewers, while prompting them to doubt these objects, their relationships with them, and their own experiences.

This monograph, which presents the first survey of Aran's work, is published to accompany the artist's first comprehensive institutional solo show at the Kunsthalle Zürich and the exhibition at the South London Gallery, and is the focus of the collaboration between the two institutions. The exhibition *here, here and here* at the Kunsthalle Zürich presented group of works created especially for the presentation that encompassed the entire range of the artist's oeuvre. Aran brought his works together in spatial assemblages, thereby creating spheres and systems specific to the individual spaces, which, however, were also related to and interwoven with each other. The new video work *Chimpanzee* (2013) drew the viewer into conversations involving individuals and couples conferring everyday rituals and intimate experiences, the subjective logic and meaning of which are not

auf Tischen zusammen. Im folgenden Raum befanden sich Zeichnungen, Collagen, Objektassemblagen und Skulpturen sowie eine regalähnliche Wandauslage, die die Erscheinung und Bedingungen des existierenden Raumes veränderte. Die skulpturalen Installationen schienen auf den ersten Blick chaotische Arrangements gefundener Objekte zu sein, auf den zweiten Blick aber waren es Gesten eines von geheimnisvollen Regeln strukturierten Mikrokosmos, die das Problem der Organisation und der Kategorisierung hervorhoben. Bildansammlungen, Porträts neben Tierbildern, Plastiktrauben oder Pizzaboxen – letztere lassen das Gefühl eines gemütlichen Familienabends aufkommen – zogen sich durch die Ausstellung und fanden sich auch in den Zeichnungen wieder, die Aran neu mit Drucktechniken verband. Mit Wiederholungen und einem System mannigfaltiger Bezüge einer materiellen Syntax schuf der Künstler einen die Ausstellung durchziehenden visuellen Rhythmus.

Arans Schau in der South London Gallery war seine erste Ausstellung in London und bildete den Abschluss seines zweimonatigen Aufenthalts als erster Künstler der Outset Residency in der Wohnung der Institution. Der Künstler zeigte neue Arbeiten, die während seines Aufenthaltes konzipiert und überwiegend auch hergestellt worden waren und deren sorgfältige Zusammenstellung auf seiner Kenntnis des Ausstellungsraums, die er in dieser Zeit erworben hatte, beruhte. Das übergreifende formale Gestaltungsprinzip war gekennzeichnet durch eine Betonung von Reflexion, Brechung und der Überlagerung von Bildern, was einen Nachhall in den einzelnen Elementen eines Videos, einer Skulptur, mehreren Zeichnungen und einer Serie von Fotografien fand. Im Video, das den Mittelpunkt der Ausstellung bildete, wechselten sich unterschiedliche Szenen eines Freundes des Künstlers, der aus einen Drehbuch vorliest, mit solchen von Jungen auf Fahrrädern in einem Park und Archivmaterial von Mädchen bei einer Ballettaufführung ab; sie waren durchsetzt mit Abbildungen von Arans Zeichnungen und Sequenzen mit digitalen Animationen. Der orchestrale Soundtrack verlieh diesen scheinbar disparaten Elementen ein romantisches Potenzial und lieferte zugleich einen verbindenden

completely accessible. In one of the spaces the artist had assembled landscapes in cardboard boxes, sitting on their respective custom-made tables. The next space contained drawings, collages, assemblages of objects and sculptures arranged on and around a shelf, altogether altering the appearance and conditions of the existing space. At first sight, the sculptural installations looked like chaotic arrangements of found objects; at a second glance they seemed like gestures of a microcosm structured by mysterious rules, highlighting the problem of organization and categorization. Collections of images, portraits next to animal pictures, plastic grapes, and pizza boxes—this last evoking the homely feel of a cozy family evening—ran like a red thread through the entire exhibition and were also found in the drawings that Aran associated with new printing techniques. Through repetitions and a system of wide-ranging cross-references from a syntax of materials, the artist generated a visual rhythm that pulsed through the exhibition.

Uri Aran's South London Gallery show was his first in London and followed a period of two months living in the gallery's artists' flat as the inaugural Outset Artist-in-Residence. Aran presented a precise grouping of new works, conceived of, and largely made during his residency, displayed in a configuration born of his knowledge of the exhibition space gained over the course of his stay. The overriding formal composition was characterized by an emphasis on reflection, fracture, and the overlaying of imagery, which in turn was echoed in the individual components of a video, a sculpture, several drawings, and a series of photographs. The video provided the central focus of the show, layering disparate scenes of one of the artist's friends reading from a script, with those of boys on their bikes in a park and archive footage of girls performing ballet steps on stage, punctuated throughout by images of Aran's drawings and passages of digital animation. The rousing orchestral soundtrack injected these apparently disparate elements with romantic potential, but equally provided the principal unifying context that spilt out across the other works in the show. A multi-faceted

Kontext, der auch die anderen Arbeiten in der Ausstellung einschloss. Eine facettenreiche Skulptur übertrug das Motiv der Überlagerung überraschender Komponenten auf ein anderes, wenngleich verwandtes Gebiet und kombinierte Spiegel und Fotografien mit den mit Gegenständen überladenen Ablagen eines Metallwagens, wie um einen nur halb formulierten Daseinszweck anzudeuten, während eine Serie von Zeichnungen Bilder aus digitalen Quellen nahtlos mit handgezeichneten Elementen verband. Eine Reihe von Passfotos, die abfotografiert und auf ein einheitliches Format vergrössert worden waren, erweiterte das Durcheinander um eine mögliche Besetzung von Rollen, von denen einige an anderer Stelle der Ausstellung wieder auftauchten. Dass diese Reihe überraschenderweise auch einen Hund und ein Pferd umfasste, war ebenso humorvoll wie passend, denn es signalisierte Arans Begeisterung für Tiere – nicht nur aufgrund der Gefühle, die sie auslösen können, sondern auch aufgrund ihrer Faszinationskraft als Lebewesen, die keine Moral kennen und ohne jene Kultur oder Codes existieren, die unsere eigene Produktion und Interpretation von Bedeutungen so stark beeinflussen.

Viele Einzelpersonen und Organisationen haben dazu beigetragen, dass diese Ausstellungen realisiert werden konnten. Wir möchten den Teams der Institutionen für die Ausrichtung der Präsentationen danken. Dank gebührt auch den Leihgebern, die ihre Werke zur Verfügung stellten, und den Galerien, die den Künstler in allen Phasen der Ausstellungsvorbereitung unterstützt haben. Den Gönnern und Förderern, die unsere jeweiligen Institutionen unterstützen und tragen, sind wir ebenfalls zutiefst verpflichtet. Wir freuen uns, dass wir Texte von Fionn Meade und Liam Gillick in den Katalog aufnehmen konnten. Das Gespräch, das Uri Aran während der Ausstellung in der Kunsthalle Zürich mit Beatrix Ruf, Fredi Fischli und Niels Olsen führte, ermöglicht einen vertieften Einblick in sein Werk. Allen Autoren sei herzlich gedankt. Unser grösster Dank allerdings geht an Uri Aran für seine inspirierende, unermüdliche und bemerkenswerte Arbeit an der Entwicklung und Umsetzung der Ausstellungen und für seine aussergewöhnliche Präsenz bei der Entstehung dieser Publikation.

sculpture took the motif of layering unexpected components into another, albeit related realm, elegantly combining mirrors, photographs, and object-laden shelves of a metal trolley as if to imply an only partially articulated raison d'être, while a series of drawings seamlessly united digitally-sourced imagery with hand-drawn elements. A group of passport photos, rephotographed and enlarged to a scale indicative of painted portraits, introduced a potential cast of characters into the mix, but only some of these reappeared elsewhere in the show. The surprise inclusion of a dog and a horse in the lineup was both humorous and poignant, signaling Aran's fascination with animals for the sentiments they can provoke, but also for the intrigue they hold as creatures incapable of morality, existing without culture and without the codes that impact so heavily on our own creation and interpretation of meaning.

A number of individuals and organizations have been instrumental in the realization of these exhibitions. We would like to thank the dedicated teams at the Kunsthalle Zürich and the South London Gallery for staging of the exhibitions, and Rahel Blättler for her dedicated and thoughtful editorial work on this catalogue. We are grateful to the collectors who have lent their work, and to the galleries who have supported the artist in all stages of preparing the exhibitions. To the donors and supporters of our respective institutions we owe a great debt. The catalogue is published by JRP|Ringier, to whom we would also like to express our gratitude.

We are delighted to include texts by Fionn Meade and Liam Gillick, and thank them for their in-depth contributions. Uri Aran's conversation during the exhibition at Kunsthalle Zürich with Beatrix Ruf, Fredi Fischli, and Niels Olsen offers deeper insights into his extraordinary oeuvre. We are sincerely grateful to all the authors. However, our biggest thank you goes to Uri Aran for his inspiring, indefatigable, and remarkable work on the development and staging of the exhibitions, and his extraordinary presence in the development of this publication.

Wir haben uns
Fionn Meade

We Have Each Other
Fionn Meade

Um die Dinge aus ihrem königlichen Schweigen herauszuführen bedarf es der List oder des Mords.[1]
– Zbigniew Herbert

In Uri Arans Installationen gibt es Affekte, Gesten und Melodramen im Überfluss. Der in New York lebende Künstler führt in seine Assemblagen aus Skulpturen, Videos und Zeichnungen Bruchstücke von Geschichten und halbe Figuren ein, nur um dann jede endgültige Katharsis der Handlung oder der Identifikation zu verhindern. Arans Storyboard-„Charaktere" – deren anfängliche Form von Passfotos, Haustierbildern, Spielzeug und der Ikonografie von Konsumgütern bis zu eigenen Schnappschüssen des Künstlers reicht – werden auf skulpturalen Trägern (zumeist regalähnliche Sockelkonstruktionen und grob gezimmerte Arbeits- oder Schreibtische) gezeigt und einem raschen Austausch unterzogen, wobei der Künstler einem Schema folgt, das er als die „flache Logik"[2] seiner idiosynkratischen Entwürfe bezeichnet. In diesen vorwärtstreibenden Szenarien entwickelt Aran die Existenzen seiner Figuren wie ein Drehbuchautor: Er plant jedes Ableben, jede Wiedergeburt und die emotionale Wirkung aller Übergänge, Revisionen und schrittweisen Manöver.

So tauchte beispielsweise in Arans New Yorker Einzelausstellung *by foot, by car, by bus* bei Gavin Brown's enterprise 2012 an verschiedenen Stellen der Installation auf etwas ominöse Weise das Passfoto eines „Onkels im Gefängnis" (und dessen gekritzelte Bildunterschrift) auf – gelegentlich im Wechsel mit dem absurden Bild eines lächelnden Hundes oder dem vergrösserten beziehungsweise verkleinerten Foto eines Pferdekopfes. Solche Mensch-Tier-Metonymien, die wie die Figuren eines Brettspiels eingebettet sind, löschen sich in Arans Landschaft nicht gegenseitig aus, noch ersetzen sie einander vollständig; vielmehr werden sie zu Assoziationsvorrichtungen in einer Reihe von Episoden, die keinen deutlichen Anfang oder Schluss haben. Geschmückt mit

To extract objects from their majestic silence takes either a ploy or a crime.[1]
–Zbigniew Herbert

Affect, gesture, and melodrama abound in Uri Aran's installations. The New York-based artist introduces story fragments and half-characters into his sculpture, video, and drawing configurations, only to then obstruct any definitive catharsis of plot or identification. Aran's storyboard "personas"—which take initial form as everything from ID photos, pet imagery, toys, and consumer iconography to the artist's own snapshots—are displayed on sculptural supports (most often shelf-like pedestal structures and roughhewn worktables or desks), and are subject to rapid substitution patterns, following what the artist calls the "flat logic" of his idiosyncratic design.[2] In these propulsive scenarios, Aran devises his characters' existences like a scriptwriter: plotting out every demise and rebirth, and the emotive effect of each transition, revision, and step-by-step maneuver.

In Aran's 2012 solo exhibition *by foot, by car, by bus* at Gavin Brown's enterprise in New York, for example, a passport photograph of an "uncle in jail" (and its scribbled caption) cropped up somewhat ominously here and there throughout the installation—occasionally trading places with an absurd image of a smiling dog, or with a scaled-up or scaled-down photograph of a horse's head. Embedded like pieces on a game board, such human and animal metonyms do not cancel or wholly replace one another in Aran's landscape; rather, they become associative devices within a set of episodes that have no clear beginning or end. Adorned with linguistic labels describing modes of transportation and arrival—"BY FOOT," "BY CAR," "BY BUS," and so on—the works in the gallery show functioned as way stations for the estranging sentiments associated with having an "uncle in jail." Variously showing scenes of departure, or evoking loss, shame, and joy, Aran's sculptural tableaux were imbued with the echo of that oddly loaded phrase. By appending the familiar avuncular

Beschriftungen, die Transport- und Anreisemöglichkeiten – „by foot", „by car", „by bus" und so weiter – benennen, fungierten die Arbeiten in der Galerieausstellung als Haltestellen für die befremdlichen Gefühle, die damit einhergehen, einen „Onkel im Gefängnis" zu haben. Arans skulpturale Tableaus, die wechselnde Szenen der Abreise zeigten oder Gefühle von Verlust, Scham und Freude heraufbeschworen, waren vom Nachhall dieses merkwürdig aufgeladenen Ausdrucks erfüllt. Durch die Koppelung des vertraulich-onkelhaften Registers von „uncle" mit einem Ausdruck kultureller Verurteilung und Schmach, „in jail", wird die Neugier des Betrachters/Lesers maximal gesteigert und zugleich sein Unbehagen geschürt.

In derselben Installation überlagerte eine Reihe von rasch ausgeführten Strichzeichnungen – die eine Maus, ein Pferd, einen Hai und eine Katze darstellten und an Dieter Roths komische Zeichenkunst erinnerten – das Bild einer lächelnden schwangeren Frau, wodurch eine weitere Ebene proteischer Transformation und diegetischer Angst entstand. Arans Bilder und skulpturale Topografie bieten ein unheimliches Register von neuem Leben, Einsperrung und kultureller Verdrängung; sie werden zusammen mit von Bohrlöchern perforierten Arbeitstischen präsentiert, auf denen – sorgsam arrangiert wie Erinnerungsstücke – Assemblagen alltäglicher Dinge und weggeworfener Ateliermaterialien zwischen Sägespänen und vermeintlichem Unrat stehen. Schweizer Armeemesser, orangefarbene Fingerspitzen, die von Arbeitshandschuhen abgeschnitten wurden, eine Auswahl von Schlüsselanhängern in Form von Bällen verschiedener Sportarten sowie Brillengläser und Linsen aus Lupen waren versammelt, um neben den Quasi-Charakteren, die auf Arans Arbeitstischen zirkulieren, ein Gefolge entfremdeter Objekte zu bilden. Das Resultat war ein Stimmungswechsel von der Gegenwart vertrauter Alltagsgegenstände zu einer geisterhaften, verwaisten Wiederholung: Etwa, wenn in der Installation das Schulfoto eines Jungen auftaucht, das in einem aufgeschnittenen Milchkanister aus Plastik steckt (sollte man ihn für den Neffen des „Onkels im Gefängnis" oder für den Onkel als

register of "uncle" to a phrase of cultural judgment and infamy—"in jail"—the viewer/reader's curiosity is both peaked and left ill at ease.

A series of quick line drawings in the same installation—depicting a mouse, a horse, a shark, and a cat, and recalling Dieter Roth's comic draftsmanship—were superimposed over the image of a smiling pregnant woman, adding another level of protean transformation and diegetic anxiety. Presented alongside worktables perforated with drill holes and holding configurations of everyday objects and cast-off studio materials—meticulously arranged, like mementos—Aran's images and sculptural topography offer an uncanny register of new life, confinement, and cultural displacement, all positioned among wood shavings and seeming detritus. Swiss army knives, the orange fingertips cut from work gloves, an assortment of key chains in the shape of balls from different sports, and lenses extracted from spectacles and magnifying glasses, were gathered together to form an alienated object retinue alongside the quasi-personas circulating upon Aran's worktables. The result was a mood shift from the presence of familiar, everyday things to an apparitional and orphaned repetition: as with the appearance in the installation of a young boy's school photo (is he to be considered the nephew of the "uncle in jail" or the uncle himself in his youth?) held within a cut open plastic milk gallon; accompanied by a host of baseball key chains and an oval mirror coated with sticky residue, the boy's visage recalls a past era when kidnapped or missing children adorned the back of milk cartons. And yet the image doubles as a plot twist for the viewer to actively guess at and conjecture upon. Pried from any diminutive role as a bauble, the key chains mass together and trigger associative memory, both in relation to one's recollection of posing for a similar primary school photo, but also to the previous character transitions played out within Aran's dramatic setting.

Reminiscent of the ploy that Polish writer Zbigniew Herbert describes in his short prose poem titled "To Extract Objects," Aran constructs a shape-shifting language with the most meager means,

Jugendlichen halten?); in Verbindung mit einem Knäuel aus Baseball-Schlüsselanhängern und einem ovalen, mit klebrigen Überresten bedeckten Spiegel erinnert das Gesicht des Jungen an eine Vergangenheit, in der Bilder von entführten oder vermissten Kindern die Rückseiten von Milchverpackungen zierten. Dabei dient das Bild zugleich einer unerwarteten Wendung der Handlung, damit der Betrachter aktiv Vermutungen und Spekulationen anstellt. Herausgeholt aus ihrer Nebenrolle als Nippes verketten sich die Schlüsselanhänger und wecken assoziative Erinnerungen – solche, die mit eigenen Erinnerungen an das Posieren für ähnliche Grundschulfotos zusammenhängen, aber auch solche an vorangegangene Wandlungen der Figuren, die sich in Arans dramatischem Szenario ereignet haben.

Mit einer List ähnlich der, von der der polnische Schriftsteller Zbigniew Herbert in seinem kurzen Prosagedicht *Die Dinge herauszuführen* schreibt, konstruiert Aran mit einfachsten Mitteln eine die Formen verschiebende Sprache und versammelt so ein unbehagliches Inventar aus Pathos, Abwesenheit und Gelächter. Seine verschwenderisch eingesetzten Materialien und stockenden sprachlichen Wiederholungen wirken zusammen, um eine Art Trauer und Sehnsucht nach der Materialität und Bildsprache der Arbeit auszulösen. Immer wieder geht Aran die ausgeführten Handlungen und sentimentalen Ikonografien noch einmal durch, wobei er das Absurde solange akzeptiert und ausschöpft, bis es sich gewaltsam auf eine neue Syntax herunterbrechen lässt. Wie Herbert in dem eingangs zitierten Gedicht schreibt, spricht die „Zunge des atemlosen Erzählers“, wenn Dinge und Bilder durch die Verschiebung einer sprachlichen List oder einer kriminellen Handlung gerahmt werden:

> Um die Dinge aus ihrem königlichen Schweigen herauszuführen bedarf es der List oder des Mords. Das Klopfen des Wüstlings zerbricht den zugefrorenen See der Tür, das fallengelassene Gläschen schreit auf dem Steinboden kurz wie ein gläserner Vogel auf, und das

collecting an uneasy inventory of pathos, absence, and laughter. His spendthrift materials and halting linguistic repetitions work together to elicit a kind of sadness and nostalgia for the work's own materiality and imagery. Aran repeatedly goes over actions undertaken and sentimental iconographies, embracing and exhausting absurdity to the point of forcibly breaking it down into a new syntax. As Herbert writes in the poem quoted above, it is very much “the language of a stifled epic” that results when objects and images are framed by the shift of a linguistic ploy or criminal act:

> To extract objects from their majestic silence takes either a ploy or a crime.
> A door's icy surface can be unfrozen by a traitor's knock, a glass dropped on the floorboard shrieks like a wounded bird, and a house set aflame chatters in the loquacious language of fire, the language of a stifled epic, about everything, the bed, the chests, the curtains kept to themselves for so long.[3]

While text often pins down an image—even a clichéd one—compelling it to perform as an illustration or a product, in Aran's work images are forcefully *detoured* by language, in both spoken and written form. With their abrupt substitutions and transitions, his installations recall the process of learning a foreign language or studying a grammar primer. Social situations occur *in medias res*, repeated in various permutations and with different power relations, placing the viewer (now in the role of student) in the middle of the social fray. Extracting objects and images from their silence, narrativizing them, and making them relational and loquacious, comic and iterative—unruly and even delinquent—demonstrates Aran's interest in the moralizing nature of idiomatic expression and his peculiar parsing and remediation of English language phrasing. As Aran himself has said in an interview, “The infinite possibilities of producing meaning through the interplay of sign and signifier—I address this aspect

angezündete Haus redet mit der vielsagenden Zunge des Feuers, der Zunge des atemlosen Erzählers, davon, wovon das Bett, die Koffer, die Vorhänge schweigen.[3]

Während der Text ein Bild – selbst ein klischeehaftes – oft auf eine einzige Bedeutung festlegt und es zwingt, wie eine Illustration oder ein Produkt zu funktionieren, werden Bilder in Arans Arbeit durch die gesprochene und geschriebene Sprache oft energisch *auf Umwege geführt.* Mit ihren abrupten Substituierungen und Übergängen erinnern seine Installationen an den Prozess, eine Fremdsprache zu erlernen oder eine Grammatik für Anfänger zu studieren. Soziale Situationen ereignen sich *in medias res* und werden in verschiedenen Permutationen und unterschiedlichen Machtverhältnissen wiederholt, wobei sie den Betrachter (nun in der Rolle des Schülers) inmitten der sozialen Auseinandersetzung verorten. Arans Interesse am moralisierenden Charakter idiomatischer Wendungen und seine eigentümliche Syntaxanalyse und Korrektur englischsprachiger Formulierungen zeigen sich darin, wie er Dinge und Bilder aus ihrem Schweigen herausführt, sie narrativiert und sie relational und redselig, komisch und iterativ – aufsässig und sogar kriminell – werden lässt. Wie Aran selbst in einem Interview sagte: „Die unendlichen Möglichkeiten, durch das Wechselspiel von Zeichen und Bezeichnetem Bedeutung zu erzeugen – diesen Aspekt der Sprache thematisiere ich durch Wiederholung, Neuorganisation und Zitat. Englisch ist die Sprache des Westens und des Pop – man kann ihr nicht entkommen. Man nimmt sie auf eine Weise wahr, die so vermittelt ist, dass sie sich wie zitiert anfühlt. Ich finde solche Sachen witzig und geniesse sie in meiner Arbeit."[4]

So nehmen in seiner skulpturalen Wandassemblage *Dear Tenants (B)* (2012) bruchstückhafte und teils gelöschte, unfertige Texte einen ahnungsvollen und moralisierenden Ton an: Bei genauer Betrachtung des Edelstahl-Hintergrunds, vor dem Bilder, Objekte und eine gerahmte Zeichnung hängen, erkennt man handgeschriebene Sätze wie „We knew then & there" und „In the end, I guess,

of language through repetition, reorganization, and quotation. English is the language of the West and of pop—you can't escape it. The way it's received is so mediated that it feels quoted. I find these things funny and I indulge them in my work."[4]

In his sculptural wall configuration *Dear Tenants (B)* (2012), for example, fragmented and partially effaced textual loose ends take on a foreboding and moralistic tone: close inspection of the stainless-steel backdrop hung with images, objects, and a framed drawing, reveals handwritten phrases such as "We knew then & there," and "In the end, I guess, I learned such a great lesson." Scrawled out faintly, such pedantic phrases are obscured by scatological caricature drawings, making the caption-like textual elements seem to function as both mood enhancements and tutelary spirits within Aran's profiling universe.

There are potential plot turns and character situations implied throughout a work like *Dear Tenants (B)*: two inkjet printout images show a young woman taking a smartphone picture of her own pregnant belly; drugstore ID photos of anonymous young men lurk nearby; diminutive cutouts of happy dogs are countered with pictures of trusting, "smile-for-the-camera" human grins. Such socially awkward yet familiar images point to and mirror one another, like understudies in an existential crisis that is never completely enacted, only mapped out, and obsessively, continuously rearranged.

Related concepts of training and tutorial repetition are central to the video works so pivotal within Aran's endeavors, including his contributions to the 55th Venice Biennale and his solo exhibition *here, here and here* at the Kunsthalle Zürich. In both presentations, the viewer was indirectly addressed by a directorial voice that is often only audible in Aran's videos; and yet the viewer is notably and irrevocably excluded from any shareable meeting place or direct encounter with those directing the action. In the video *Chimpanzee* (2013), for instance, a young woman speaks into a

I learned such a great lesson". Solche pedantischen, undeutlich gekritzelten Formulierungen werden von skatologischen Karikaturen verunklärt, sodass die an Bildunterschriften erinnernden Textelemente in Arans Profiling-Universum ebenso als Stimmungsaufheller wie als Schutzgeister zu dienen scheinen.

In einer Arbeit wie *Dear Tenants (B)* finden sich immer wieder Hinweise auf potenzielle Wendungen der Handlung und Situationen der Figuren: Zwei Tintenstrahldrucke zeigen eine junge Frau, die mit ihrem Smartphone ein Bild von ihrem Schwangerschaftsbauch macht; nicht weit davon lauern Fotoautomaten-Passbilder unbekannter junger Männer; kleinen Bildausschnitten mit glücklichen Hunden werden Aufnahmen entgegengesetzt, die ein treuherziges „Bitte-recht-freundlich"-Grinsen zeigen. Solche in sozialer Hinsicht peinlichen und doch vertrauten Bilder verweisen aufeinander und spiegeln sich gegenseitig wie eine zweite Besetzung in einer existenziellen Krise, die nie ganz gespielt, sondern nur entworfen und auf obsessive Weise immer wieder umgestaltet wird.

Verwandte Konzepte der Schulung und der angeleiteten Wiederholung stehen im Mittelpunkt von Videoarbeiten, die in Arans Bestrebungen – darunter seine Beiträge zur 55. Venedig-Biennale und seine Einzelausstellung *here, here and here* in der Kunsthalle Zürich – eine Schlüsselrolle spielen. In beiden Präsentationen wurden die Betrachterinnen und Betrachter indirekt durch die Stimme eines Regisseurs angesprochen, der in Arans Videos oft nur zu hören ist; und doch bleiben sie spürbar und unwiderruflich von jedem gemeinsam nutzbaren Treffpunkt oder einer unmittelbaren Begegnung mit jenen, die Regie führen, ausgeschlossen. So spricht beispielsweise im Video *Chimpanzee* (2013) eine junge Frau in ein Studiomikrofon: „Es war ein besonderer Abend, Dad griff zum Telefon und bestellte unsere Lieblingspizza ...", und ein junger Mann und eine junge Frau tauschen Sätze aus wie: „Ich mag die Nachbarn im ersten Stock unter uns viel lieber als die Nachbarn im dritten Stock über uns"; „Wir haben uns." Aran befindet sich scheinbar knapp ausserhalb des Bildfeldes und gibt den Sprechern ihre Einsätze, wobei er die Betrachterinnen und Betrachter erneut in die Position eines

studio mic: "This was a special night, Dad dialed the phone and got our favorite pizza ... "; and a young man and woman trade phrases: "I much prefer our downstairs neighbor on the first floor to our upstairs neighbor on the third floor"; "We have each other." Aran is seemingly just off-camera, giving cues to the speakers, again placing the viewer in the position of estranged dialogue partner. The young woman gives further insight to the directorial approach at play in Aran's work in a later passage of the video when she indicates the surrogate nature of being a stand-in or body double, therefore in an out-of-body position: "In the movies it is explained that it is very painful to switch bodies, because your bodies can get very confused. Some organs are different in other bodies. Some bodies are different sizes. Maybe the body that you entered is sad and you are happy. Maybe the body is a female and you are a male." Using what theorist Gilles Deleuze termed the "out-of-field" principle of cinema, namely that which "refers to what is neither seen nor understood, but is nevertheless perfectly present,"[5] Aran's videos conjure a coercive atmosphere of directives, compelling performers to repeat and vary their phrasing, while insinuating the viewer into a voyeuristic role. Everyday phrases and objects work off one another to create heightened moments of mimetic crisis, fear ... and eventually pleasure. The viewer is in training here, being familiarized with scenes that evoke absence and emptiness, scenes that stay the same even as they change: deepened and yet made more thin and artificial in their repetition and substitution.

Indeed, the "out-of-field" relates directly to what André Bazin further clarified as the "out of sight" effect of cinema and its conventions, a hidden capacity that gets distributed into the perceived setting even when a character is not visible, a narrative presence that the viewer comes to rely upon and even occupy as almost a first person observer: "The screen is not a frame like that of a picture, but a mask which allows a part of the action to be seen. When a character moves off-screen, we accept the fact that he is out of sight, but he continues to exist in his own capacity at some other

von ihnen getrennten Gesprächspartners versetzt. In einer späteren Passage des Videos gibt die junge Frau weitere Einblicke in die Regiemethode, die in Arans Werk im Spiel ist, wenn sie auf den Surrogatcharakter hinweist, als Stellvertreterin oder Körperdouble zu agieren und damit eine Position ausserhalb des eigenen Körpers einzunehmen: „Im Kino wird erklärt, dass es sehr schmerzhaft ist, sich in einen anderen Körper hineinzuversetzen, weil es die Körper ganz durcheinanderbringen kann. Manche Organe sind in anderen Körpern anders. Manche Körper sind von unterschiedlicher Grösse. Vielleicht ist der Körper, den man übernimmt, traurig, und selbst ist man glücklich. Vielleicht ist der Körper eine Frau, und selbst ist man ein Mann." Arans Videos nutzen ein Prinzip des Kinos, das der Theoretiker Gilles Deleuze als „hors-champ" bezeichnete und das „auf das [verweist], was man weder hört noch sieht und was trotzdem völlig gegenwärtig ist"[5]; sie beschwören eine beklemmende Atmosphäre von Anweisungen herauf, die die Darsteller nötigen, ihre Ausdrucksweisen zu wiederholen und zu variieren, während der Betrachter geschickt in eine voyeuristische Rolle gedrängt wird. Alltägliche Sätze und Gegenstände arbeiten sich aneinander ab, um Momente einer gesteigerten mimetischen Krise, Angst … und schliesslich Genuss zu erzeugen. Hier wird der Betrachter geschult und mit Szenen vertraut gemacht, die Abwesenheit und Leere evozieren – Szenen, die auch dann dieselben bleiben, wenn sie sich verändern: vertieft und doch in ihrer Wiederholung und Ersetzung dünner und künstlicher geworden.

Tatsächlich hängt das „hors-champ" unmittelbar mit dem Kinoeffekt des „Verschwindens aus dem Gesichtskreis" und seinen Konventionen zusammen, den André Bazin eingehend als eine verborgene Funktion beschrieb, die sich in die wahrgenommene Szene ausdehnt, selbst wenn eine Figur nicht sichtbar ist – eine narrative Präsenz, auf die der Betrachter letztlich vertraut und die ihn fast die Position eines Augenzeugen einnehmen lässt: „Die Leinwand ist nicht ein Rahmen wie der des Gemäldes, sondern eine Abdeckung, eine Maske, die nur einen Teil des Geschehens sehen

place in the decor which is hidden from us."[6] For Aran, the presumed decor and capacity for sustaining narrative without embodied presence exists explicitly within the mise-en-scène and residual actions of his installations, whereby the phrasing and mood of a video's voice-over is translated and mutated into the coercive maneuvering of his sculptural pieces. As Aran aptly articulates, "I do approximate or borrow the strategies of filmmakers to get the emotional results that they elicit from the movie theater audience (humor, sadness, anxiety, etc.). I then isolate, layer, and misalign these moments to create a new kind of narrative … voice-over as a self-aware quotation of 'voice-over,' the edit as a self-aware quotation of the 'edit,' etc., etc., which results not in a specific genre, but rather the notion of genre and the notion of narrative."[7]

Within the exhibition *here, here and here*, the decor that Aran parses and extends to create a "narrative presence" within the installation is that of a piazza illustrated on a pizza delivery box, while the "notion of genre" is something akin to a self-aware situation comedy. A pizza box with the handwritten caption "Don't walk here" shows a cartoon-like Italian piazza with a fountain, a café, apartment buildings, and flowerbeds, and, importantly, along the side, a check box of choices: extra cheese, sausage, mushroom, pepperoni, etc., as well as the line for the customer's name, "CUSTOMER __________." Repeated in variations across a perimeter of pedestal shelves in one room of the exhibition, the flatness of the pizza box form acts as a surface for montage and pagination effects, complemented by framed drawings and sculptural interruptions. Collections of digitally manipulated images and inkjet prints—portraits and ID photos next to animals—appear throughout, populating the box forms in both sculpture galleries of the installation, echoing the narrative potential of the piazza and apartment building as a location and background scenario for all that unfolds in the video and larger installation.

lässt. Wenn eine Figur sich aus dem Blickfeld der Kamera bewegt, nehmen wir an, dass sie aus unserem Gesichtskreis verschwindet, doch an einer anderen, im Moment nicht einsehbaren Stelle des Dekors weiterexistiert, so wie sie ist."[6] Für Aran existieren das angenommene Dekor und die Fähigkeit, die Handlung auch ohne verkörperte Präsenz fortzusetzen, ausdrücklich innerhalb der *Mise en Scène* und der Handlungsreste seiner Installationen, wodurch die Ausdrucksweise und Stimmung des Hintergrundkommentars im Video in das erzwungene Manövrieren seiner skulpturalen Arbeiten übersetzt und verwandelt wird. Aran formuliert dies treffend: „Ich nähere mich den Strategien von Filmemachern an oder mache Anleihen bei ihnen, um die emotionalen Ergebnisse zu erzielen, die diese beim Kinopublikum hervorbringen (Erheiterung, Trauer, Angst und so fort). Dann isoliere und überlagere ich diese Momente und richte sie falsch aus, um ein neuartiges Narrativ zu erzeugen ... den Hintergrundkommentar als bewusstes Zitat von ‚Hintergrundkommentar', die Bearbeitung als bewusstes Zitat von ‚Bearbeitung' und so weiter und so fort, wodurch am Ende kein bestimmtes Genre entsteht, sondern eher die Idee des Genres und die Idee des Narrativs."[7]

In der Ausstellung *here, here and here* ist das Dekor, das Aran analysiert und erweitert, um innerhalb der Installation eine „narrative Präsenz" zu erzeugen, eine auf einer Pizzaschachtel abgebildete Piazza, während die „Idee des Genres" einer selbstreflexiven Situationskomödie nahekommt. Eine Pizzaschachtel mit der handschriftlichen Bildunterschrift „Don't walk here" zeigt eine cartoonartige italienische Piazza mit einem Brunnen, einem Café, Wohnhäusern und Blumenbeeten sowie, was nicht unwesentlich ist, am Rand einige Auswahlkästchen zum Ankreuzen: extra Käse, Wurst, Champignons, Peperoni und so fort, wie auch die Zeile für den Kundennamen, „CUSTOMER ___________". Die Flachheit der Pizzaschachtelform, die sich – ergänzt durch gerahmte Zeichnungen und skulpturale Unterbrechungen – in verschiedenen Variationen auf einer umlaufenden Sockelablage in einem der Ausstellungsräume wiederholt, dient als Oberfläche für

Culled from a miscellany of digital and print sources, Aran further manipulates and distances his stand-in iconography with lo-fi printing techniques, insisting upon a cast of characters and formal translations as a kind of degraded index and storyboard to be played out, revised, and started over again. Recalling video artist and theorist Hito Steyerl's argument for the restive narrative potential of digital image sequences to undo received genre forms in her essay "In Defense of the Poor Image" (2009), Aran's work can be seen as proposing a new criticality and avenue for storytelling within the associative readiness and linguistic distortion of screen culture: "The poor image is an illicit fifth-generation bastard of an original image. Its genealogy is dubious. Its filenames are deliberately misspelled. It often defies patrimony, national culture, or indeed copyright. It is passed on as a lure, a decoy, an index, or as a reminder of its former visual self. It mocks the promises of digital technology."[8] By joining poor images with a contemporary fragmentation of genre forms, Aran positions his own editorial acuity and associative design logic in place of conventional narrative and identification, leaving an aftertaste of breached authority. The push and pull of discipline and reward that results in Aran's work proposes storytelling as a series of decoys, stifled epics, and mannerist depth. As with his frequent use of classical and jazz music to transition between scenes in videos, the linguistic phrasing and image profiles of Aran's characters join with his roughhewn keepsakes and compositional architecture to create a sustained rhythm of metaphor, receding materiality, and compromised identity.

Within the context of *here, here and here*, his art of detours takes hold via repetition, promoting multiple and partial selves in place of heroes, and scenarios over singular deeds. Circling back repeatedly to the illustration of the piazza on the pizza box as an illustration of a lost ideal or fantasy home, Aran's errant responses stay resolutely within the act of setting out upon a tragicomic journey. The detour scenario becomes the ultimate form, allowing for walk-on parts, and wounded, bisected

Montage- und Paginierungseffekte. Überall finden sich Sammlungen digital manipulierter Bilder und Tintenstrahldrucke – Porträts und Passfotos neben Tieren –, die die Schachtelformen in beiden Skulpturengalerien der Installation durchgängig bevölkern; sie bilden ein Echo auf das narrative Potenzial der Piazza und der Wohngebäude als Schauplatz und Hintergrundszenario für alles, was sich in dem Video und der Installation als Ganzer entwickelt. Mithilfe simpler Drucktechniken bearbeitet Aran seine Double-Ikonografie, die er aus einer Sammlung digitaler und gedruckter Quellen herausgreift, und bringt sie so noch weiter auf Distanz; dabei beharrt er auf einer Rollenbesetzung und formalen Übertragung als einer Art erodiertem Index und Storyboard, das gespielt, revidiert und neu begonnen werden soll. Man kann sagen, dass Arans Werk eine neue Kritikalität und Möglichkeit des Geschichtenerzählens in der assoziativen Bereitschaft und sprachlichen Verzerrung der Bildschirmkultur vorschlägt; darin erinnert es an die Argumentation der Videokünstlerin und Theoretikerin Hito Steyerl zugunsten des widerständigen narrativen Potenzials digitaler Bildsequenzen, überkommene Genreformen aufzulösen. So formulierte sie in ihrem Essay *In Verteidigung des armen Bildes* (2009): „Das arme Bild ist die illegitime 5. Generation eines Originalbildes. Seine Abstammung ist dubios. Seine Dateinamen sind bewusst falsch buchstabiert. Es widersetzt sich oft der Einordnung in ein Erbe, in eine nationale Kultur oder dem Urheberrecht. Es wird verbreitet als Lockmittel, als Köder, als Index oder auch als Erinnerung an das Bild, das es einmal war. Es macht sich über die Verheissungen der digitalen Technik lustig."[8] Durch die Verbindung armer Bilder mittels einer aktuellen Fragmentierung von Genreformen setzt Aran seinen editorischen Scharfsinn und seine assoziative Gestaltungslogik an die Stelle von konventioneller Narration und Identifikation und hinterlässt so einen Nachgeschmack von Autoritätsverletzung. Das Wechselspiel von Gehorsam und Belohnung, das Arans Werk zeitigt, schlägt das Geschichtenerzählen als eine Serie von Ködern, unterdrückter Epik und manieristischer Tiefe vor. Wie bei seinem häufigen Einsatz von klassischer Musik und Jazz

versions of the self to become the psychological subject of the work. For example, drawing and sculpture constellations unfold to include signature-poor images: a pixelated image of a toddler being pulled afloat through a swimming pool by its mother, a young girl with her hand held out trying to entice a horse from its stable, or the puppet character Ernie from the children's television show *Sesame Street* failing to resist a plate of cookies. The impoverished images and consumer materiality feel used and yet valorized, "helper-objects" of memory as philosopher Giorgio Agamben has incisively put it, "somewhat shameful objects–half-souvenirs, half-talismans–which one wouldn't renounce for anything in the world."[9] Coaxing the viewer to come closer and inspect this trail of seemingly remnant objects and images, an obsessive vulnerability takes shape, moving the viewer through the montage and topography of Aran's cosmology of variation, difference, and temporary identification followed by error, erasure, stain, and covering up. Memory is made corporeal in Aran's sculptural montage, a symptom in a longed-for yet impossible continuity of events, insisting upon images and mementos as triggering actions and behavioral gestures to be inhabited and repeated. Though a comedic ambiance of genre forms and familiar gags presides over the "poor cinema" that Aran's installations manage to animate and bring to life, his scenography is opened up throughout to a metaphysical doubt that rings and repeats long after the show is over.

1 Zbigniew Herbert, *The Collected Poems 1956–1998*, Ecco Press, New York 2007, p. 294.
2 Interview with Uri Aran at the 55th Venice Biennale, *Biennale Arte 2013–Uri Aran*, http://youtu.be/xHQ--mq_lRY (last accessed January 2015).
3 Herbert, *The Collected Poems*, p. 294.
4 Cecilia Alemani and Uri Aran, "I Believe in Mimicry," *Mousse Magazine*, Milan, no. 26, November 2010, p. 117.
5 Gilles Deleuze, *Cinema 1. The Movement-Image*, University of Minnesota Press, Minneapolis 1986, p. 17.
6 André Bazin, *What is Cinema? Vol. 1* (1967), University of California Press, Berkeley and Los Angeles 2005, p. 105.
7 Alemani, Aran, "I believe in Mimicry," p. 119.
8 Hito Steyerl, "In Defense of the Poor Image," *e-flux journal*, no.10, November 2009, http://www.e-flux.com/journal/in-defense-of-the-poor-image/ (last accessed January 2015).
9 Giorgio Agamben, "The Assistants," *Profanations*, Zone Books, New York 2007, p. 32.

für die Szenenwechsel seiner Videos verbinden sich die sprachlichen Ausdrucksweisen und Imageprofile von Arans Figuren mit seinen ungehobelten Andenken und seiner kompositorischen Architektur, um einen kontinuierlichen Rhythmus aus metaphorischer Sprache, schwindender Materialität und kompromittierter Identität zu erzeugen.

Im Kontext von *here, here and here* wirkt Arans Kunst der Umwege durch Wiederholungen und wirbt für multiple und partielle Identitäten anstelle von Helden und für Szenarien anstelle von singulären Taten. Arans umherschweifende Reaktionen, die immer wieder zu dem Bild der Piazza auf der Pizzaschachtel als Bild eines verlorenen Ideals oder eines fantasierten Zuhauses zurückkehren, bewegen sich strikt im Handlungsrahmen des Aufbruchs zu einer tragikomischen Reise. Das Szenario des Umwegs wird zur optimalen Form, weil es ermöglicht, dass Komparsen und die verletzte, zweigeteilte Version des Ichs zum psychologischen Gegenstand der Arbeit werden. So öffnen sich beispielsweise Konstellationen aus Zeichnungen und Skulpturen, um charakteristische arme Bilder einzuschliessen: das gepixelte Bild eines Kleinkinds, das von seiner Mutter schwimmend durch ein Schwimmbecken gezogen wird; ein Mädchen mit ausgestreckter Hand, das versucht, ein Pferd aus seinem Stall zu locken; oder Ernie aus der *Sesamstrasse*, jene Figur aus der Fernsehserie für Kinder, die einem Teller mit Keksen nicht widerstehen kann. Man empfindet die ausgelaugten Bilder und Materialien der Warenwelt als ebenso abgenutzt wie zugleich aufgewertet, als „Gehilfen-Gegenstände" des Gedächtnisses, wie der Philosoph Giorgio Agamben so prägnant bemerkte: „Jeder bewahrt sich so nutzlose Gegenstände, halb Erinnerung, halb Talisman, auf, deren er sich zwar ein wenig schämt, aber die er um nichts in der Welt missen möchte."[9] Indem Aran die Betrachterinnen und Betrachter dazu bringt, näherzukommen und diese Spur scheinbar übriggebliebener Dinge und Bilder zu untersuchen, nimmt eine obsessive Verletzlichkeit Gestalt an und leitet sie durch die Montage und Topografie von Arans Kosmologie aus Variation, Differenz und temporärer Identifikation,

denen Fehler, Auslöschung, Flecken und Vertuschung folgen. Erinnerung wird in Arans skulpturaler Montage zu etwas Körperlichem, zum Symptom in einer ersehnten und zugleich unmöglichen Kontinuität der Ereignisse, und sie beharrt auf Bildern und Andenken als Auslösern für Handlungen und alltägliche Gesten, die eingenommen und wiederholt werden müssen. Auch wenn im „armen Kino", das von Arans Installationen angetrieben und zum Leben erweckt wird, eine komödiantische Atmosphäre von Genreformen und vertrauten Gags herrscht, öffnet sich seine Szenografie durchwegs einem spürbaren metaphysischen Zweifel, der noch lange nachhallt, wenn die Schau vorüber ist.

1 Zbigniew Herbert, *Herr Cogito. Gedichte*, übers. von Karl Dedecius, Suhrkamp, Frankfurt am Main 1974, S. 98.
2 Interview mit dem Künstler anlässlich der 55. Venedig-Biennale, *Biennale Arte 2013–Uri Aran*, http://youtu.be/xHQ--mq_IRY (zuletzt besucht 9. Februar 2015).
3 Herbert, *Gedichte* (Anm. 1), S. 98.
4 Cecilia Alemani und Uri Aran, „I Believe in Mimicry", in: *Mousse Magazine*, Mailand, Nr. 26, Dezember 2010, S. 117.
5 Gilles Deleuze, *Das Bewegungs-Bild. Kino 1*, übers. von Ulrich Christians und Ulrike Bokelmann, Suhrkamp, Frankfurt am Main 1997, S. 31 f.
6 André Bazin, *Was ist Film?*, hg. von Robert Fischer, übers. von Robert Fischer und Anja Düpée, Alexander Verlag, Berlin 2004 (1975), S. 192.
7 Alemani/Aran, „Mimicry" (Anm. 4), S. 119.
8 Hito Steyerl, „In Verteidigung des armen Bildes/In Defence of the Poor Image", in: *Ricochet #3 Hito Steyerl*, Ausst.-Kat. Museum Villa Stuck, München 2010, S. 34.
9 Giorgio Agamben, „Die Gehilfen", in: *Profanierungen*, übers. von Marianne Schneider, Suhrkamp, Frankfurt am Main 2005, S. 26.

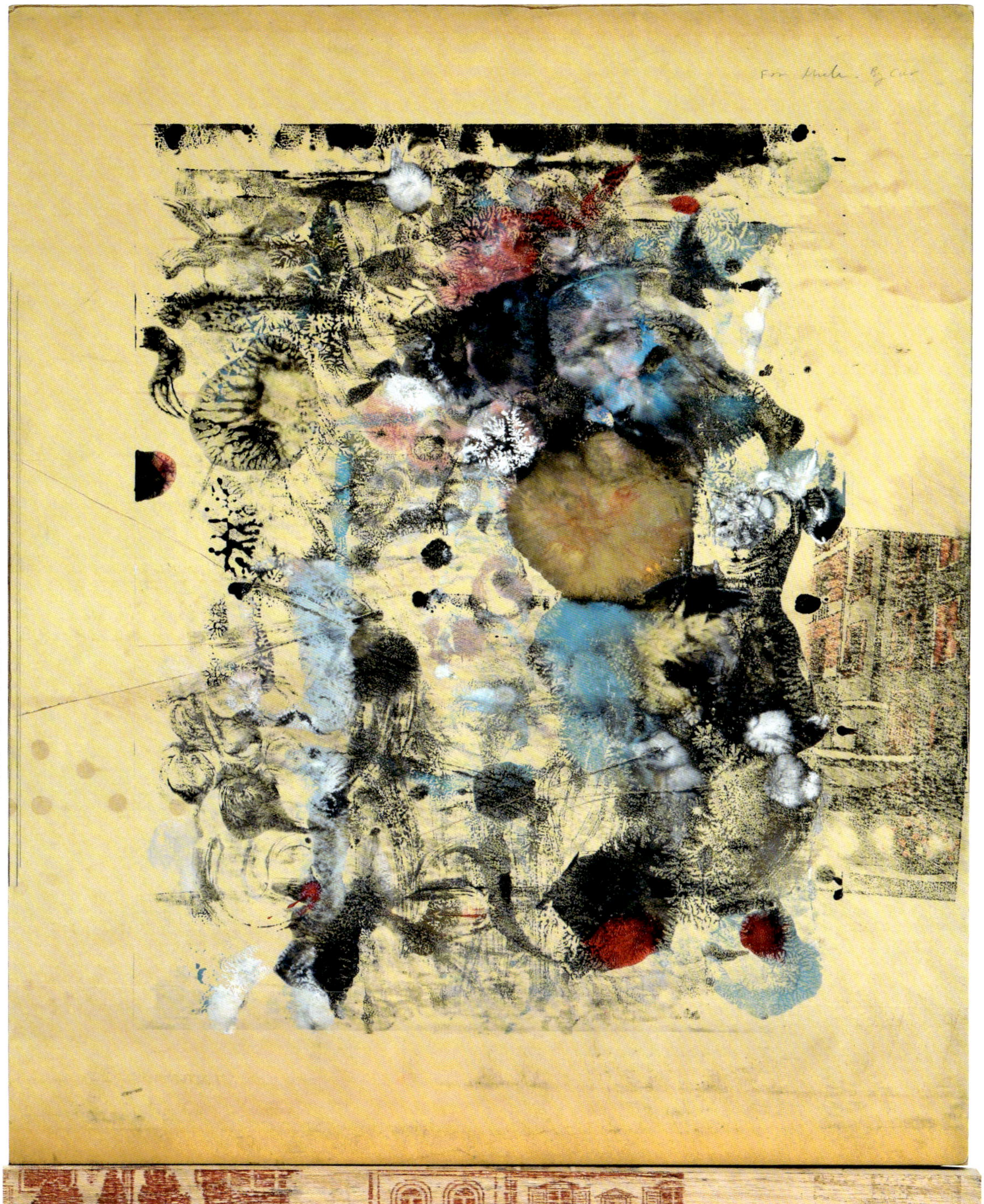

Untitled on Wood, 2014

Typografie und Topografie
Uri Aran im Gespräch
mit Beatrix Ruf, Fredi Fischli
und Niels Olsen

Typography and Topography
Uri Aran in Conversation
with Beatrix Ruf, Fredi Fischli,
and Niels Olsen

BR: Uri, beginnen wir mit der Ausstellung *here, here and here* in der Kunsthalle Zürich. Sie ist sehr unkonventionell. Das Publikum geht am Film *Chimpanzee* (2013) vorbei und betritt dann eine Abfolge von Räumen, die nicht nur die Beziehung zwischen Betrachter und Werk verändern, sondern auch das Tempo, mit dem man die Arbeit wahrnimmt. Kannst du die Idee zu dieser Ausstellung erläutern?

UA: Der Affekt und die Beeinflussung, die dem Medium Video innewohnen, zielen darauf ab, die Ausstellung für den Betrachter zu öffnen, und im Gegenzug öffnen sie den Betrachter für die Arbeit.

Ich wollte die Ausstellung als Ganzes und als Kapitel betrachten. Als eine Erfahrung, die sich entwickelt. Viele Arbeiten in der Ausstellung beschäftigen sich mit narrativen Strukturen. Während der Entstehung werden formale Ideen angewendet, die aus der Musik, aus dem Film, Fernsehen und grundlegenden Vorstellungen der romantischen Geschichte kommen. Ich habe darüber nachgedacht, auch den Ausstellungsraum nach diesen Bedingungen zu organisieren. Während der Auseinandersetzung mit der Architektur und der Raumaufteilung wurde mir klar, dass das, was in einer Wohnung mit Durchgangszimmern als Albtraum der Mitbewohner erscheint, in der Kunsthalle Zürich ein Vorteil oder Ausgangspunkt für eine Ausstellung sein kann. Manche Dinge sind unvermeidlich; man muss durch das Zimmer eines Mitbewohners gehen, der gerade jemanden zu Besuch hat.

Ich finde es interessant, die Räume auf ähnliche Weise zu betrachten wie die einzelnen Arbeiten. Bei der ersten Begegnung können ein Raum, ein Video oder ein Objekt autonom wirken, aber weil die Raumorganisation und der tatsächliche Parcours es erfordern, muss man mit einem Mehr an „Wissen" oder an Erfahrung im Hinterkopf zu ihm zurückkehren.

Ich habe versucht, mir bewusst zu machen, wie der Raum den Weg eines Betrachters und seine Entscheidungen für Begegnungen strukturiert. Ausserdem interessierten mich die

BR: Uri, let's start with the exhibition *here, here and here* at the Kunsthalle Zürich. It is very unconventional. The audience passes in front of the film *Chimpanzee* (2013), into a sequence of rooms that not only change the relationship between spectator and work, but also the pace of perceiving the work. Can you elaborate on the idea for this show?

UA: The affect and manipulation inherent in the video medium tends to open up the exhibition to the viewer and in turn opens the viewer to the work.

I wanted to look at the exhibition both as a whole and as chapters—as an experience unfolding.

A great deal of work in the show deals with narrative structures. Formal ideas that have been taken from music, film, television, and basic notions of a romantic story are applied in editing. I was thinking about the organization of the exhibition space in those terms as well.

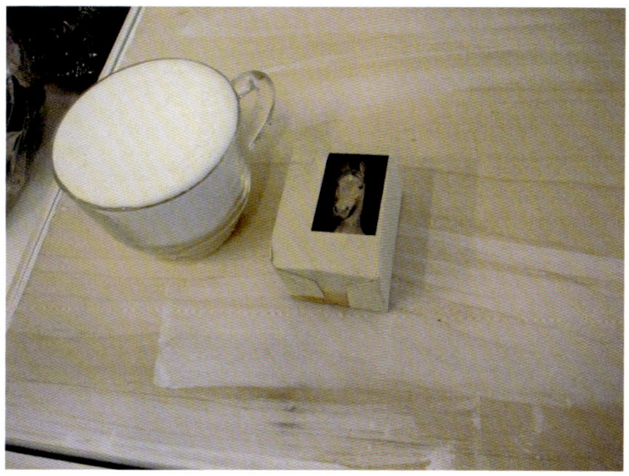

Untitled (detail), 2012/2013

Anwendung der grundlegenden Struktur von „Anfang, Mittelteil und Schluss“ und die Art und Weise, wie sich zeitbasierte Ideen in eine körperliche Erfahrung übersetzen lassen. Vielleicht ein Versuch, das Körperliche in einer Erzählung zu finden.

FF: Welche Verbindung besteht zwischen den Skulpturen und dem Video in der Ausstellung? Ich hatte den Eindruck, dass die Objekte – zum Beispiel die Pizzaschachtel – wie Requisiten wirken. Sie scheinen mit dem Film in Beziehung zu stehen.

UA: Ich habe eigentlich nichts gegen solche Assoziationen – du kannst jede Begrifflichkeit verwenden, die dir angemessen erscheint. In meiner Herangehensweise aber finde ich es schwierig, das Wort „Requisiten“ zu verwenden. Ich glaube nicht unbedingt an die Idee, dass sich die Requisiten strikt auf das Video zurückbeziehen sollten. Es ist natürlich normal, solche buchstäblichen Beziehungen innerhalb der Ausstellung als eine Art Dinglogik zu sehen. Mir gefällt, wenn es intentional wirkt, sodass der Betrachter Dinge sehen wird, die offensichtlich artifiziell oder in einem geschlossenen System organisiert sind. Ich betrachte solche Verbindungen eher als linguistisch und nicht als buchstäblich narrativ. Die drei Räume in der Kunsthalle Zürich sind architektonisch als ein geschlossenes System definiert. Die Boxen im zweiten Raum veranschaulichen eine Logik der Flachheit, sowohl im Sinne der flachen Oberflächen, mit denen ich oft arbeite – die Tische, mit denen ich üblicherweise gearbeitet habe – als auch im Sinne einer sprachlichen Verflachung der Dinge. Ich nehme Objekte, die unterschiedliche vorangegangene Geschichten mitbringen – das Gesicht eines Menschen, verschiedene Geschlechter, verschiedene ökonomische Andeutungen –, und ebne dann alle auf einer Oberfläche ein. Ein gutes Beispiel dafür ist das Plakat *Untitled (By)* (2012). Verschiedene Beispiele für Gattungen, Geschlechter und Typen verflachen in einem

Thinking about the architecture, and the division of the space into rooms, I understood that what appears to be a roommate nightmare when dealing with “railroad apartments” could be an advantage at the Kunsthalle Zürich, or a starting point for an exhibition. Things can't be avoided; you have to walk through your roommate's room as he is hosting a date.

I'm interested in looking at the rooms in a similar way to which I look at the individual pieces. On first encounter a room, video, or object might appear autonomous, but due to the demands of the organization of the space and the actual route, one must revisit it with the “knowledge” or experience of more in mind.

I was trying to be aware of how space organizes a viewer's route and choices of encounter. I was also interested in the application of the basic “start, middle, end” structure, and how time-based ideas can be translated into a physical experience. Trying to find physicality in a narrative maybe.

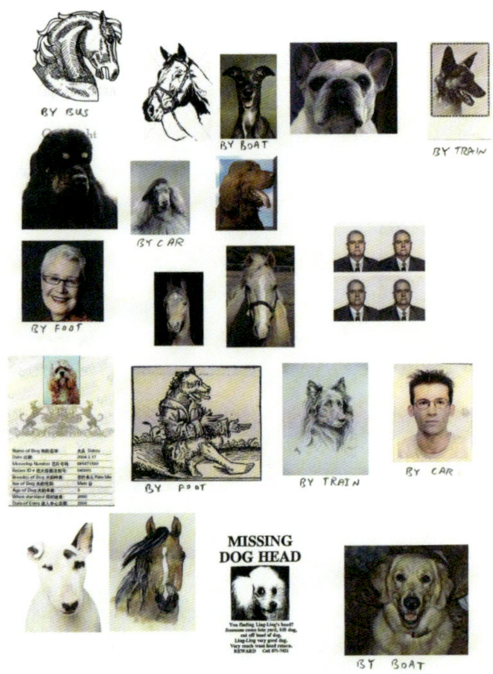

Untitled Sketch (for By), 2010

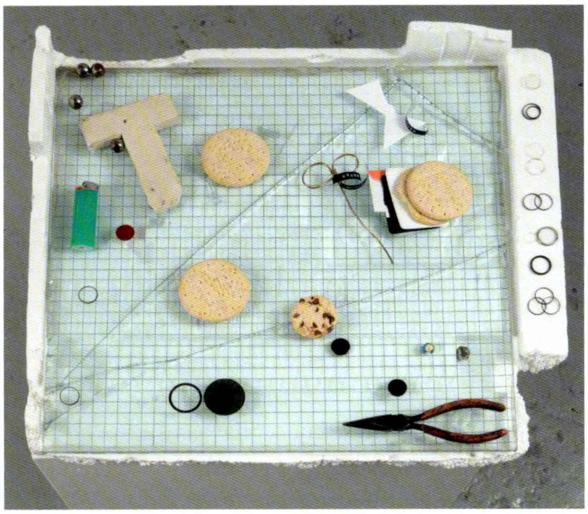

Untitled, 2011

Rahmen. Ich verändere den Umgang, behalte aber die Regeln bei. So gesehen sind die Pappkarton-Vitrinen im zweiten Raum und dieses Plakat im dritten Raum Mikrokosmen der Art und Weise, wie ich über die gesamte Ausstellung nachdenke. Ich verwende in jeder Arbeit Typografie und Ideen zur Textgestaltung, und die Beziehungen der Signifikanten in einem Bild oder zwischen den Bildern verändern sich aufgrund meiner Eingriffe und oft durch den simplen Akt einer neuen Gegenüberstellung. Bei den skulpturalen Arbeiten gibt es auch das verwandte Element der Topografie, das natürlich eine Beziehung zur Topografie der Räume und zur gesamten Topografie der Ausstellung entwickelt. Es ist eine Art von verbaler und visueller Kartierung durch das Arrangement, die Platzierung und den Rhythmus von Wörtern, Musik und Objekten.

FF: Mir gefällt, was du über das geschlossene System sagst. Wenn man die Schau betritt, sieht man das Video, man sieht die Ausstellung –

FF: What is the connection between the sculptures and the video in the exhibition? I had the impression that the objects are like props–for example the pizza box. They seem to be connected to the film.

UA: I'm not really opposed to that kind of association–it's okay to use whatever terminology you might find appropriate, but in my approach I find it hard to use the word "props." I don't necessarily believe in the idea that the props should strictly link back to the video. Of course it's normal to recognize these kinds of literal connections in terms of the logic of things within the exhibition. I like it to appear intentional, so that the viewer will see things that are obviously artificial or organized in a closed system, but I see the connections as linguistic rather than literally narrative. The three spaces at the Kunsthalle Zürich are defined architecturally as a closed system. The boxes in the second room exemplify a logic of flatness, both in terms of the flat surfaces that I often work with–the tables that I used to work with–and a flattening of things in terms of language. I take objects that come with various previous histories–a human face, different genders, different socio-economic suggestions–and flatten them all to one surface. A good example of that would be the poster *Untitled (By)* (2012). Different examples of species, genders, and types become flat in a frame. I change the treatment, but within the same rules. In that sense the cardboard vitrines in the second room and this poster in the third room are microcosms of the way in which I think about the whole show. I use typography and ideas of textual design in each piece, and the relationship of signifiers within an image or between images changes by virtue of my manipulations, and often through the simple act of a new juxtaposition. Within the sculptural work there is also the related element of topography that naturally develops a relationship with the topography of the rooms and the overall topography of the show. It is a kind of verbal and visual mapping through arrangement, placement, and rhythm of words, music, and objects.

sie kann wie ein System wirken, weil die Betrachterinnen und Betrachter Dinge sehen, die miteinander zusammenhängen, aber es ist eines, das geschlossen und schwer zugänglich ist. Man kann die gesamte Ausstellung so betrachten, man kann sogar dein gesamtes Werk wie auch jede einzelne Arbeit als System ansehen. Du arbeitest oft mit Boxen, die ihrerseits geschlossene Systeme sind. Sie ist also wie eine Box in einer Box in einer Box in einer Box.

UA: Es gibt die Vorahnung oder die formale Erscheinung von etwas, das bei näherer Betrachtung sein Inneres preisgibt. Ich verwende oft das Konzept der Belohnung. Es hängt mit der Welt von Kindern zusammen und hat eine Nähe zum Spiel und zum Spielbrett. Es ist nicht unbedingt offensichtlich, aber wenn man darüber nachdenkt, gibt es Regeln, die man befolgen muss, und eine gewisse Logik, während sich die eigentliche formale Strategie und der Aufbau des Spielbretts gemäss der sozialen Beziehungen zwischen den Spielern entwickeln. Und nicht nur das, sondern jeder Spieler – nehmen wir einmal uns – wird durch ein Instrument oder eine kleine Figur repräsentiert, die wir verwenden und die uns verkörpert. Ich könnte beispielsweise dies hier sein [zeigt auf ein Feuerzeug], und Niels könnte das Glas Wasser sein, Beatrix könnte diese Armbanduhr sein, und du wärst der Kugelschreiber … und wir könnten sie nach einem bestimmten Regelwerk innerhalb einer gewissen Zeit und an einem spezifischen Ort hin und her schieben, und am Ende des Tages haben wir diesen Aufbau, der sich aus einer sozialen Situation entwickelt hat. Ich denke über das Aufkommen von Ehrgeiz durch Objekte, die Dissonanz oder Harmonie zwischen der Intention und der früheren Verwendung des Objekts nach und wofür es in meiner Kunst verwendet wurde. Ein ungefähres Beispiel wäre: Zwei Leute sitzen in einem Schnellrestaurant in New York, und einer fragt den anderen, wie man zum Museum of Modern Art kommt. Der andere würde also sagen: „Dieser Salzstreuer bist du,

FF: I like what you say about the closed system. When you walk into the show you see the video, you see the exhibition–it might appear to be a system since the visitors see things that are connected, but it is a closed one and tricky to get into. One could see the whole show as that–one could even see your oeuvre as a system, as well as individual works. You often work with boxes that are themselves a closed system. So it's like a box in a box in a box in a box.

UA: There is a contrast between the anticipation or the formal look of something, and the inside of something being revealed upon closer inspection. The concept of rewards is one I use a lot. It has to do with a child's world and an affinity with games and the game board. It's not necessarily obvious, but if you think about it there are rules that one has to obey, a logic– the actual formal strategy and composition of a board keeps moving according to a social relationship between the players. Not only that, but each one of the players, say they are us, is represented by a tool or by a little player that we use and are personified by. For instance, I might be this [points at a lighter], Niels might be the glass of water, Beatrix might be that watch, and you will be the pen … and within a defined set of rules and time, and in a specific place, we might move them around, and at the end of the day we have this composition that came from a social situation. I think about how ambitions come through objects, the discord or harmony between the intention, the previous use of the object, and what it's being used for in my art. A rough example would be, two people sitting in a diner in New York, one asks the other how to get to The Museum of Modern Art, the other answers: "This salt shaker is you, this plate is the roundabout, this napkin is MoMA … ," and you start moving things on the table. Again you have this notion of typography and topography with direction (authority, knowledge, and the pathos inherent in communicating): set points, provisional points, beginnings, circuits, and destinations. A purpose or goal in a game implies a hint of ambition, and that comes into

dieser Teller ist der Kreisverkehr, diese Serviette ist das MoMA …“, und man fängt an, Dinge auf dem Tisch hin und her zu bewegen. Wieder hat man diese Vorstellung von Typografie und Topografie mit einer Richtung (Autorität, Wissen und Pathos, die der Kommunikation eigen sind): festgelegte Punkte, vorläufige Punkte, Anfänge, Rundgänge und Ziele. In einem Spiel eine Absicht oder ein Ziel zu verfolgen setzt einen Anflug von Ehrgeiz voraus, und das kommt als absolut menschlicher Faktor ins Spiel, wenn ich Schemata und Taxonomien in Gang setze.

BR: Du erwähnst – und verwendest – in deiner Arbeit häufig Dinge, die uns vertraut sind. Du sagst, dass ein Stift dies ist, ein Glas jene Person ist, du beziehst Fotografien, Identitäts- und Verhaltensmodelle, Modelle des Sehens ein. Du nennst es Topografie, aber es könnte auch eine Art Grammatik sein. Wenn man durch diese Ausstellung geht, bemerkt man eine Grammatik, die die Modelle der Wahrnehmung verändert, die die Grammatik der Projektion auf ein Publikum verändert, aber auch die Regeln, in etwas involviert zu sein. Ein durchgängiges Element der gesamten Schau ist die Pizzaschachtel, auf der der Film basiert. Die Personen in *Chimpanzee* sprechen über eine Situation – die Situation in einem Gebäude oder an einem Ort. Es gibt darin diesen Moment, mithilfe von etwas Bekanntem bewusst in die Irre zu führen oder geführt zu werden. In allen Arrangements der Einbeziehung, Projektion und Wahrnehmung gibt es einen bestimmten Moment, der mir besonders interessant erscheint. In der Musik könnte man es „Leittonspannung“ nennen, im Film „suspense“, aber es könnte auch ein Zusammenbruch sein. Könntest du etwas zu deinen Evokationen von Vorstellungen sagen?

UA: Die Arbeit ist insofern sehr intentional, als ich versuche, die Welt der Beliebigkeit zu meiden. Ich glaube, es ist keine einfache Ausstellung, wenn es darum geht, einem der Paradigmen oder einer der Gleichungen, die ich aufstelle, oder der Sammlung oder Assemblage,

play as a totally human factor when I activate the work with schematics and taxonomies.

BR: In your work you often mention—and use—things we are familiar with. You say that a pen is this, this glass is this person, you involve photography, identity models, models of behavior, and models of seeing. You call it topography, but it could also be a grammatical structure. When one walks through this show, one perceives a grammar used to change the models of perception, changing the grammar of projection toward an audience, but also changing the rules of being involved in something. A common feature throughout the show is the pizza box, on which the film is based. The people in *Chimpanzee* talk about a situation—a building situation or a place situation. There is this moment of misleading, of being misled, intentionally, by the known. For me, in a very interesting way, in all setups of involvement, projection, and perception, there is a special moment. In music it would be called a suspension, in film it would be called suspense, but it could also be a collapse. Could you talk about your evocations of images?

UA: The work is very intentional in that the world of arbitrariness is something that I try to avoid. I don't think it's an easy show in terms of getting an exact meaning or reading from each one of those paradigms or equations or collections or assemblages that I make, but at the same time what I'm trying to do is utilize existing models—whether in the video—and to quote from these, pluck from these, represent these—or through an object with its prior history, or a piece of music and the affect that this music creates. What you say about it collapsing is maybe a moment, a dramatic moment let's say, somewhere when one realizes that the paradigm they thought was operating has become another entirely. You spoke about suspense—I would say I manipulate a suspension of disbelief.

FF: There's another idea of material that you haven't talked about yet: the notion of the studio.

die ich herstelle, eine exakte Bedeutung oder Lesart abzugewinnen, aber gleichzeitig versuche ich, bereits existierende Modelle zu verwenden – etwa in dem Video. Ich versuche, diese Modelle zu zitieren, ihnen etwas zu entnehmen, sie zu repräsentieren, sei es ein Objekt mit seiner Vorgeschichte oder ein Musikstück und das Gefühl, das diese Musik auslöst. Was du über das Zusammenbrechen gesagt hast, ist vielleicht ein Moment, sagen wir, ein dramatischer Moment – etwa, wenn jemand erkennt, dass das Paradigma, das man für gültig hielt, zu einem ganz anderen geworden ist. Du hast von Spannung gesprochen – ich würde sagen, dass ich mit der Aussetzung der Ungläubigkeit arbeite.

FF: Es gibt noch eine andere Vorstellung von Material, über die du noch nicht gesprochen hast: die Idee des Ateliers. Es ist in deinem Werk durch Dinge gegenwärtig, die uns an diesen spezifischen Ort erinnern. Als ich den Tisch *Untitled (Aloni)* (2012/2013) gesehen habe, war ich sehr beeindruckt. Du hast das Atelier nicht nachgebaut, aber du hast dich in dieser Arbeit ein Stück weiterbewegt: Das Atelier und seine Materialien wirken wie Readymades, die weiterarbeiten. Wir dachten an diesen Aspekt, als wir dich eingeladen haben, eine Ausstellung im STUDIOLO zu machen, einem ehemals privaten modernistischen Atelierhaus, das 2012 in einen Ort der öffentlichen Kommunikation transformiert wurde. Was bedeutet es, mit dir eine Ausstellung in einem Atelier zu machen, in dem das Atelier als solches schon so präsent ist? Wie können wir damit umgehen, und sollten wir auf Distanz dazu bleiben?

UA: Vielleicht ist das für jeden Künstler ein Teil seiner Praxis: der Umgang mit dem Atelier. Was ist es, was man im Atelier tut? Das Lösen von Problemen im Atelier oder umgekehrt das Problem Atelier lösen. Die Atelierpraxis kommt ins Spiel, wenn es um Fragen des Ausstellens geht. Wenn ich im Atelier bin, bin ich mir meiner selbst stets bewusst – bis ich es nicht mehr bin …

It is present in your work through things that remind us of this specific place. I was very impressed by your table *Untitled (Aloni)* (2012/2013). You don't mimic the studio, but in this work you moved a little bit further: the studio and its material seem like readymades that keep on working. This is an aspect we were thinking about when we invited you to do an exhibition in 2012 at STUDIOLO, a former private modernist studio house that has been turned into a place of public communication. What does it mean to do a show with you in a studio, where the studio per se is already so present? How can we deal with this and should we keep our distance from it?

UA: Maybe every artist has that as part of their practice–dealing with the studio. What is it that one does in a studio? Solving problems in the studio, or in turn solving the studio as a problem, studio practice that comes into play in terms of exhibiting. I am relentlessly self-aware when I am in the studio–until I'm not …

Another stage I think about is the space, or gap between working in the studio and exhibiting, that has to do with my disbelief in the authenticity of exhibiting something once it's already done. This stage adds a touch of self-awareness to the space to be filled. It helps me produce another level of meaning. There are great examples of other artists with a different presence of the studio in the work: Dieter Roth, and Bruce Nauman, and other interesting artists that actually don't have a studio in the classic sense. When I was installing the third room at the Kunsthalle Zürich, a couple of plaster pieces broke, so I had to rule them out of the show. On the last day of installation there was a cart with this tabletop standing around, with all my materials creating a sort of baroque construction. I decided to move it into the show and see how it looked. Beatrix and I weren't so happy with it, there was almost too much of the process within it, so we decided to just chop off the legs and use the top as a quotation of a process within a contained sculpture. There was always this

Ich denke ebenfalls über ein anderes Stadium oder eine Lücke nach, die zwischen der Arbeit im Atelier und dem Ausstellen eintritt und mit meinem Zweifel an der Authentizität zu tun hat, etwas auszustellen, nachdem es bereits fertiggestellt wurde. Dieses Stadium fügt dem Raum, der gefüllt werden soll, einen Anflug von Selbstreflexion hinzu. Es hilft mir, eine weitere Bedeutungsebene zu erzeugen. Es gibt grossartige Beispiele von anderen Künstlern, in deren Werk sich das Atelier auf verschiede Arten präsentiert: Dieter Roth oder Bruce Nauman, aber auch andere interessante Künstler, die nicht über ein Atelier im klassischen Sinne verfügen. Als ich den dritten Raum in der Kunsthalle Zürich aufgebaut habe, sind einige Gipsarbeiten zerbrochen und ich musste sie aus der Ausstellung herausnehmen. Am letzten Tag des Aufbaus stand ein Rolltisch herum, mit meinen ganzen Materialien, die eine Art barocker Konstruktion bildeten. Ich beschloss, ihn in die Ausstellung zu schieben und zu sehen, wie es wirkte. Beatrix und ich waren nicht besonders glücklich damit, es war fast zu viel von dem Prozess darin, also beschlossen wir, einfach die Beine abzusägen und die Tischplatte als Zitat eines Prozesses innerhalb einer in sich geschlossenen Skulptur zu verwenden. Speziell in diesem Raum lautete die Frage immer: Sollen wir ihn chaotischer machen? Sollte dort mehr verschüttet werden, sollte er weniger sauber, weniger luftig sein? Ich dachte, die richtige Antwort wäre ein bewusstes Zitieren des Prozesses.

Zurück zum STUDIOLO: Das war ein völlig anderes Umfeld. Ich wurde (zusammen mit Elizabeth Neel) in das Atelier eingeladen, um dort über einen Monat lang zu essen, zu schlafen, zu arbeiten und die Arbeiten um uns herum herzustellen. Wie Beatrix schon erwähnte, gab es auch dort am Ende eine Ausstellung und nicht etwa ein offenes Atelier. Sobald man die Treppen hinunterging, war es nicht offenkundig, dass wir dort schliefen. Wenn wir das Bett oder den Stuhl als Beweis dafür, dass wir dort waren, aber auch als formalen Bestandteil der Ausstellung gewollt hätten, hätten wir sie benutzt.

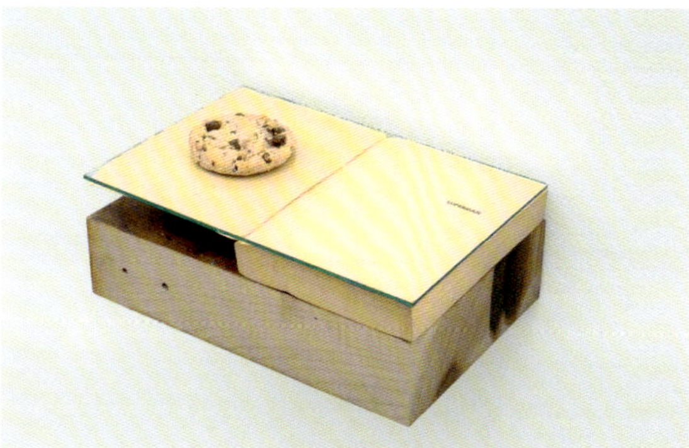

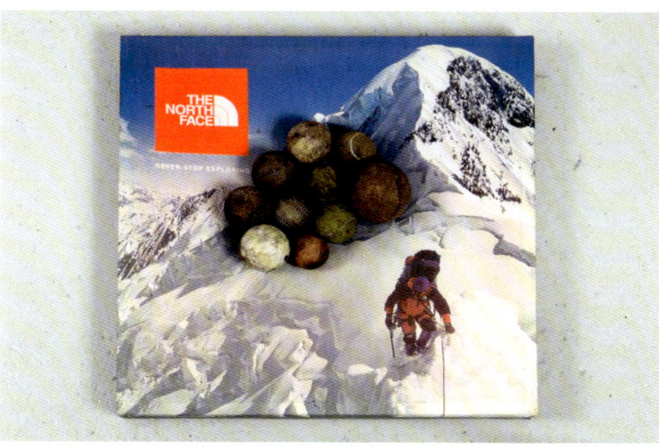

Untitled, 2007; *Untitled* (detail), 2012

question, specifically in this room: should we mess it up more? Should it have more spills, be less clean, less spacious? I thought the right answer was to do an intentional quotation of process. And going back to STUDIOLO, that was a totally different environment. I was invited to the atelier with Elizabeth Neel, to eat there, to sleep there, and work there for over a month, to create the work around us. As Beatrix also mentioned, in that case we also ended up with just an exhibition, not an open studio. Once you went down those stairs it wasn't evident that we were sleeping there. If we had wanted the bed, or the chair as evidence we were there, but also a formal part of the exhibition, we would have done that. That seemed like the wrong thing to do–it would have been a flat-footed, diaristic display.

FF: What would you say about the layout of the third room of your exhibition here at the Kunsthalle Zürich? It definitely doesn't look like a studio because of the wall hanging and the shelves you built.

Es erschien uns aber falsch – es wäre eine unbeholfene, tagebuchartige Zurschaustellung gewesen.

FF: Was würdest du zur Gestaltung des dritten Raumes in deiner Ausstellung in der Kunsthalle Zürich sagen? Er sieht aufgrund der Hängung und der Regale, die du gebaut hast, definitiv nicht wie ein Atelier aus.

UA: Es kann dort Zitate von Verhaltensweisen im Atelier geben, aber keine realen Atelierabfälle. Vielleicht geht es zum Teil darum, eine Möglichkeit zu finden, den Eindruck von Alternativen einzubeziehen. Alternativen, Möglichkeiten, die manchmal zu Einschränkungen werden. Der Entscheidungsprozess ist ein formaler und emotionaler Trigger, der sich nur sehr schwer darstellen lässt.

Meine Allergie gegen eine Illustration des romantischen Ringens im Atelier entspricht der grundsätzlichen Vermeidung von Realismus in meiner Arbeit.

NO: In dieser Präsentationssituation sieht es so aus, als hättest du deine Skulpturen zerlegt und die Skelette deiner Arbeiten lägen nun auf diesen Regalen. Man erlebt keine Vorstellung eines Prozesses. Wir werden an „tote Objekte“ erinnert, die möglicherweise Teil eines Films oder einer früheren Kunstproduktion waren. Man denkt sogar an ein naturhistorisches Museum. In dieser Hinsicht ist dieser Raum ganz einzigartig und ungewöhnlich für dein Werk. So schienen zum Beispiel die Skulpturen, die du im STUDIOLO ausgestellt hast, die Möglichkeit von Veränderungen anzudeuten – als ob man ein Objekt oder das Glas bewegen könnte. In der Kunsthalle Zürich wirken die Skulpturen wie Fragmente, die dieses Potenzial nicht haben.

UA: Vielleicht verhält sich dieser Raum so wie eine der Pappkartonskulpturen in dem anderen Raum. Wenn die Pappkartonskulptur ein geschlossenes System aus planvoll komponierten Elementen in einer Box ist, dann könnte das auch für diesen Raum gelten. Es ist wie eine

UA: There can be quotations of studio behavior without literal studio detritus. Maybe part of it is to find a way to include a sense of choice. Choices, possibilities that at times become limitations. The process of choosing is a formal and emotional trigger that is very hard to depict.

For me, the allergy I have to an illustration of the romantic struggle in the studio is similar to my avoidance of realism in the work in general.

NO: With this display situation, it looks like you took your sculptures apart, and the skeletons of your works were lying on the displays. One cannot experience a notion of a process. We are reminded of "dead objects" that were maybe part of a film or a former art production. There's even a notion of a natural history museum. In this sense, this room is very unique and unusual within your oeuvre. For instance, the sculptures you exhibited at STUDIOLO seemed to suggest a possibility for change—as if you could move an object or the glass. Here at the

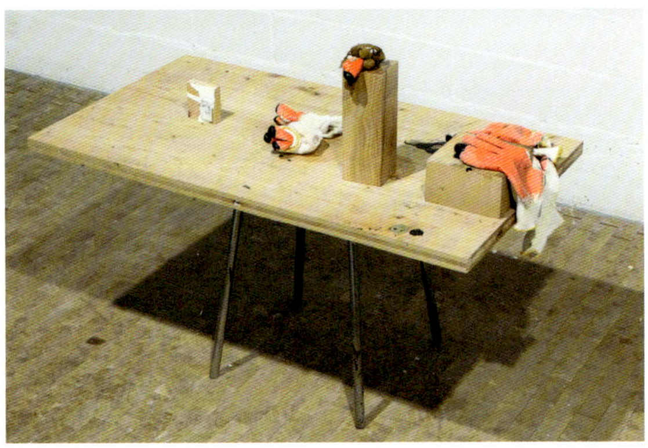

Untitled, 2012

Vergrösserung oder gar als würde man in einer Box herumspazieren. Das ist der museale Teil der Schau. Es handelt sich um zusammenhängende Nachbarschaften, Sammlungen von Nachbarn und Architekturen. Die Entscheidungsfindung im Bezug auf die Organisation und die Gruppierungen war intensiv und soll in der Präsentation nachvollziehbar sein.

Im Video oder dem Text spreche ich über das einfache Bauparadigma eines „Gebäudes mit einer Skulptur“ oder über „eine Skulptur mit einem“ oder „ausserhalb eines Gebäudes“. Hier im dritten Raum stelle ich Modelle, Skulpturen, Situationen und andere Arbeiten her, die sich zusammen in einem Raum, der anfängt und endet, selbst zu „Kunst“ trennen.

NO: Mir gefällt der Begriff der Nachbarschaft, da es in deiner Praxis immer um die Idee der Rahmung geht, indem zwei Arbeiten in Beziehung zueinander gesetzt und, wie du sagtest, zwei Dinge miteinander verbunden werden. Die Ausstellung beginnt mit dem Film *Chimpanzee*, in dem es um Beziehungen geht, und endet mit dem Film *Nocturne* (2007), in dem runde Porträts von Menschen aufeinanderprallen und der alle Arten von Zufallsbeziehungen zeigt. Das ist wie eine Art Rahmen der gesamten Ausstellung.

UA: Ich bin mir nicht sicher, ob das Wort „Zufall“ passt, weil die meisten Dinge auf dieselbe Weise funktionieren wie die beiden flachen Passfotos mit einem grafischen Symbol in dem Video.

Obwohl die Leute und das Symbol anscheinend nichts miteinander zu tun haben, legen Eigenschaften wie ihr Alter, ihr Geschlecht und die Art, wie sie sich voneinander weg- und aufeinander zubewegen, eine Beziehung nahe – vielleicht eine, die wir mit der Schauspielkunst von Darstellern in einem Werbeclip assoziieren, aber es könnten genauso gut meine Grosseltern sein. Nicht die Fakten sind relevant; interessant werden die Fragen und Vermutungen, die durch den Aufbau und seine Beziehung zur Partitur

Kunsthalle Zürich, the sculptures look like fragments without this potential.

UA: Maybe this room does what one of the cardboard sculptures does in the other room. If the cardboard sculpture is a closed system of organized compositional elements within a box, this room in itself might do the same, zoom in, or into the box, walking into it in a way. It's the "museum" part of the show. It's related neighborhoods, a collection of neighbors and architectures; decision making in terms of organization and grouping was intense and made to be felt in the presentation.

In the video or text I'm talking about the simple, architectural paradigm of a "building plus a sculpture", or a "sculpture with," or "outside a building." Here in the third room I make models, sculptures, situations, and other works that exemplify those proximities by using "art" objects as "members" in space that has a beginning and an end.

NO: I like this idea of the neighborhood, as your practice is always about the idea of framing by placing two works in a relationship, and as you said, about pairing two things together. The exhibition begins with the film *Chimpanzee*, which refers to relationships, and ends with the film *Nocturne* (2007), in which circular portraits of people bump together, showing kinds of arbitrary relationships. It is like a frame for the whole show.

UA: I'm not sure the word "arbitrary" is correct, because most things operate the in the same way that those two flat passport photos with a graphic symbol operate in the video.

Although the people and the symbol are ostensibly unrelated, the characteristics of their age, gender, the way they move apart and together suggests a relationship–perhaps it's one we might associate with the artifice of actors in an advertisement, but on the other hand it could be my grandparents. The facts are irrelevant, it's the questions and the suppositions promoted by the design and its relationship to the musical score

aufkommen, wenn die Betrachterinnen und Betrachter beginnen, angesichts dieser Choreografie aus Bildern, Symbolen und Musik Eindrücke und Projektionen zu entwickeln. Das ermöglicht ihnen Genuss ohne Reue – etwas, das auf vielen Ebenen etwas bietet, aber nicht auf einer strikt narrativen Ebene. Was hast du vorhin gesagt, als wir uns auf dieses Gespräch vorbereitet haben? Du hast gefragt, ob es von einer Dating-Seite stammt. Genau das meine ich – ohne die Herkunft der Quelle zu kennen, projizierst du eine Art Pathos, das ich im Kopf hatte. Es katapultiert dich in diese Gleichung von Mann, Frau und der Verbindung von beiden, dieser schematische Trickfilm davon, wie wir gemacht sind. Es hat auch damit zu tun, wie wir mit Ehrgeiz umgehen, und in diesem Sinne weiss ich nicht, ob es in meinem Video um Beziehungen geht, aber es könnte mit der Enttäuschung oder den Risiken eines grundlegenden menschlichen Begehrens zu tun haben.

Grundsätzlich frage ich mich in meiner Arbeit auch: Auf welcher Etage wohnst du? Mag ich meinen Nachbarn? Mag ich meinen Nachbarn nicht? Die Alltäglichkeit solcher Fragen, und zugleich ihre Eigenartigkeit, ihr Humor.

BR: Ich würde gerne auf das Pathos und den Humor zurückkommen. Wenn ich beispielsweise in Videos klassische Musik höre, ist mir das oft suspekt. Aber ich mag die Art und Weise, wie du sie in deinem Film *Chimpanzee* einsetzt. In all deinen Arbeiten und in deiner Verwendung von Materialien gibt es Vorstellungen von der Fragilität und Unsicherheit einer Oberfläche oder von etwas, das gesagt wird. Da ist dieser Moment, in dem die Dinge plötzlich pathetisch werden, dann, wenn Gefühle durch den Einsatz des gesamten Orchesters geweckt werden und, wie du vorhin gesagt hast, die Aussetzung der Ungläubigkeit zum Tragen kommt. Im Zusammenhang mit deiner Arbeit wurde Dieter Roth erwähnt, aber es gibt eine grosse Distanz, was deine Einstellung zum Material und dessen Verwendung und was den Verweis auf das Atelier als einem Signifikanten für Kreativität an

that become interesting as the viewer begins to form impressions and projections in the face of this choreography of images and symbols and music. It allows the viewer to experience an unrequited pleasure–something that gives on many levels, but not on a strictly narrative level. What was it that you said when we were getting ready for this conversation? You asked if it's from a dating site. That's exactly what I'm talking about–without knowing the origin of the source you are projecting a kind of pathos that I had in mind. It throws you into this equation of man, woman, and the combination of that, this sort of diagrammatic animation of how we are made. This also relates to dealing with ambition and in that sense I don't know if my video is about relationships, but it might have to do with disappointment or the risks of basic human desire.

In general in my work I also ask myself: What floor are you on? Do I like my neighbor? Do I not like my neighbor? The everydayness of that, and at the same time the particularity of that, its humor.

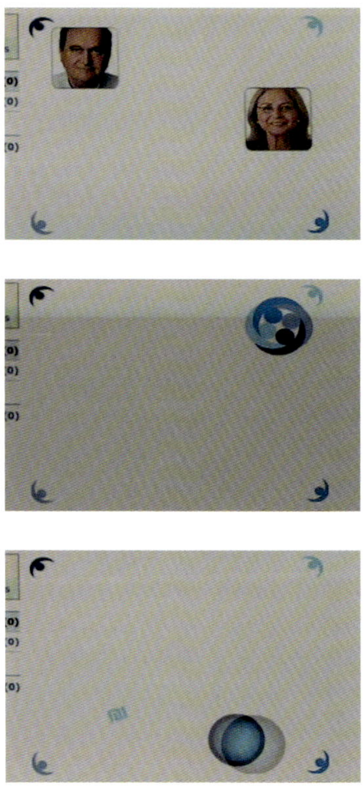

Nocturne, 2007

sich angeht. Angesichts deiner Arbeit denke ich über Sprache und das Scheitern der Sprache nach. Wenn ich beispielsweise den Film ansehe, ist es eine unglaubliche Erfahrung, diesen Moment der Person zu erleben, die spricht, aber eigentlich nicht als Individuum spricht, weil es Zweifel am Ursprung der Geschichte und des Sprechens gibt. Ich nehme das auch sehr stark in deiner Verwendung angeblich authentischer Materialien wahr.

UA: Ja, problematische, scheinbar banale Materialien.

Ich glaube, an einem bestimmten Punkt muss man sich entscheiden, ob man einen Schritt tut oder nicht. Das ist sehr heikel. Die Grenze zwischen der Wahrheit und der Banalität eines Satzes lässt sich für mich leichter erforschen, wenn ich ein allgemeines Problem durch ein Individuum formulieren lasse: Wie durch den Einsatz formaler, kinematografischer „Leit"-Konventionen, beispielsweise das Voice Over durch ein Individuum. Es ist *meine* Wahl der Worte/Probleme mithilfe eines Anderen und auch durch den Streuverlust, den dieser Prozess mit sich bringt.

BR: Du gehörst auch nicht zur Gruppe der sogenannten Neo-Arte-Povera-Künstler.

UA: Nein. Und es ist auch nicht so, dass ich mich mit Dingen beschäftige, die im Sinne politischer Konsequenzen hochsensibel wären. Was sich für mich gefährlich anfühlt, ist nicht unbedingt objektiv gefährlich. Wie du sagtest, bist du gegen klassische Musik in Videos allergisch …

BR: Sie macht mich einfach misstrauisch.

UA: Dagegen ist nichts einzuwenden. Etwas, das mich momentan beschäftigt, ist der Moment, in dem ich bemerke, dass ich gegen meinen Willen sentimental werde. Ich säge an dem Ast, auf dem ich sitze. Wenn ich mit den Leuten in meinen Videos zusammenarbeite – mit einigen habe ich mich angefreundet, einige werde ich

BR: I would like to go back to the pathos and the humor. For example, when I hear classical music in videos, I often get suspicious. But I like the way you use it in your film *Chimpanzee*. In all your works and in your use of materials, there are notions of fragility and the precariousness of a surface or of something that is said. There is a moment when things become pathetic at once, in the sense of evoking emotions by using the full orchestra of doing so, and, as you said before, things being about disbelief. Dieter Roth has been mentioned in relation to your work, but there is a huge distance between your attitude toward material, and its use and the reference to the studio as a signifier for creativity as such.

Your work makes me wonder about language and the failure of language. While watching the film, for instance, I think it's an incredible experience encountering the moment of the person who speaks, but who is actually not speaking as an individual, because there is a doubt about the origin of the narrative and

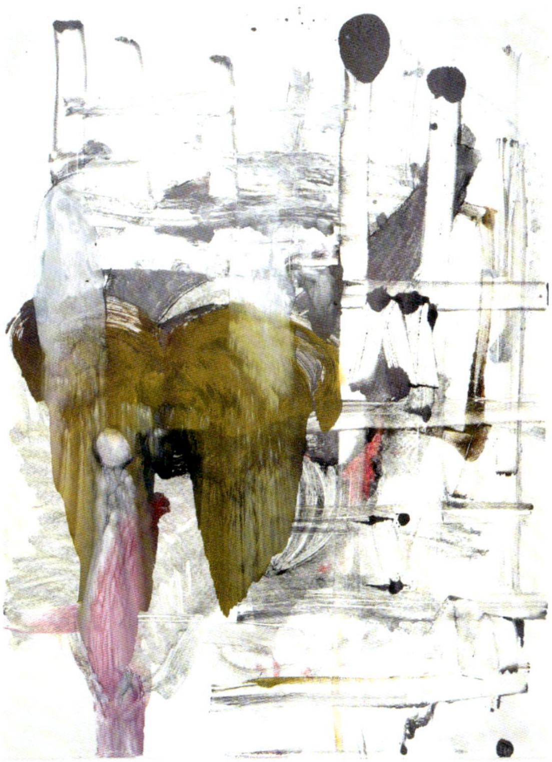

Untitled, 2008

nie wiedersehen und mit einigen habe ich eine Beziehung aufgebaut –, stelle ich grundsätzlich sehr ehrliche Fragen: Was denkst du über dieses oder jenes? Könntest du bitte das sagen? Oder einfach: Sag diesen Satz zehn Mal. Versuch einfach, den richtigen Moment zu finden. Dann beginne ich einzugreifen. Vielleicht setze ich diese Musik ein, um diesen Moment zu verlängern, um Harmonie oder Dissonanz zu dem herzustellen, was gesagt wurde und wie es gesagt wurde. Warum nicht klassische Musik? Um die Manipulation zu erweitern und zu betonen.

BR: Du verwendest oft den Begriff „Evokation eines Genres". Wenn du nun Filmemacher wärst, wer wärst du? Wenn du Bildhauer wärst, wer wärst du? Wenn du Schauspieler wärst, wer wärst du?

UA: Ich kann dir sagen, welche Künstler, Filmemacher oder Musiker ich mir ansehe oder anhöre, aber ob das nun bescheiden oder unbescheiden ist: Ich sehe nicht etwas und sage „Ich wünschte, das wäre von mir." Manchmal sehe ich Dinge und wünschte, ich wäre so smart; ich wünschte, ich könnte Dinge auf diese klassische Art machen, oder so mühelos oder schön oder clever oder amüsant oder traurig …

Viele Künstler würden sagen, dass sie einen Spielfilm machen würden. Ich weiss, dass es zwischen den Filmen, die ich mache, und jeder Art von Spielfilm zahlreiche formale und praktische Unterschiede gibt; aber ich hätte deshalb nicht unbedingt etwas ganz anderes gemacht, wenn ich etwas in der Welt des Spielfilms realisiert hätte. Ich agiere nicht in der „Filmwelt"; ich lege meine Sachen nicht ausdrücklich dem Massenpublikum des Kinos vor.

BR: Aber du kommst vom Film.

UA: Ich komme von der Typografie und vom Design. Ich komme aus Strukturen des Zitierens. Ich weiss nicht, ob ich, was meine formale Ausbildung betrifft, wirklich vom Film herkomme, aber Filme sind definitiv ein Teil meiner Arbeit.

the speech. I perceive this as well very strongly in your use of supposedly authentic material.

UA: Yes, very true. Problematic materials, seemingly banal.

I think there's a question at some point to decide—do I take that step or not? It is very precarious. The line between truth and truism as a sentence might be easier for me to investigate when using a general concern through an individual: A use of formal cinematic "guiding" conventions like the voice-over via an individual. It is MY choice of words/problems through someone else, and the spillage that this process creates as well.

BR: You are not part of the group of the so-called Neo Arte Povera artists.

UA: No. And it's not as if I'm dealing with things that are hypersensitive in political terms of consequences in an obvious way. What feels dangerous to me is not necessarily objectively dangerous. As you were saying, you are allergic to classical music in videos …

BR: It just makes me suspicious.

UA: Fair enough. One of the things I'm interested in is the moment in which I find myself sentimental despite myself. I pull the rug from under my own feet. When I work with the people in my videos—some I have befriended, some I won't ever see again, and some I have relationships with—I generally have very sincere requests. What do you think about this or that? Can you please say that? Or as simple as: Say this sentence ten times. I just try to find the right moment. Then I start to manipulate. Maybe that is why I do use this music, to prolong that moment, to create either harmony or discord with what being said and how it is being said. Classical music, why not? Extend and accentuate manipulation.

BR: You often use the term "evocation of genre." If you were a filmmaker, who would you

Um auf die Musik zurückzukommen: Ich weiss nicht, ob du beispielsweise *Land des Schweigens und der Dunkelheit* (1971) von Werner Herzog gesehen hast. Vielleicht ist es etwas klischeehaft, dieses Beispiel zu bringen, aber in den herzzerreissendsten Szenen gibt es die offenkundig romantischste Musik von Bach. Ich glaube, wenn man diese Art von Manipulation auf so gewaltsame und aggressive Weise einsetzt, und wenn man sagt: „Das ist das, und jenes ist jenes, und du wirst dir das jetzt zehn Minuten anhören", dann ist das aus meiner Sicht wirklich kein simples Werkzeug und keine einfache Lösung, sondern vielmehr das Schwierigste, was man tun kann. Eine solche Entscheidung ist nicht nur mutig, sondern auch kompliziert und geht an Grenzen. Ich kann auch andere Filmemacher wie zum Beispiel Sergio Leone nachvollziehen. Mein Werk sieht offenkundig nicht wie das von Sergio Leone aus, oder? Doch die hochgradig artifizielle Handhabung der Charakterdarsteller und der Musik, die nicht parodistisch und nicht komödiantisch und nicht

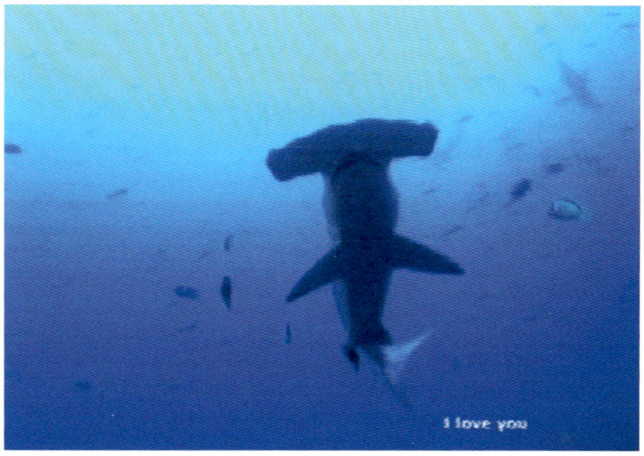

Moon, 2007

be? If you were a sculptor, who would you be? If you were a performer, who would you be?

UA: I can tell you which artists, filmmakers, musicians I look at or listen to, but maybe immodestly or modestly, I don't see things and say I wish it was me. I sometimes look at things and say I wish I could be as smart, I wish I could do things in such a classic way or so effortlessly, or so beautifully, cleverly, or in such an amusing or sad way …

A lot of artists would say that they would make a film. I know that there are a lot of formal and practical differences between the movies that I'm making and any sort of feature film, but I don't necessarily see a big difference in terms of what I would have made, if I had made something in the "film world." I don't operate in the film world; I don't submit my work specifically to film audiences.

BR: But you come from film.

UA: I come from typography and design. I come from quoting structures. I don't know if I come from film in terms of my formal education, but it's definitely part of what I do. Going back to the music, I don't know if you've seen Werner Herzog's *Land of Silence and Darkness* (1971), for instance, which is maybe a bit cliché to throw in, but there's the most obviously romantic Bach music with the most heartbreaking of scenes and I think rather than an easy tool to use, when using that kind of manipulation, if you're doing it so forceful and aggressively, and you say this is what it is, and you're going to listen to this now for ten minutes, I actually think that's the most difficult thing to do, rather than an easy way out. That sort of move is not only brave, but also complicated and tests limits. Other filmmakers too, Sergio Leone for instance, I can relate to that. Obviously my work doesn't look like Sergio Leone's! But there is the highly artificial manipulation of character actors and music that isn't parody and isn't comedy and isn't classic drama. It touches everything and it's full of

klassisch dramatisch ist … sie berührt alles und ist voll von synchronisierter Wirklichkeit, die trotz und wegen ihrer Manipulationen emotional bewegend ist.

BR: Es gibt die Pizzaschachteln …

UA: Ich habe theatralische Beziehungen zu Objekten. Vielleicht hat eine Figur nicht nur einen bestimmten Hut oder einen Poncho und tritt jedes Mal damit auf, sondern wird durch Musik und andere Bedeutungsträger gekennzeichnet. All das führt zu einem tieferen Verständnis und auch Erfahrung dieser Figur. Wenn man kennzeichnet und markiert, was gut und was böse ist, entsteht ein geschlossenes System.

BR: Das ist ein gutes Schlusswort.

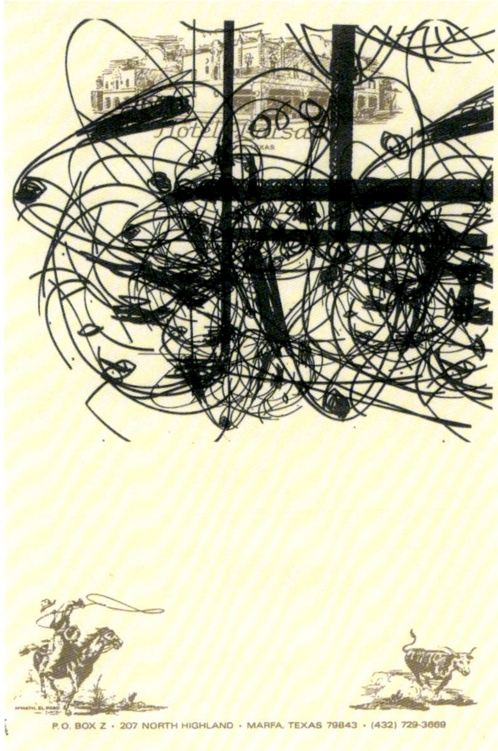

Untitled (Hotel Paisano), 2011

a dubbed reality that is affective despite and because of its manipulations.

BR: There are the pizza boxes …

UA: I have what I might define as an operatic relationship to objects. Maybe a character comes not only with a certain hat or a poncho, and comes back with it every time, but he is also identified by music and other significations. All this leads to a broader experiencing and understanding of the character. By designating and marking what is good and bad, a closed system is being created.

BR: That's a good place to stop.

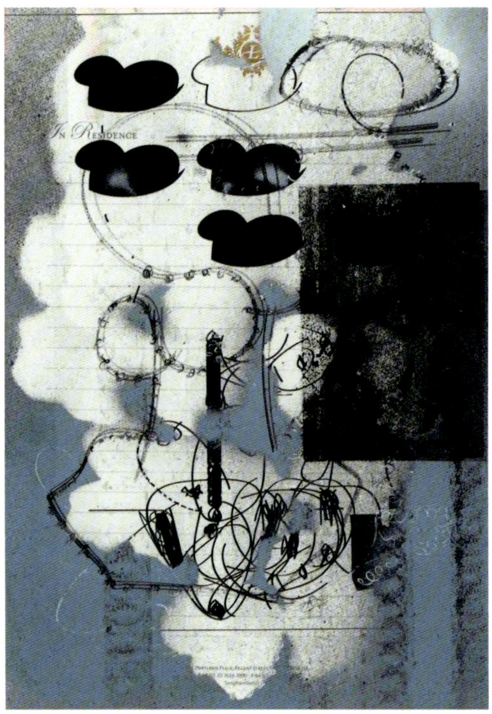

Untitled, 2012

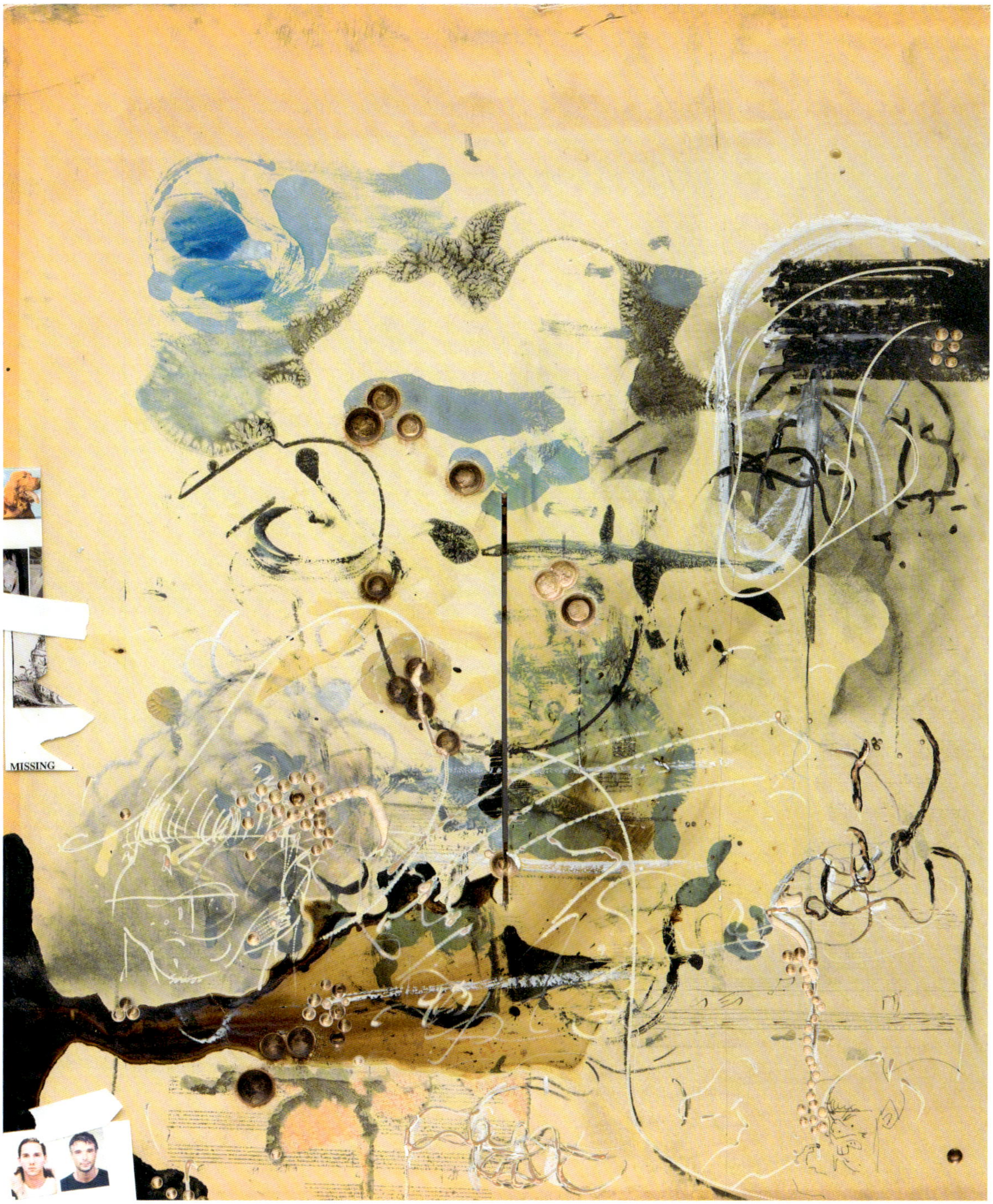

Sky, Earth and all in between, 2014

Nahes Bevorstehen und Deterritorialisierung. Uri Arans erhabene Verärgerung

Liam Gillick

Imminence and Deterritorialization. Uri Aran's Sublime Vexation

Liam Gillick

Uri Aran schien von Anfang an eine etwas versteckte Verärgerung über zwei enorme Erwartungen auszudrücken, die an die Produktion eines jungen Künstlers herangetragen werden. Erstens, dass die Arbeiten im Windschatten früherer Arbeiten von älteren Künstlern entstehen und daher mit diesen in „Dialog" treten. Und zweitens, dass die Arbeit selbst eine Reihe bewusst vorgetragener Ideen thematisiert, die aus einem Überbewusstsein über Kunst hervorgehen und sich in diesem entwickeln – ein Werk, das einige Schritte von jenem Vokabular wohlbekannter künstlerischer Gesten abrückt, das man kennen kann, das aber nicht greifbar ist. Dieses doppelte Gespenst, das heutzutage vielen Versuchen zugrunde liegt, Dinge zu machen, die als Kunst gelten sollen, beunruhigte Aran manchmal bis zum Punkt tiefster Irritation. Wenn überhaupt, hat ihn das Gefühl, dem zu widerstehen, was getan werden sollte oder könnte, immer tiefer in verschiedene Zustände von Empfindlichkeit und Verweigerung hineingetrieben. Die Kunstwerke, die Aran seit Mitte der 2000er-Jahre produziert hat, sind eine perfekte Zergliederung gängiger Gegensatzpaare der zeitgenössischen Kunst. Seine Konstruktionen umgehen fast alle Fallen des „Zeitgenössischen" in seiner oberflächlichsten Form. Und doch steigert er zugleich unser Gefühl für das, was als materielle und strukturelle Verschiebung zulässig sein könnte. Man kann das, was entstanden ist, beschreiben, aber es ist nicht hilfreich. Zum Beispiel: ein paar Kekse, einige Billardkugeln, ein paar Pizzaschachteln und ein paar geschredderte *Shreddies*-Frühstücksflocken. Arbeitstische? Eine Kombination klassifizierbarer Dinge? Wiederholte Wiederholungsversuche ohne hypnotische Wirkungen? Gleichzeitig gibt es Filme und Prozesse, die – flehend und drängend – um sich selbst kreisen, sich wiederholen und über die Grenzen des Ateliers hinausweisen. Diese Sammlungen von Dingen und sehnsüchtigen Bildern lösen sich nicht auf und kommen nicht zur Ruhe, noch bieten sie irgendwelche glatten Lösungen. Wie ist das möglich?

From the outset Uri Aran has seemed to express a gently veiled vexation at two enormous expectations that surround a young artist's production. Firstly, that work produced slipstream behind previously made work by older artists thereby enters into "conversation" with it. Secondly, that the work itself addresses self-consciously presented sets of ideas that originate and develop within a super-self-consciousness about art—a body of work a few steps removed from a knowable but just out of reach lexicon of well-known art gestures. These twin phantoms at the base of many attempts to make things that will stand for art now sometimes agitate Aran to the point of pleading irritation. If anything, the sense of resisting what should or could be done has pushed him further and further into various states of sensitivity and refusal. The subsequent artworks that Aran has produced since the mid-2000s are a perfect disarticulation of standard binaries in contemporary art. His structures evade nearly all the traps of the "contemporary" at its most facile. Yet at the same time he pushes our sense of what might be permitted in terms of material and structural dislocation. What is produced can be described, but it doesn't help. For example: some cookies, a few pool balls, some pizza boxes, and some crumbled Shreddies. Worktables? A combination of classifiable things? Repeated attempts to repeat without hypnotic results? At the same time there are films and processes that swirl and turn in on themselves—urging and pleading—repeating and pointing away from the confines of the studio. These collections of things and yearning images neither resolve and settle nor offer any glib endgames. How is this possible?

There is clear presentation here. Laid out as storyless tableaux. Things arranged that are all more or less interesting or at least must have been in arm's reach. Photographic images are collaged with added sweeping lines and marks. Things are all set in relation to each other. But something particular takes place when we read across from one thing to another. Even when faced by a pizza box or a cookie or a pot of some unidentifiable stuff, the way the specific condition of these

Es gibt hier eine klare Präsentation. Ausgebreitet als Tableaus ohne Geschichten. Arrangierte Dinge, die alle mehr oder weniger interessant sind oder immerhin in Reichweite gewesen sein müssen. Fotografische Bilder sind durch hinzugefügte schwungvolle Linien und Markierungen zusammengefügt. Alle Dinge werden in Beziehung zueinander gesetzt. Doch es geschieht etwas Ungewöhnliches, wenn man bei der Lektüre von einem Ding zum nächsten übergeht. Selbst wenn man mit einer Pizzaschachtel oder einem Keks oder einem Gefäss mit nicht identifizierbarem Zeug konfrontiert ist – unsere innere Vorstellung von der spezifischen Beschaffenheit dieser einfachen Dinge wird sanft durcheinander gemischt. All diese Dinge bedürfen zweifellos keines zweiten Blicks, um sie als Dinge zu erkennen und zu erfassen, doch wenn sie in Arans Reichweite von hier nach dort verschoben werden, muss man noch einmal hinsehen. Ordnungs- und Repräsentationssysteme werden gekippt und umgestürzt, getrübt und verwischt. Doch es gibt hier keine Aggression und keinen gespielten Expressionismus. Wir werden vielmehr mit einer vorsichtigen Neuordnung konfrontiert. Sein Arbeitsprozess ist schwer zu beschreiben. Ein Szenario deutet sich an. Wir sind mit einem Gefühl konfrontiert, das an die Zufriedenheit mit einer Wortassoziation oder einem psychologischen Test erinnert, bis man erkennt, dass man eine radikal dekonstruierte Kombination der Testsituation produziert hat, kombiniert mit dem Instrumentarium des Analytikers und ein paar Themen aus dem Pausenraum, kombiniert mit einigen schwach erinnerten Zeichnungen und Bildern aus einem Familienalbum – und wo vielleicht zufällig alles rund(lich) ist. Hier sehen wir sich überlagernde Zonen der Repräsentation, die nicht auf Auflösung angewiesen sind oder etwas darstellen müssen. Dennoch geht es bei diesem Projekt nicht um Abstraktion. Die Dinge bleiben entschieden sie selbst. Die Arbeit strahlt nicht die Aura eines Ortes oder einer Identität aus. Nichts ist generisch, und doch lässt sich alles erkennen und erfassen.

simple things registers in our minds is gently shuffled. All of these things surely don't require a second glance to be recognized and registered as things, but when moved around in Aran's reach we have to look again. Orders of recognition and representation are tilted and shattered, muddied and blurred. Yet there is no aggression or mock-expressionism here. Instead we are faced with a gentle reordering. His working process is hard to describe. A scenario does suggest itself. What we are presented with is a sensation akin to feeling pleased during a process of word association or psychological testing before realizing that one has produced a radically deconstructed combination of the testing situation, combined with the tools of the analyst, some contents from the coffee break room combined with some half remembered drawings, and images culled from a family album—and maybe where everything just happens to be round(ish). Here we are facing layered zones of representation that do not rely upon resolution or the requirement to represent. Yet this is not a project of abstraction. Things remain resolutely themselves. The work does not carry an aura of place or identity. Nothing is generic, yet everything can be recognized and recoded.

Unsurprisingly, it might be appropriate to talk about experimentation here. Experimentation results in the expectation of a specific aesthetic. The surroundings of the experimental will visually off-gas a certain amount of "consumption while distracted." The process of experimentation leaves behind wrappers, samples, offcuts, and raw notes. Working something out leaves behind sketches, arrangements, and sets of things that "will do" in order to visualize the complex, miniscule, or that which sits just in advance of the hypothesis. In the late modern period of art production—as we crossed into the period of contemporary art—it was assumed that to experiment within art was always good. Experimentation allowed us to escape from rapacious capitalism by taking place in the protected space of the lab or the educational institution, and exemplified by the studio. Experimentation was viewed as something to be encouraged—the physical manifestation of free

Es überrascht nicht, dass es hier vielleicht angemessen wäre, von Experimentieren zu sprechen. Experimentieren führt zur Erwartung einer spezifischen Ästhetik. Der Bereich des Experimentellen will ein gewisses Mass an „zerstreutem Konsum" visuell bremsen. Der Prozess des Experimentierens hinterlässt Verpackungen, Proben, Reststücke und grobe Notizen. Wenn man etwas ausarbeitet, bleiben Skizzen, Anordnungen und Gruppen von Dingen zurück, die „genügen", um das Komplexe, das Winzige oder das, was ein Vorgriff auf die Hypothese ist, zu veranschaulichen. Im spätmodernen Zeitalter der Kunstproduktion – am Übergang zum Zeitalter der zeitgenössischen Kunst – unterstellte man, dass es in der Kunst immer gut ist, wenn experimentiert wird. Das Experimentieren ermöglichte uns, einem gierigen Kapitalismus zu entgehen, wenn es in den geschützten Räumen des Labors oder der Bildungseinrichtung stattfand und wenn es durch das Atelier veranschaulicht wurde. Man hielt das Experimentieren für etwas, das es zu fördern galt – eine physische Manifestation des freien Denkens. Doch was könnte es bedeuten, an einem Experiment ohne eine Andeutung von Fortschritt zu arbeiten? Oder – wie im Fall von Uri Aran – ein Werk herzustellen, das Objekte und Ideen in einer nicht vorhandenen Versuchsanordnung zu manipulieren scheint, während es zugleich Offenheit oder Abschluss – eine Hypothese oder eine Dialektik – vermeidet. Es könnte ein Experimentieren ohne Richtung oder Erinnerung – ohne Zukunft oder Vergangenheit – sein; sicher ist es die Schaffung einer Umgebung für das Experimentelle an sich, ohne dass tatsächlich ein gezieltes Experiment stattfindet. Die Unterstellung, dass das Experimentieren gut sei, implizierte, dass es über eine Entwicklung und eine Ästhetik verfügt. Das Experimentieren verlockt uns zu unzähligen zukünftigen Experimenten und zu einem Exzess des Bewusstseins unserer selbst, und führt zu etwas, das man nur im Moment beschreiben kann – die Antwort auf eine Hypothese oder die Überprüfung eines Konstrukts. Ist es also das, was hier stattfindet?

thought. But what might it mean to work around an experiment without any implication of progress? Or, as in the case of Uri Aran, produce a body of work that appears to manipulate objects and ideas around an absent experimental framework while at the same time avoiding openness or closure—hypothesis or dialectic. This might be experimentation without direction or memory, future or past; it is certainly the creation of the surroundings of the experimental in and of itself, with no directed experiment actually taking place. Within the assumption that experimentation was good there was the implication that it had a trajectory as well as an aesthetic. Experimentation leads somewhere that can only be described in the moment—luring us toward an infinite number of future experiments and an excess of self-awareness—the resolution of a hypothesis or the testing of a structure. So is that what is taking place here?

With Uri Aran's work we are dealing with an artist who uses what is to hand and refers to that which is often right under his nose. His method is revealing and implicated. An image comes to mind. There are many cases where a team of bank robbers has left their fingerprints all over a variety of domestic objects that have been enthusiastically deployed to create an improvised model of a future heist. Aran brings together what will do in the moment and what is within reach at the time in order to create gentle tableaux that are deliberately stunted by their own limitations. The duration and specific moment of deployment are never clear—there is no order in the work, nor obvious hierarchy among the components. There is no obvious artist's hand or touch here—but not in the manner of a distanced or "fabricated" aesthetic. Obviously someone's hands have been all over this work. It is just not entirely clear whose—for how long and how many times those hands have dipped, scraped, gathered, and deployed. Someone has been at work. Pulling, chipping, teasing out materials, and leaving behind evidence of endless distracted activity.

Wir haben es bei Uri Aran mit einem Künstler zu tun, der verwendet, was zur Hand ist, und sich auf das bezieht, was oft direkt vor ihm steht. Seine Methode ist aufschlussreich und verwickelt. Dazu fällt mir ein Bild ein. Es gibt viele Fälle, wo eine Gruppe von Bankräubern ihre Fingerabdrücke auf einer Reihe von Haushaltsgegenständen hinterliess, die man begeistert aufgestellt hat, um ein improvisiertes Modell eines künftigen Überfalls zu entwickeln. Aran bringt Dinge zusammen, die im Moment genügen und gerade in Reichweite sind, um leise Tableaus zu schaffen, die bewusst von ihren eigenen Grenzen gehemmt werden. Die Dauer und der spezifische Moment der Aufstellung sind niemals klar – es gibt in diesem Werk weder eine Ordnung noch eine offensichtliche Hierarchie der Elemente. Es gibt hier keine augenfällige Handschrift oder Spur des Künstlers – doch nicht im Sinne einer distanzierten oder „vorgefertigten" Ästhetik. Es ist offensichtlich, dass Hände diese Arbeit überall berührt haben. Es ist nur nicht ganz klar, wessen – wie lange und wie oft diese Hände eingetaucht, abgekratzt, angesammelt und aufgestellt haben. Jemand hat gearbeitet. Hat gezerrt und gehackt – Materialien ausgereizt und Indizien einer endlosen zerstreuten Tätigkeit hinterlassen.

Wir sind daher mit einem experimentellen Terrain ohne Experimente konfrontiert. Eine Abfolge von Bildern und Markierungen, die Tableaus mit Elementen durchsetzen, die romantisch, persönlich, sentimental und sogar bewegend wirken. Zeit scheint keine Rolle zu spielen. Es gibt kein Gefühl von Dauer oder zielgerichteter Arbeit. Selbst in einem Kunstkontext voller nachlässiger Gesten, die missmutig als bewusste Kritik an Wert und Stil präsentiert werden, wirkt sein Werk nur notdürftig zusammengefügt. Es ist berührend. In seinem Mangel an Richtung und Verdichtung von Formen und Inhalten ist es roh. Das Werk bleibt im Zwiespalt. Der Betrachter bekommt alles – manchmal buchstäblich „auf einem Tablett" –, und doch bleibt jede Konstruktion nur halb offen für eine Untersuchung oder Lösung. Es sind die wesentlichen Tatsachen, denen wir gegenüberstehen. Irgendwie ermöglicht das „Kuratieren" der Objekte, Skizzen und improvisierten Konstruktionen uns,

What we are therefore faced with is an experimental terrain with no experiments. A sequence of images and markers that punctuate tableaux with elements that appear romantic, personal, sentimental, and even moving. Time does not seem to be a concern. There is no sense of duration or directed work. Even in an art context packed with lax gestures sullenly presented in a self-conscious critique of value and touch his work appears barely put together. It is touching. It is raw in its very lack of direction and consolidation of forms and contents. The work is left ajar. The viewer is given everything—sometimes literally "on a plate"—yet each structure remains only half open to enquiry or resolution. What we are faced with are material facts. Somehow the "curation" of objects, sketches, and improvised structures here allow us to see materiality through texture, shape, and in relation to other materials, textures, and shapes. Support and ground function completely equally to detail and dust. The removal of one tiny element will ruin the structure and be of no importance at the same time. We are faced by things that have been put together in a state of extreme distraction while attempting to relate some stories and describe some things. The resulting presentation of objects and images appears to tell only part of any given story, or keeps retelling it over and over again. There are constant restarts here. As if we are seeing a mute attempt by someone attempting to explain what really took place. To say what *really* took place. Then starting again. Sweeping everything aside and then explaining what really took place. Before pushing everything to one side, pulling out some cookies, and explaining what really took place.

Aran has talked about how the quality of much of his work is a result of finding a way to spend a day in the studio. He puts together things that are at hand and lets them exist—revisiting them occasionally and leaving sometimes for more elements to add to the combinations of things that he allows to age in the studio. Through this process he is maybe no longer responsible for the work itself. The elements of any given structure start to relate to each other without his further involvement

Materialität durch Beschaffenheit, Gestalt und im Verhältnis zu anderen Materialien, Beschaffenheiten und Gestalten zu sehen. Träger und Grund funktionieren absolut genauso wie Einzelheiten und Staub. Die Entfernung eines winzigen Elements wird die Konstruktion zerstören und gleichzeitig bedeutungslos sein. Wir sind konfrontiert mit Dingen, die bei dem Versuch, ein paar Geschichten zu erzählen und ein paar Dinge zu beschreiben, in einem extrem zerstreuten Zustand zusammengestellt wurden. Die so entstandene Präsentation von Objekten und Bildern scheint nur einen Teil irgendeiner Geschichte zu erzählen oder sie unentwegt aufs Neue zu erzählen. Es gibt hier ständige Neuanfänge. Als ob wir dem stummen Versuch zusähen, wie jemand zu erklären versucht, was wirklich passiert ist. Um zu sagen, was *wirklich* passiert ist. Und dann von vorne anfängt. Alles beiseite schiebt und dann erklärt, was wirklich passiert ist. Um dann alles auf eine Seite zu schieben – ein paar Kekse hervorzuholen und zu erklären, was wirklich passiert ist.

Aran hat davon gesprochen, dass die Beschaffenheit vieler seiner Arbeiten aus seinen Versuchen resultiert, einen Tag im Atelier zu verbringen. Er stellt Dinge zusammen, die zur Hand sind, und lässt sie bestehen – wobei er sie gelegentlich wieder aufgreift und manchmal weggeht, um den Kombinationen von Dingen weitere Elemente hinzuzufügen, die er im Atelier altern lässt. Durch diesen Prozess ist er möglicherweise nicht mehr für die Arbeit als solche verantwortlich. Die Elemente jeder beliebigen Konstruktion beginnen, sich aufeinander zu beziehen, wobei seine weitere Beteiligung oder sein Urteil nicht im Vordergrund stehen. In dieser Hinsicht hat sein Werk mit Autorschaft im Sinne von Deleuze zu tun. Gilles Deleuze notierte: „Schreiben hat nichts mit Bedeuten zu tun, sondern damit, Land – und auch Neuland – zu kartografieren und zu vermessen."[1] Diese Formulierung beschreibt exakt Arans Herangehensweise und bietet möglicherweise einen Hinweis auf die psychoanalytischen Spuren in seinem Werk – einschliesslich der Arbeit *Untitled* (2007), in der ein selbst gebackener Schokoladenkeks auf der Titelseite eines Buches mit dem nietzscheanischen

or judgment playing the dominant role. As such his work has something to do with authorship within a Deleuzian frame. Gilles Deleuze wrote that; "Writing has nothing to do with meaning. It has to do with land-surveying and cartography, including the mapping of countries yet to come."[1] This precisely sums up Aran's approach and maybe offers a clue to the psychoanalytical traces within his work—including the work *Untitled* (2007), which shows a homemade chocolate chip cookie sitting on the title page of a book with the Nietzschean title *Superman*. Deleuze's work on Nietzsche broke down dialectical method and opened up new approaches to philosophy. Aran clearly draws upon this legacy toward the creation of a radically deterritorialized approach to making art within the confines of the studio. He brings together objects and ideas and breaks down the specific territorial boundaries between them in order to present a world where things and therefore meanings are constantly in motion. What we are seeing are these motion states—removed from what Aran has described as a potential scenario or storyboard—shifted into new temporary orders that leave each element ajar, cut loose, and in a constant state of imminent change. It is this sense of imminence that is at the heart of even his most stable constructions. In fact it is the ability to capture imminence and hold it in place for an extended period of time that is at the center of the radical destabilization of authorship and exchange that is at the heart of his work.

1 Gilles Deleuze and Félix Guattari, *A Thousand Plateaus. Capitalism and Schizophrenia*, University of Minnesota Press, Minnesota 1987, p. 4–5.

Titel *Superman* liegt. Deleuzes Buch über Nietzsche brach mit der dialektischen Methode und eröffnete neue Zugänge zur Philosophie. Aran schöpft offenkundig aus diesem Erbe, um eine radikal deterritorialisierte Herangehensweise zu erfinden, innerhalb der Grenzen des Ateliers Kunst zu machen. Er bringt Objekte und Ideen zusammen und reisst die spezifischen territorialen Grenzen zwischen ihnen nieder, um eine Welt zu zeigen, in der die Dinge und damit die Bedeutungen ständig in Bewegung sind. Was wir sehen, sind diese Bewegungszustände – abgelöst von dem, was Aran als potenzielles Szenario oder Storyboard beschrieben hat –, verschoben in neue temporäre Ordnungen, die jedes Element im Zwiespalt, freigemacht und im andauernden Zustand einer unmittelbar bevorstehenden Veränderung belassen. Dieses Gefühl eines nahen Bevorstehens ist selbst in seinen stabilsten Konstruktionen zentral. Tatsächlich ist es die Fähigkeit, ein nahes Bevorstehen zu erfassen und für längere Zeit festzuhalten, die den Mittelpunkt jener radikalen Destabilisierung von Autorschaft und Austausch bilden, um die sein Werk kreist.

1 Gilles Deleuze und Félix Guattari, *Tausend Plateaus. Kapitalismus und Schizophrenie*, Merve, Berlin 1992 (1980), S. 14.

Ausgewählte Installations-ansichten und Werke 2007–2014

Selected Installation Views and Works 2007–2014

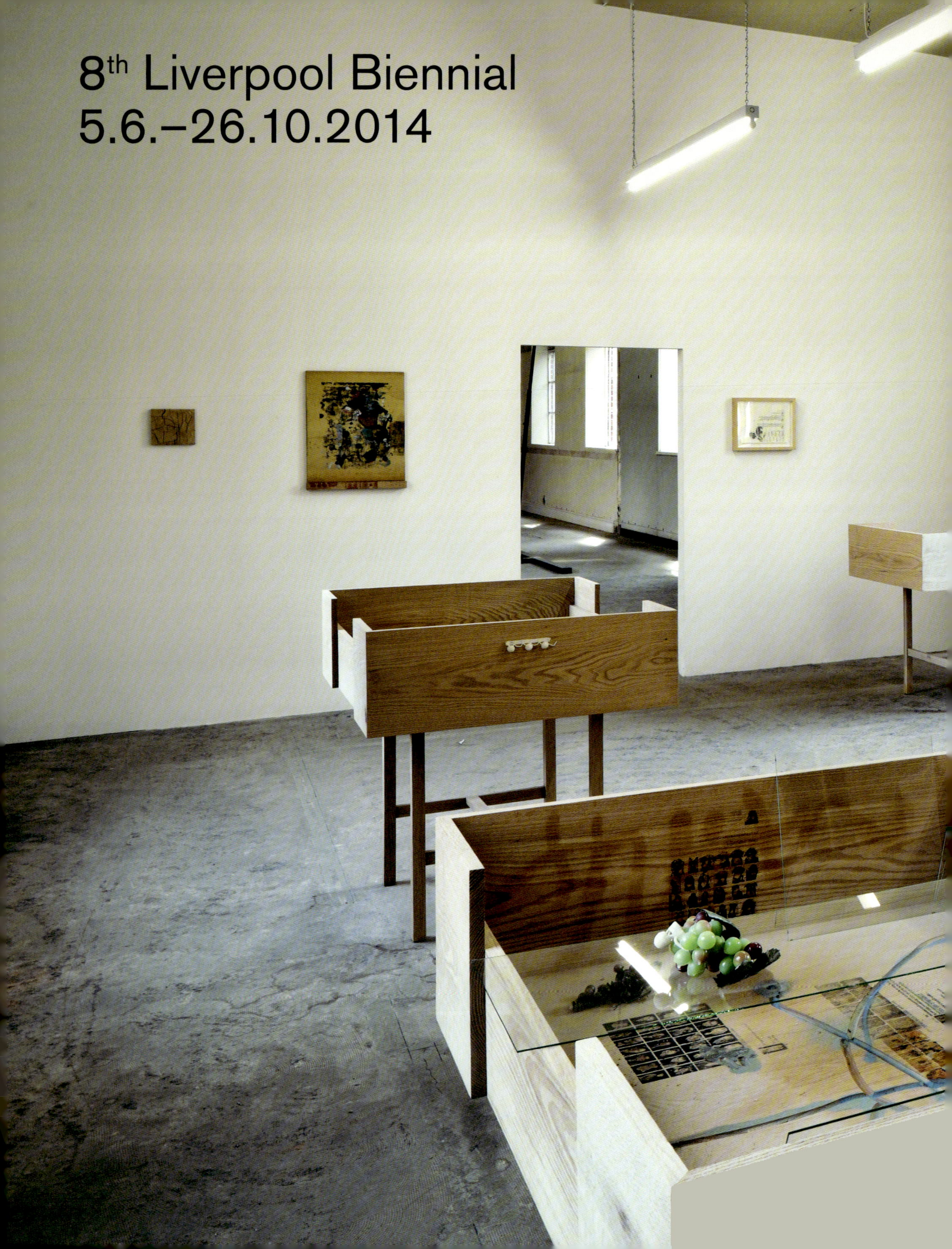
8th Liverpool Biennial
5.6.–26.10.2014

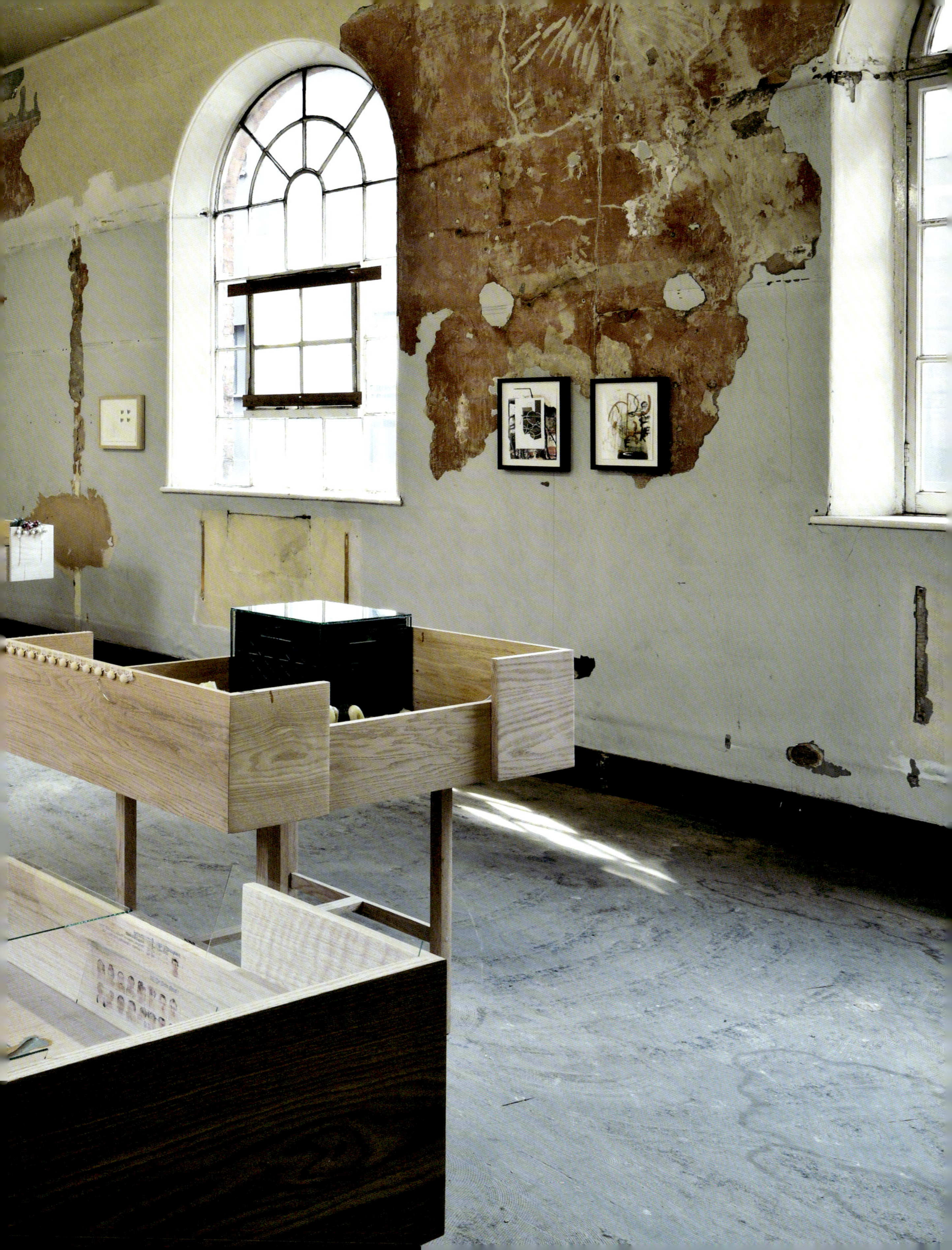

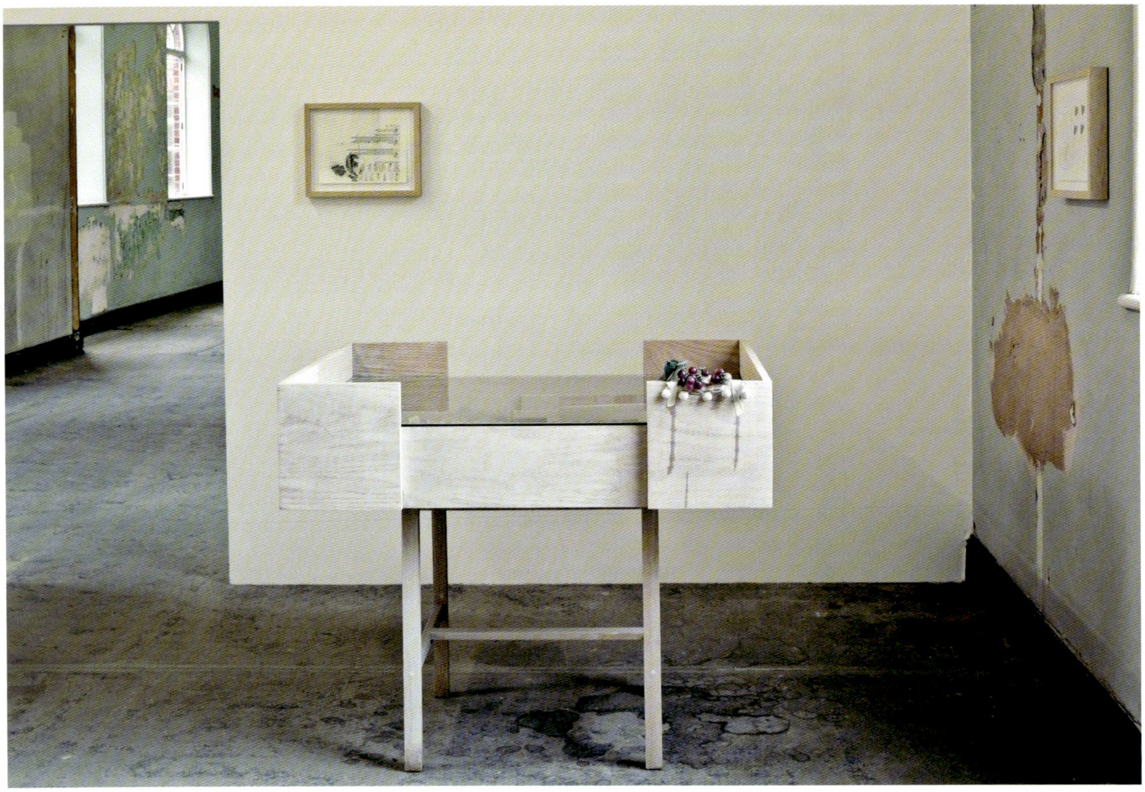

← ↑ Ausstellungsansicht / Installation view

Departments (detail), 2014

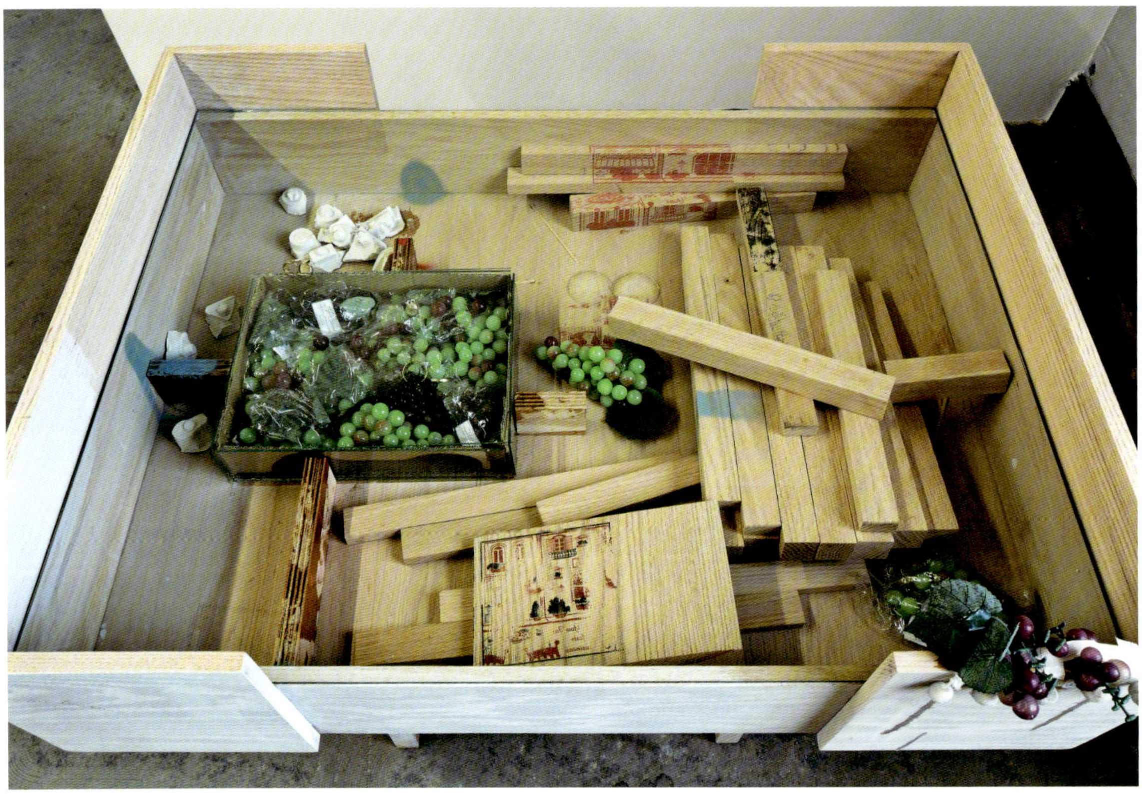

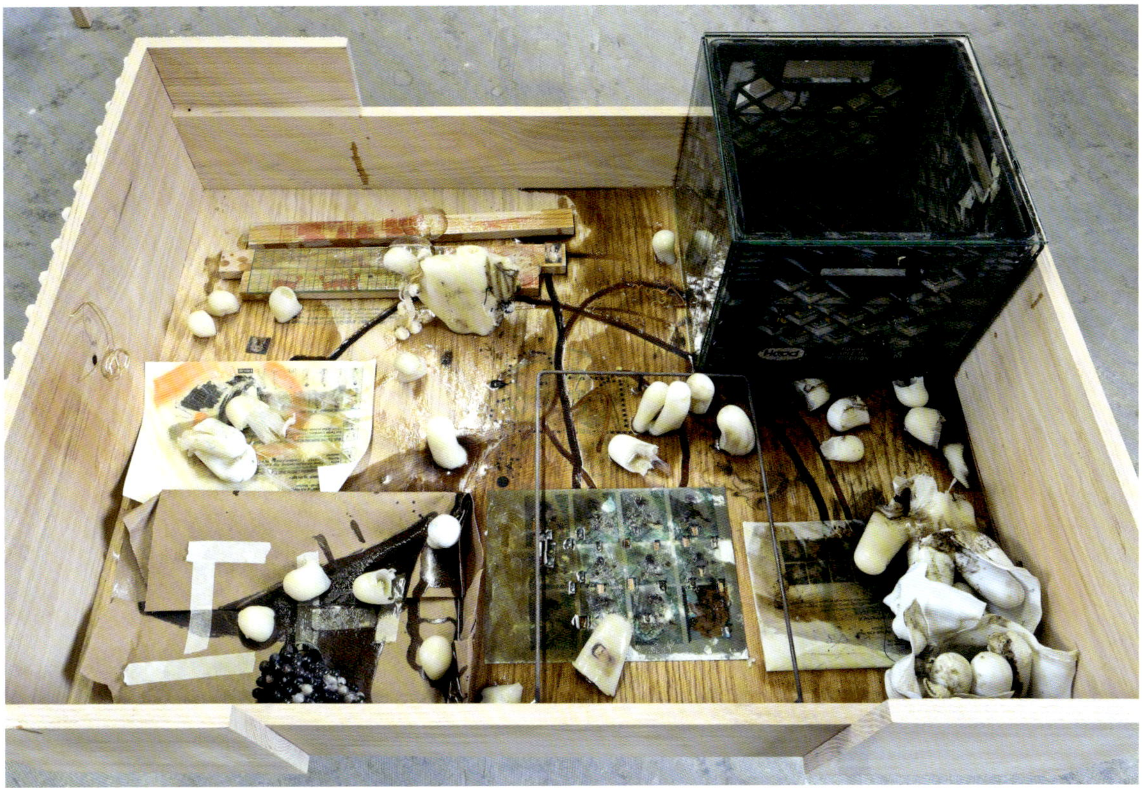

Departments (detail), 2014

Departments (detail), 2014

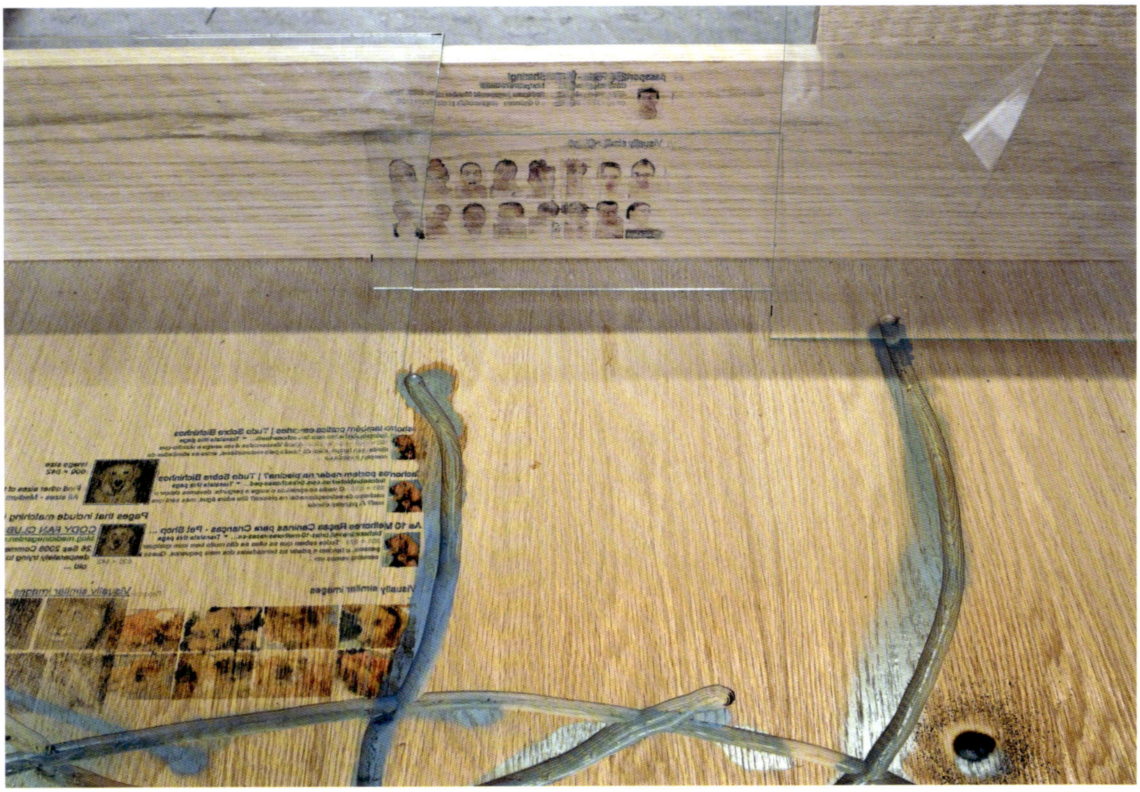

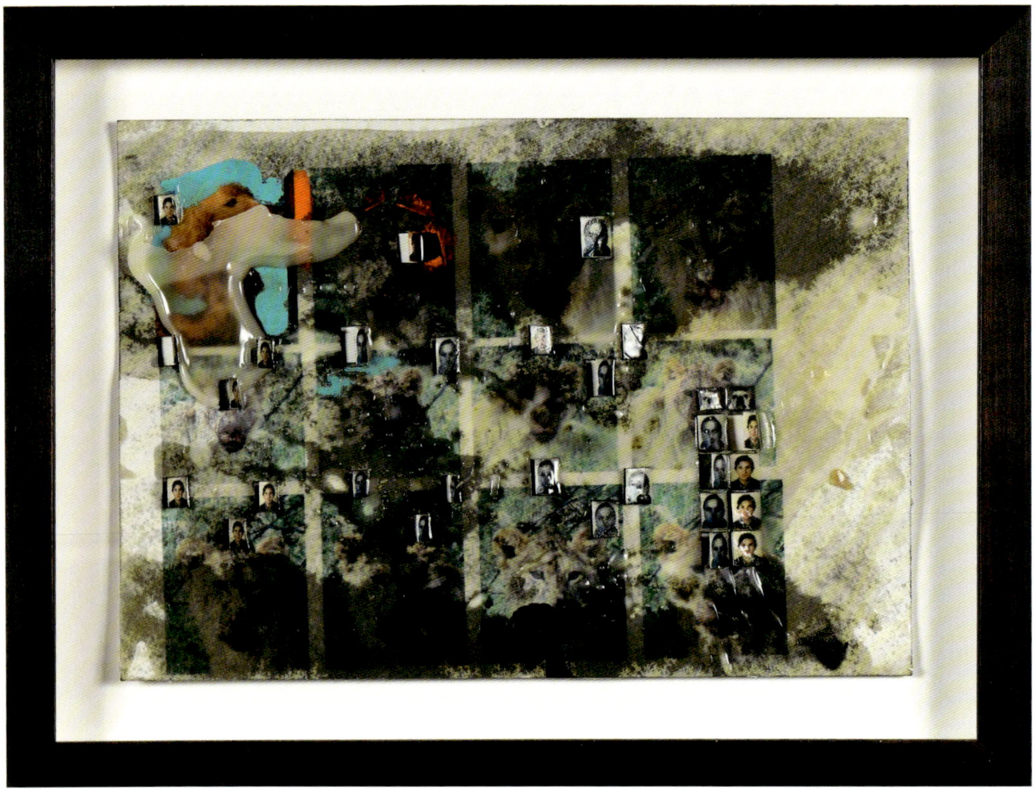

Jacques, 2014

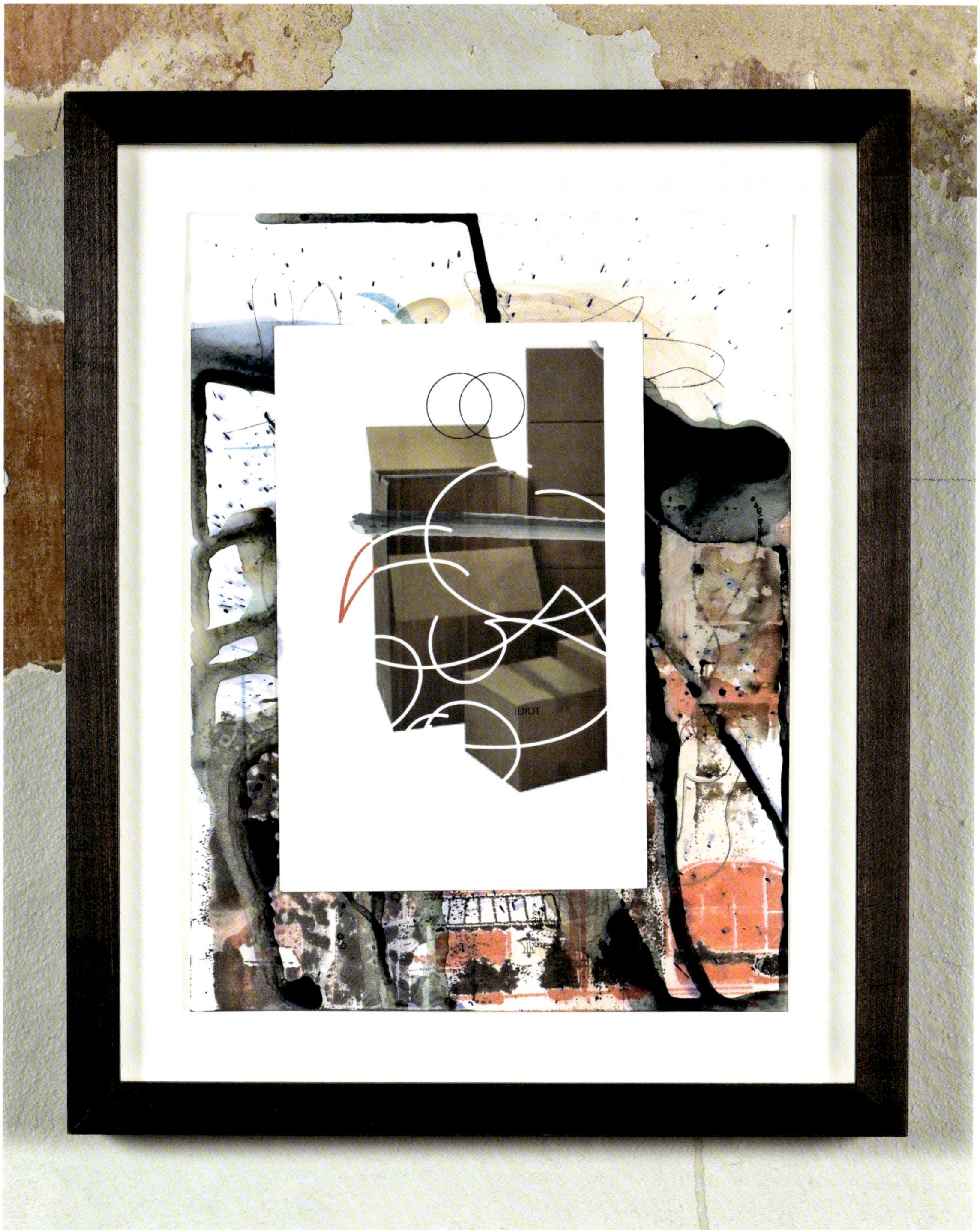

Seasons, 2014

Puddles
Peep-Hole, Milan
24.3.–3.5.2014

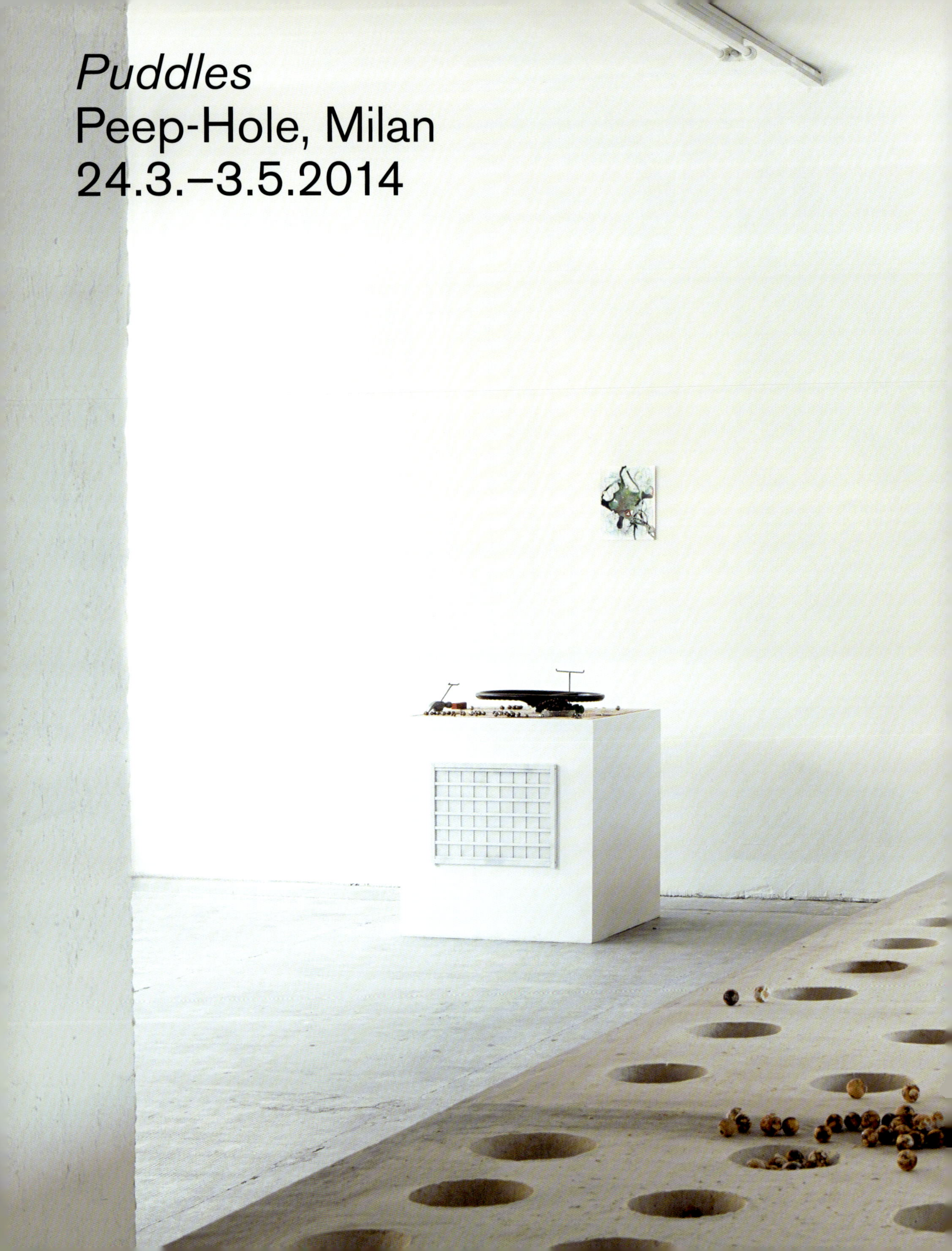

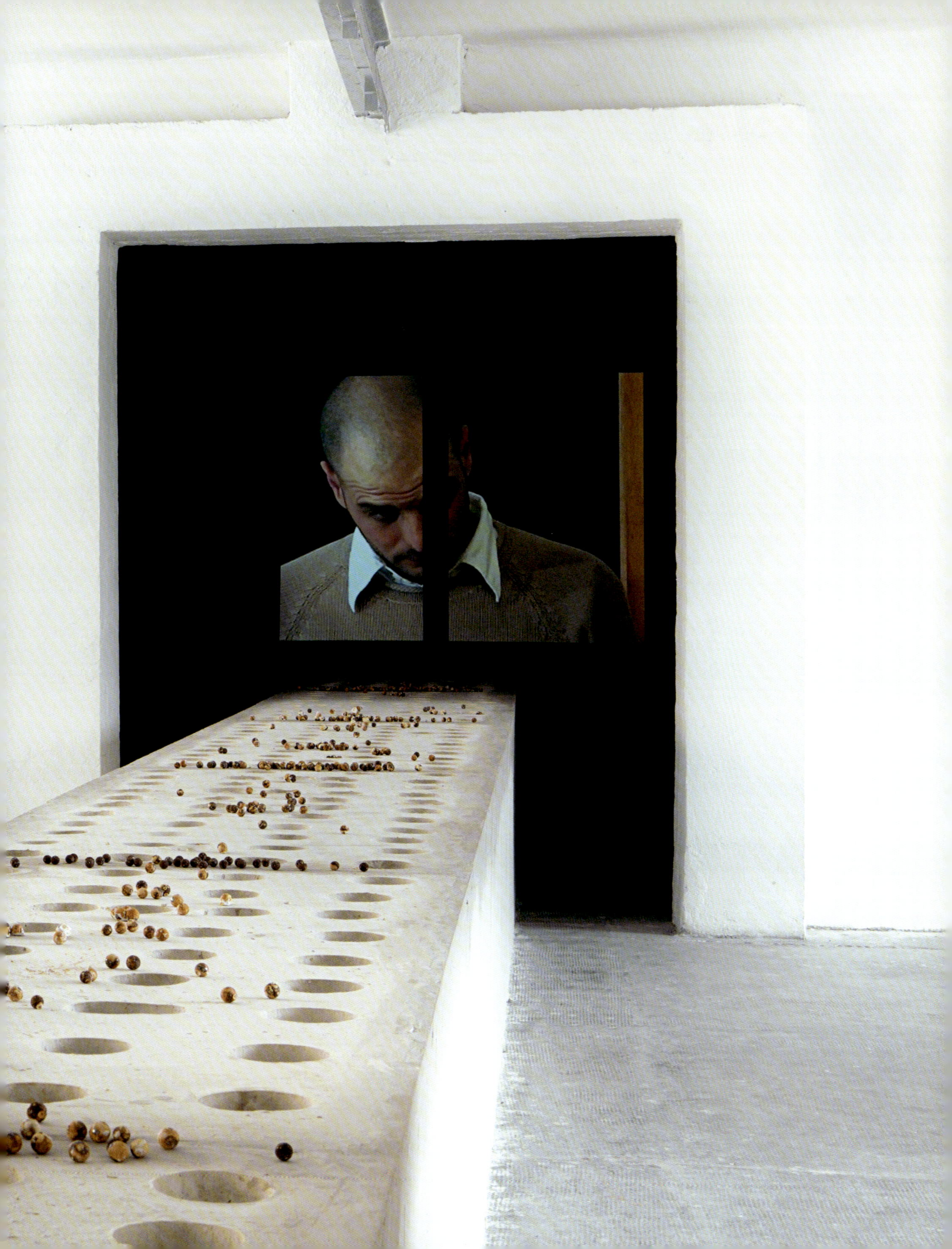

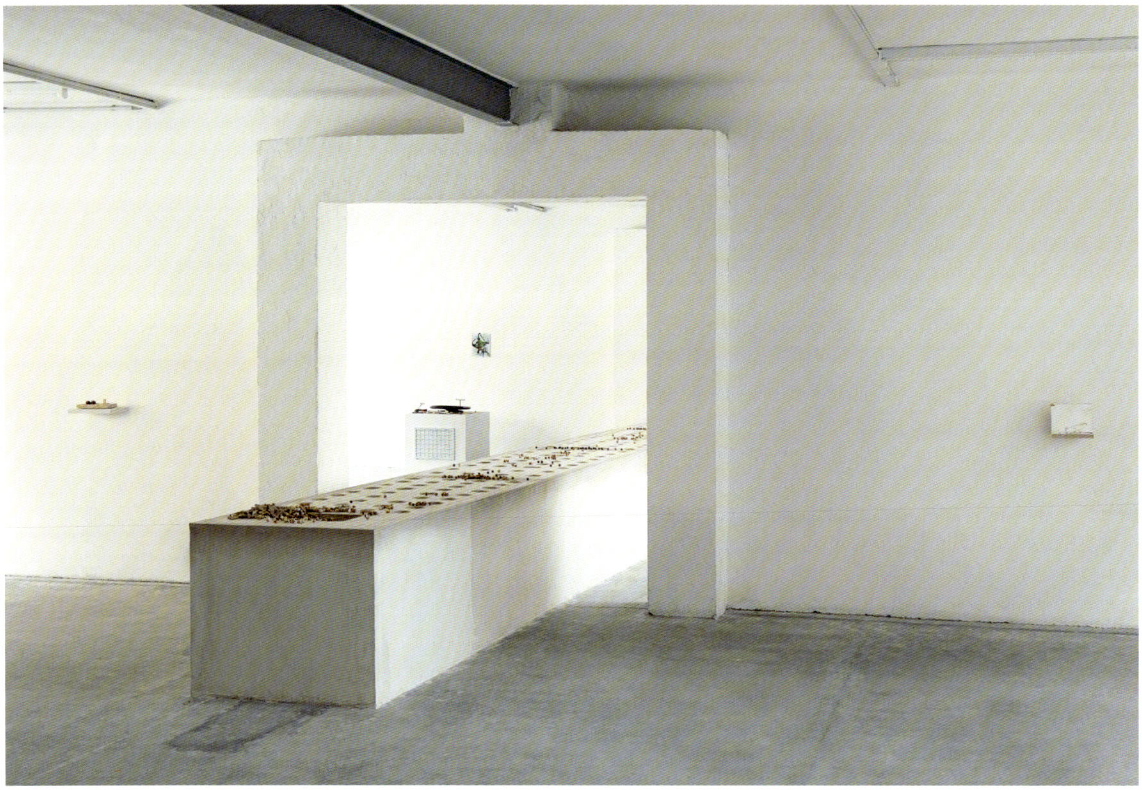

← ↑ Ausstellungsansicht / Installation view

Ausstellungsansicht / Installation view

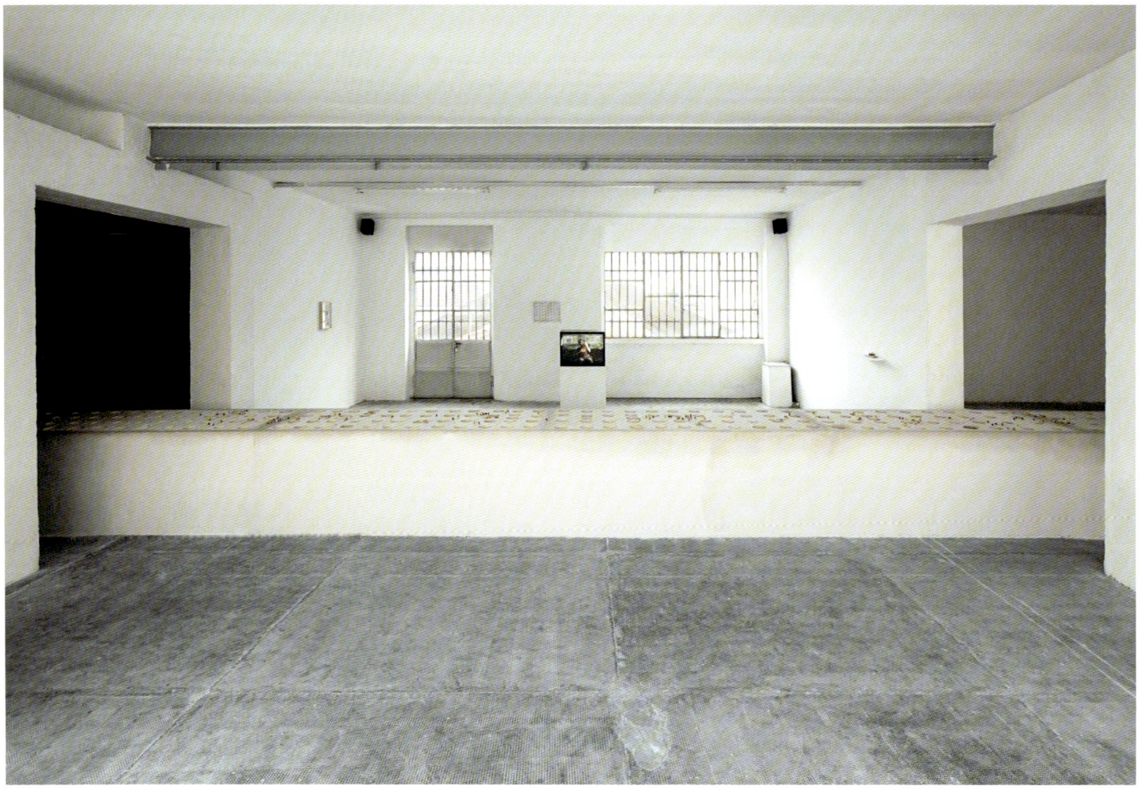

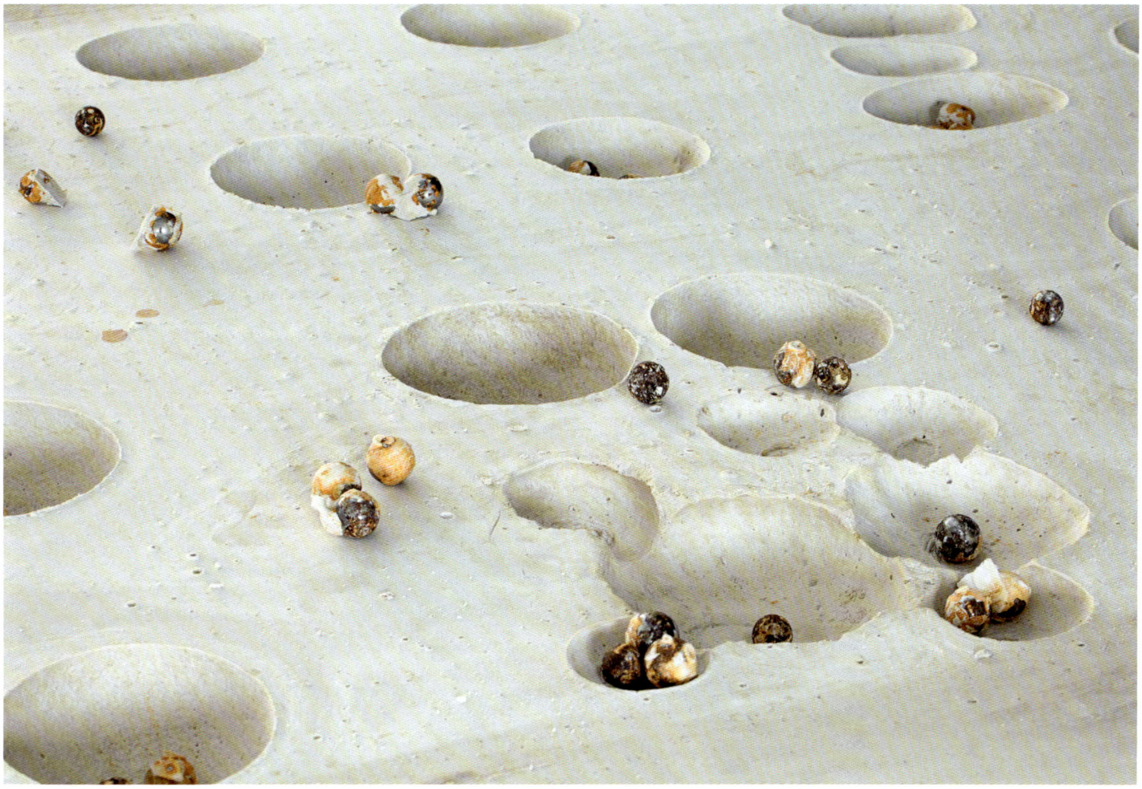

Untitled (detail), 2014

Game II (detail, with weel), 2014; *Game II*, 2014

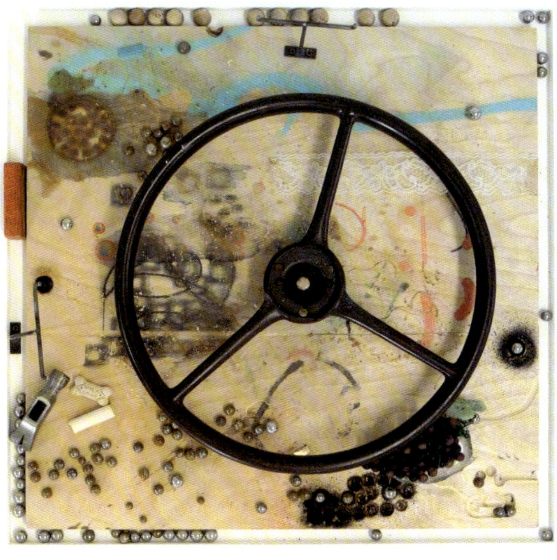

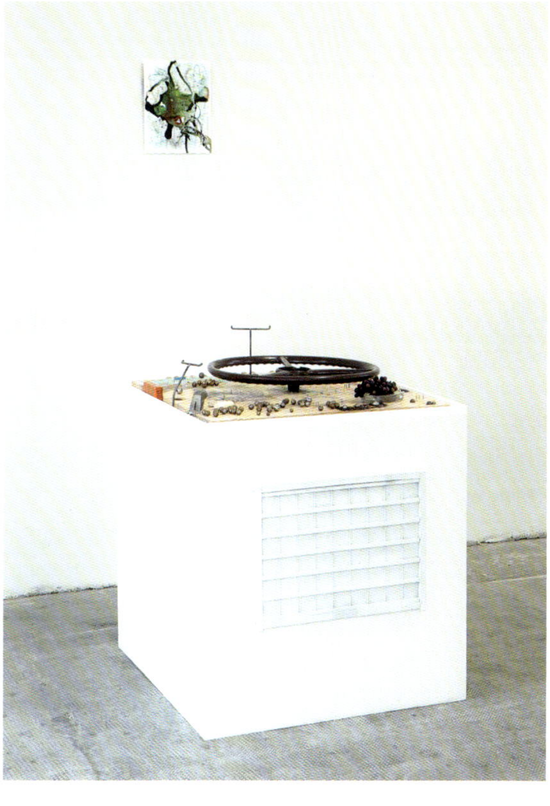

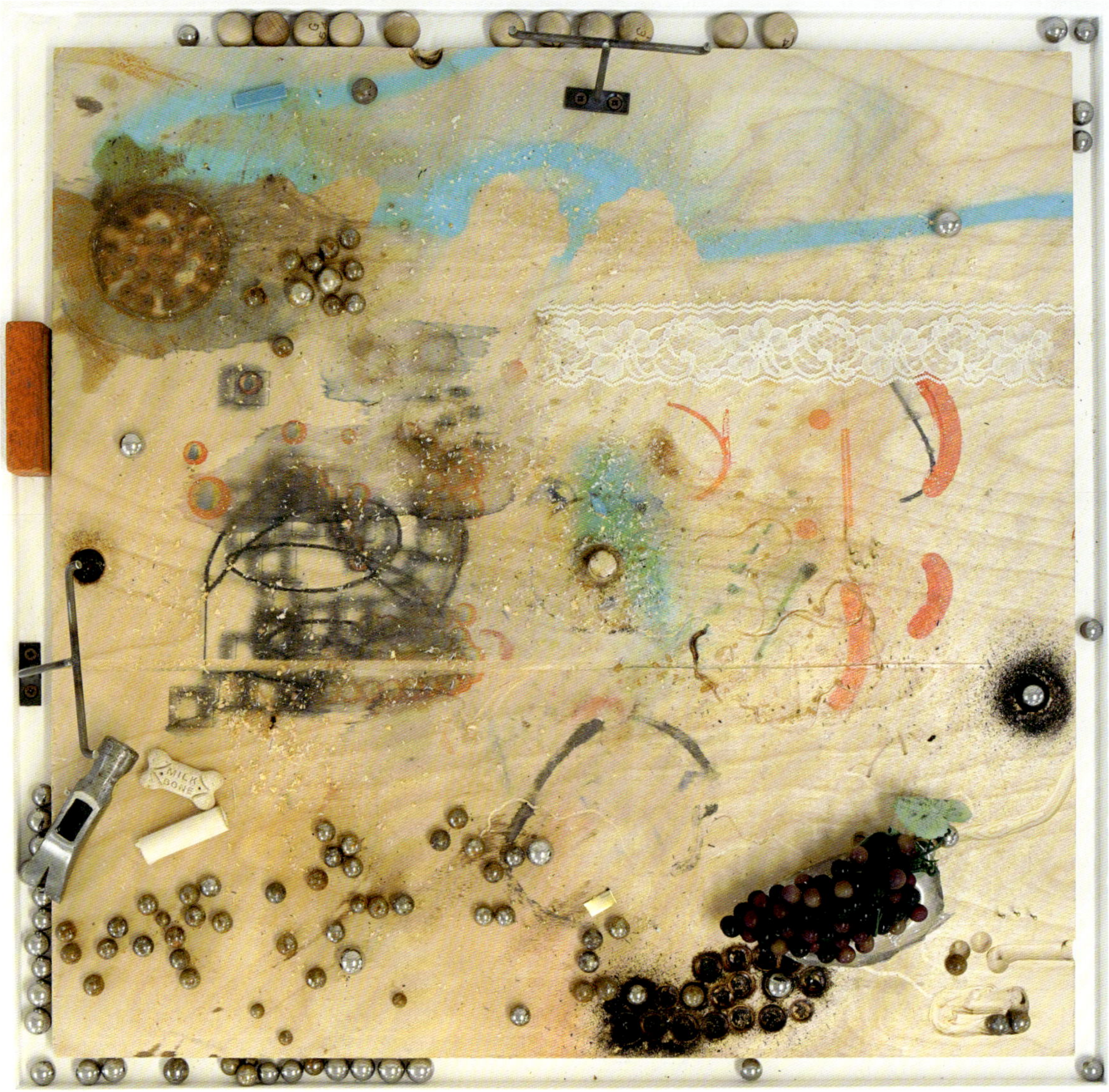

Game II (detail, without wheel), 2014

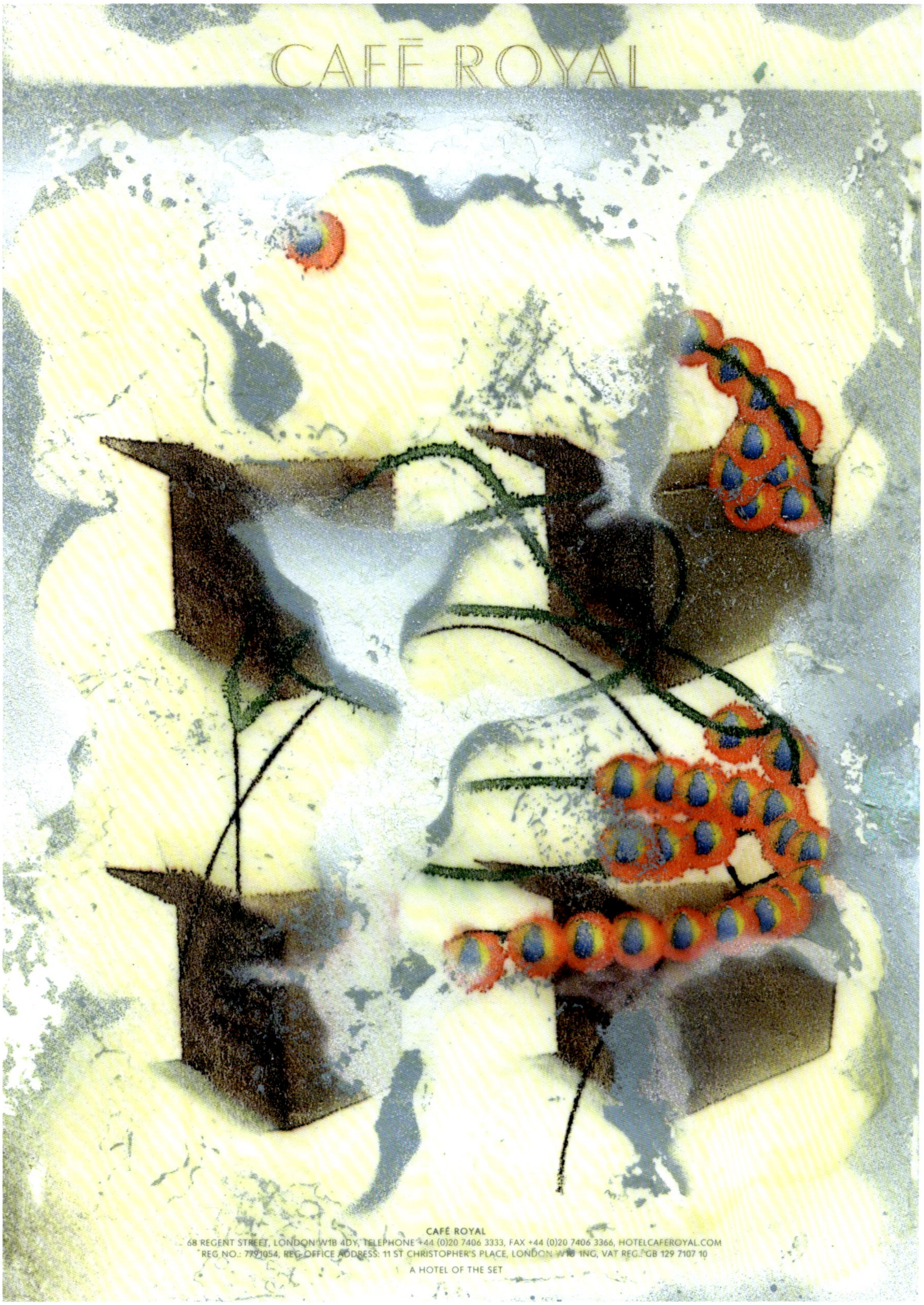

Cafe Royal, 2014

2014 Whitney Biennial
Whitney Museum of American Art,
New York
7.3.–25.5.2014

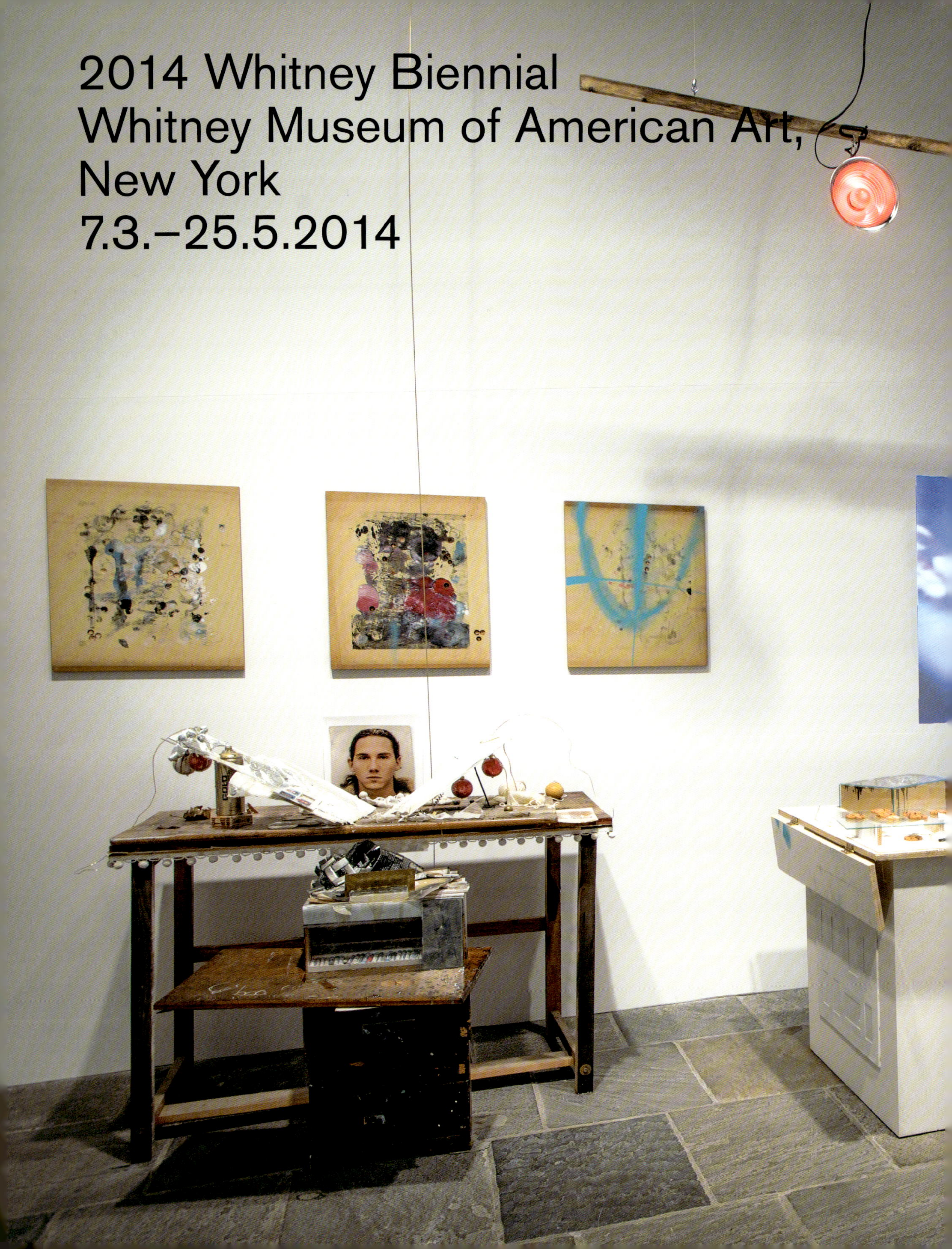

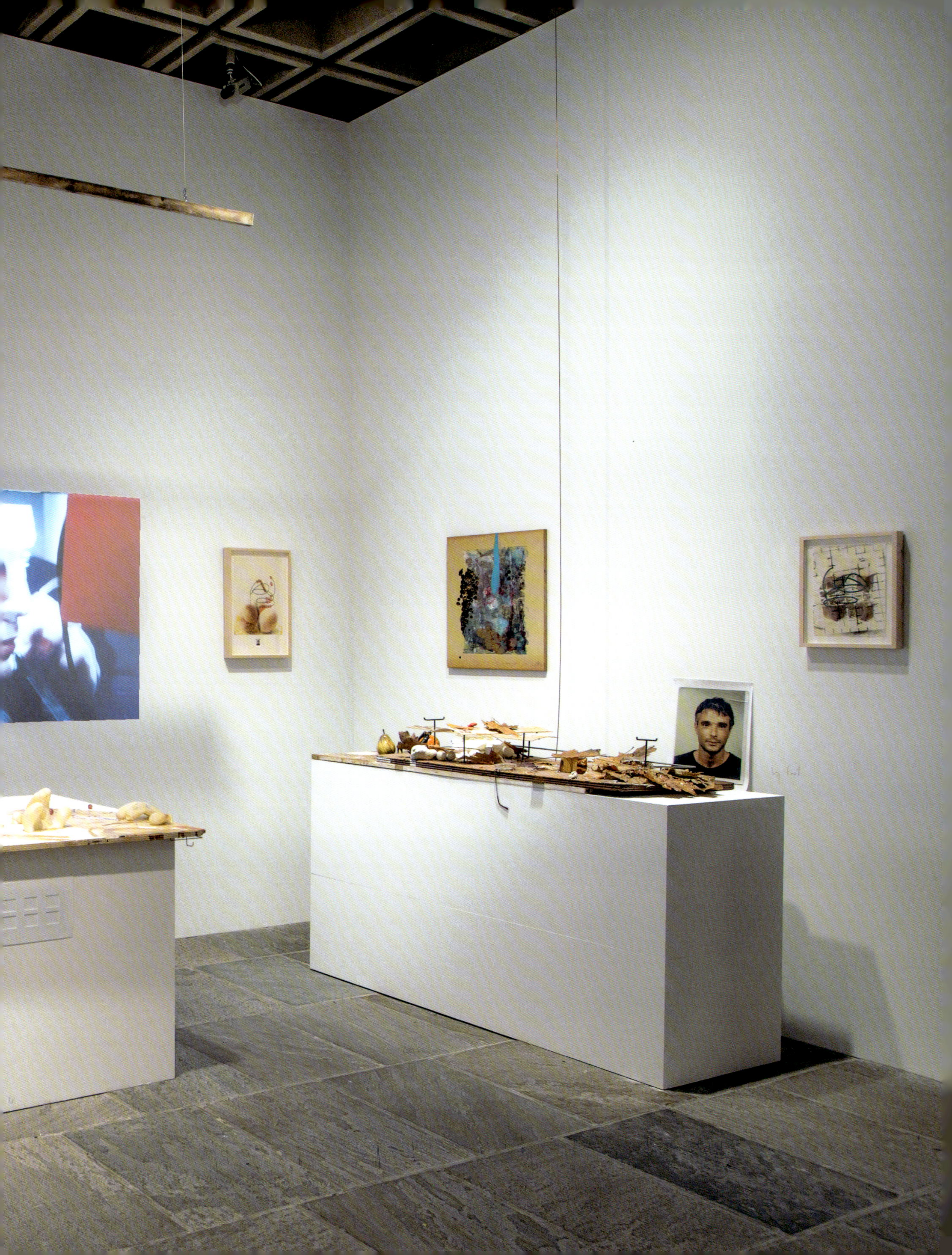

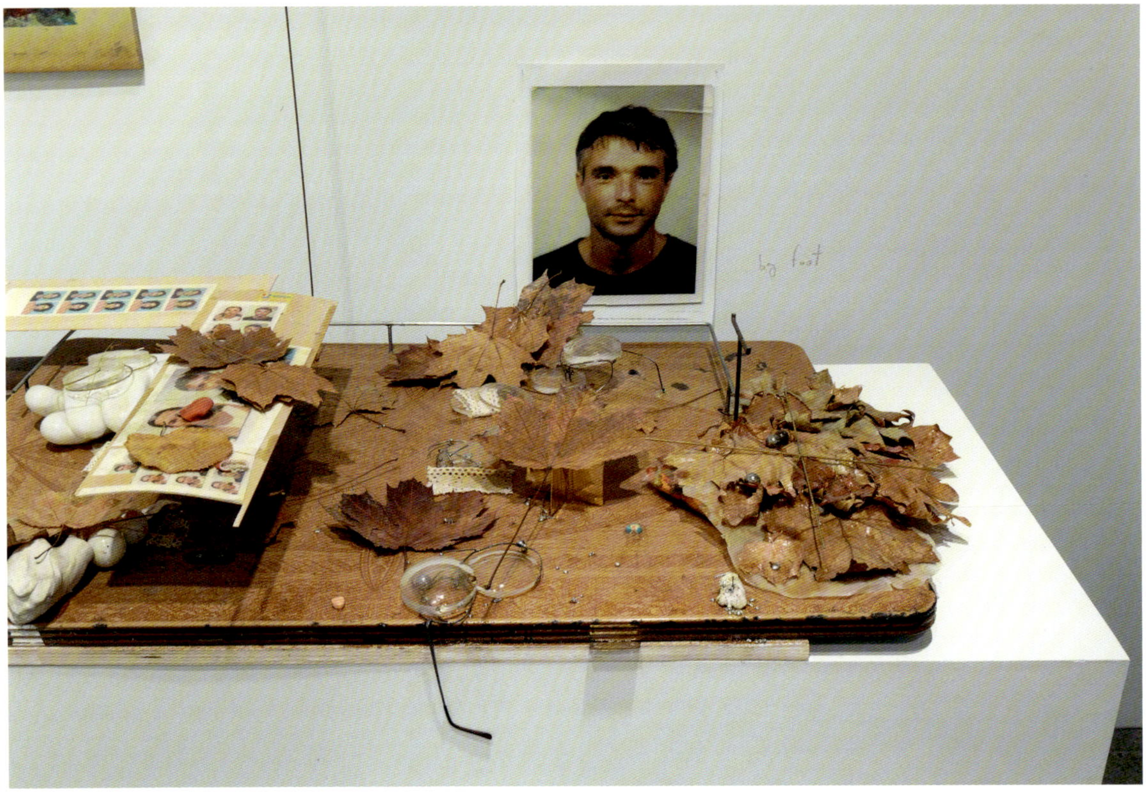

← Ausstellungsansicht / Installation view ↑ *Untitled* (detail), 2014

Untitled (detail), 2014

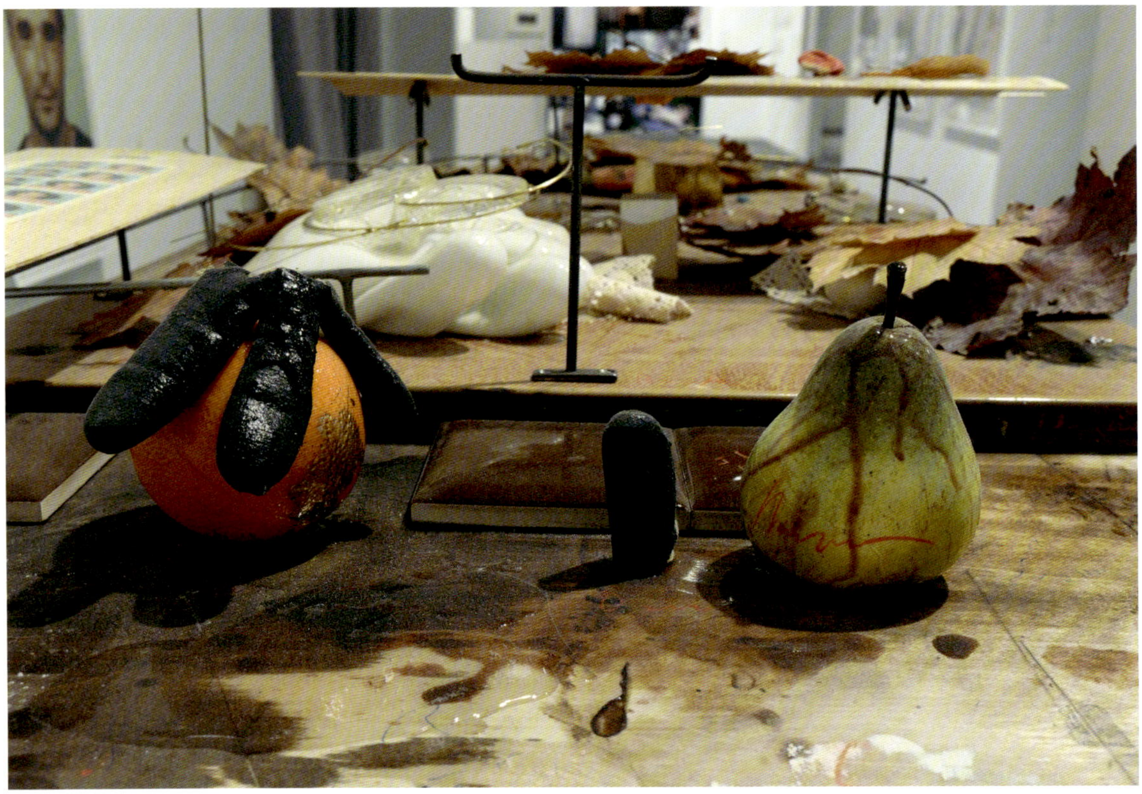

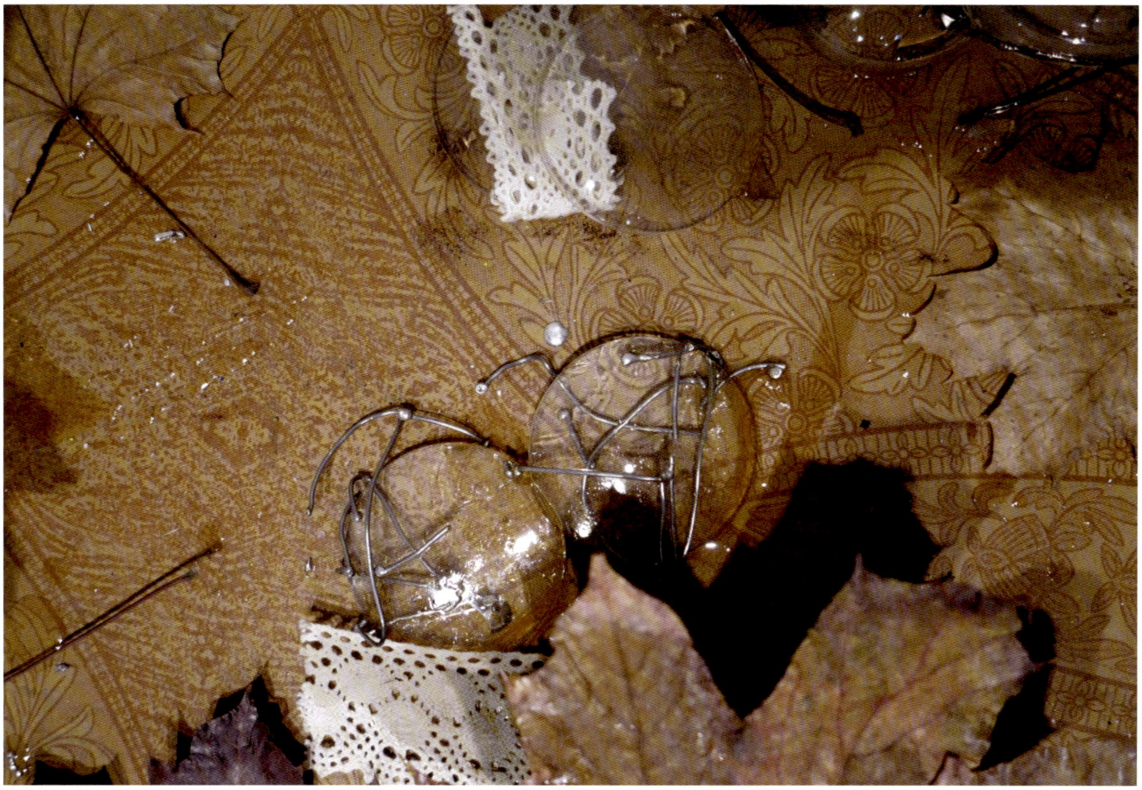

Untitled (detail), 2014

↓ *Untitled* (detail), 2014 → *Untitled* (detail), 2014

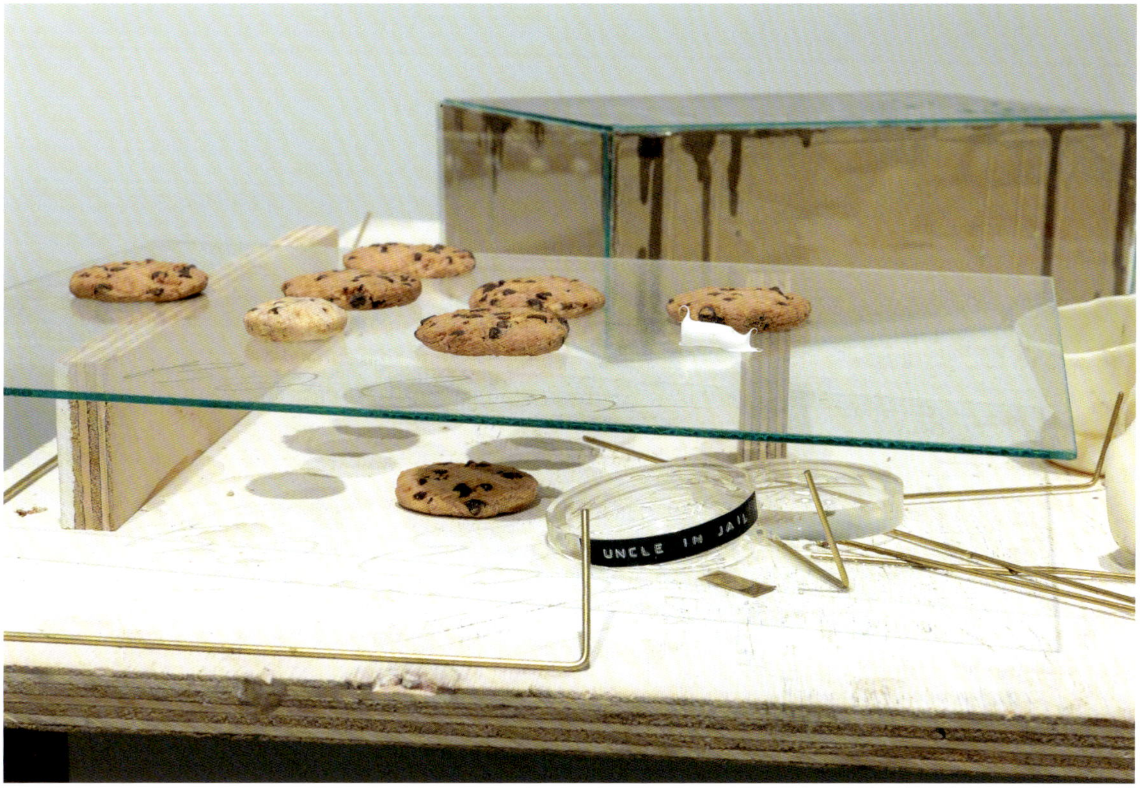

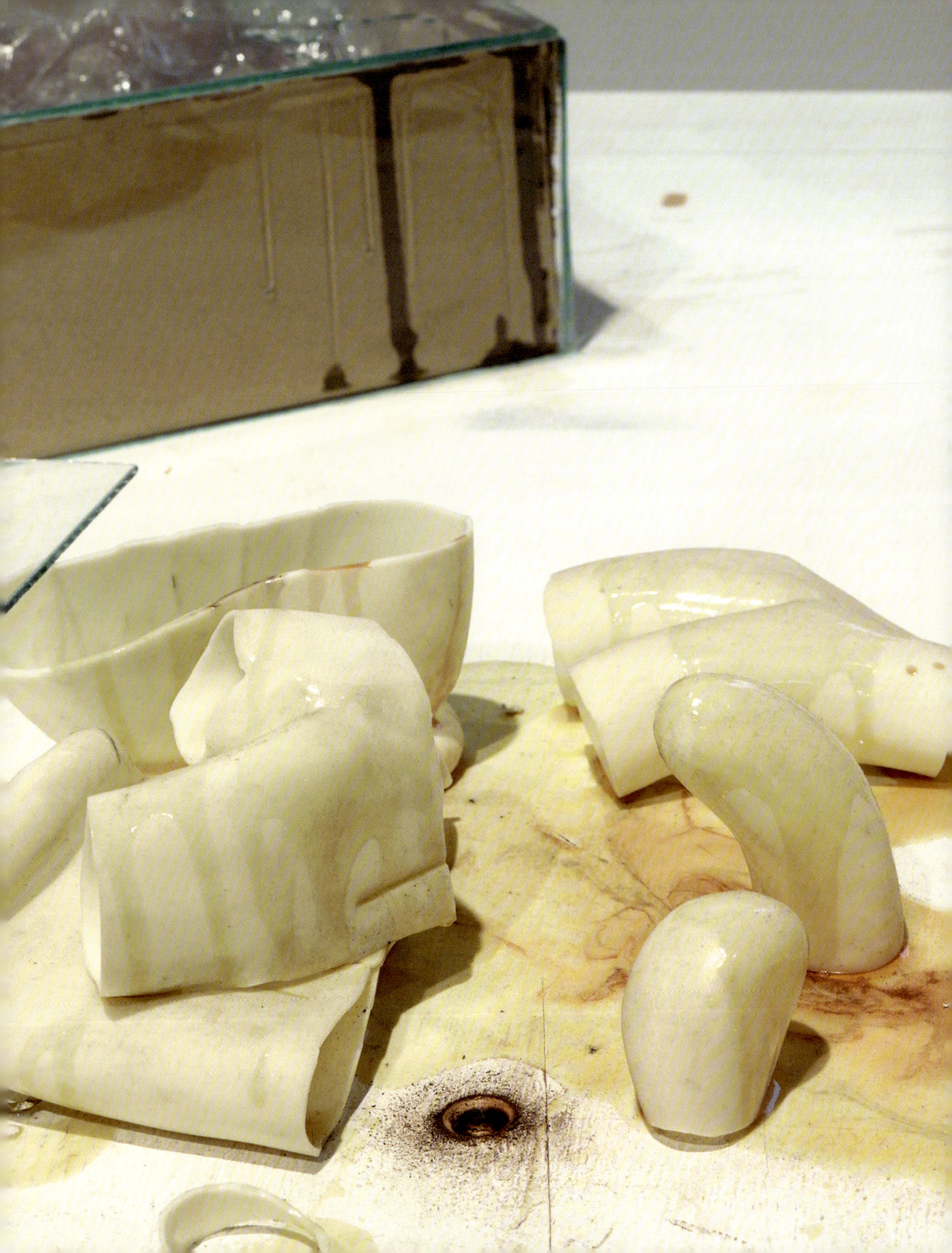

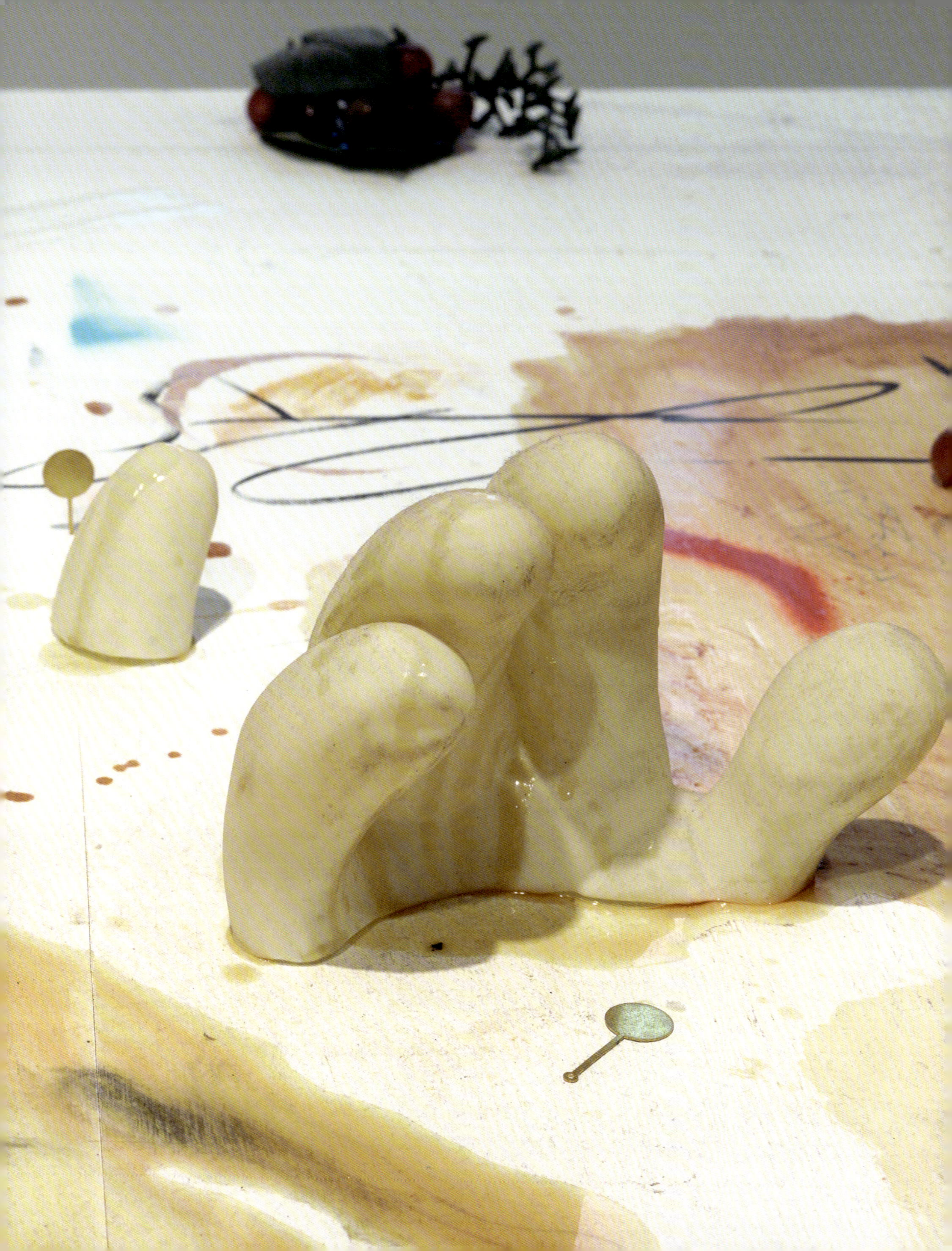

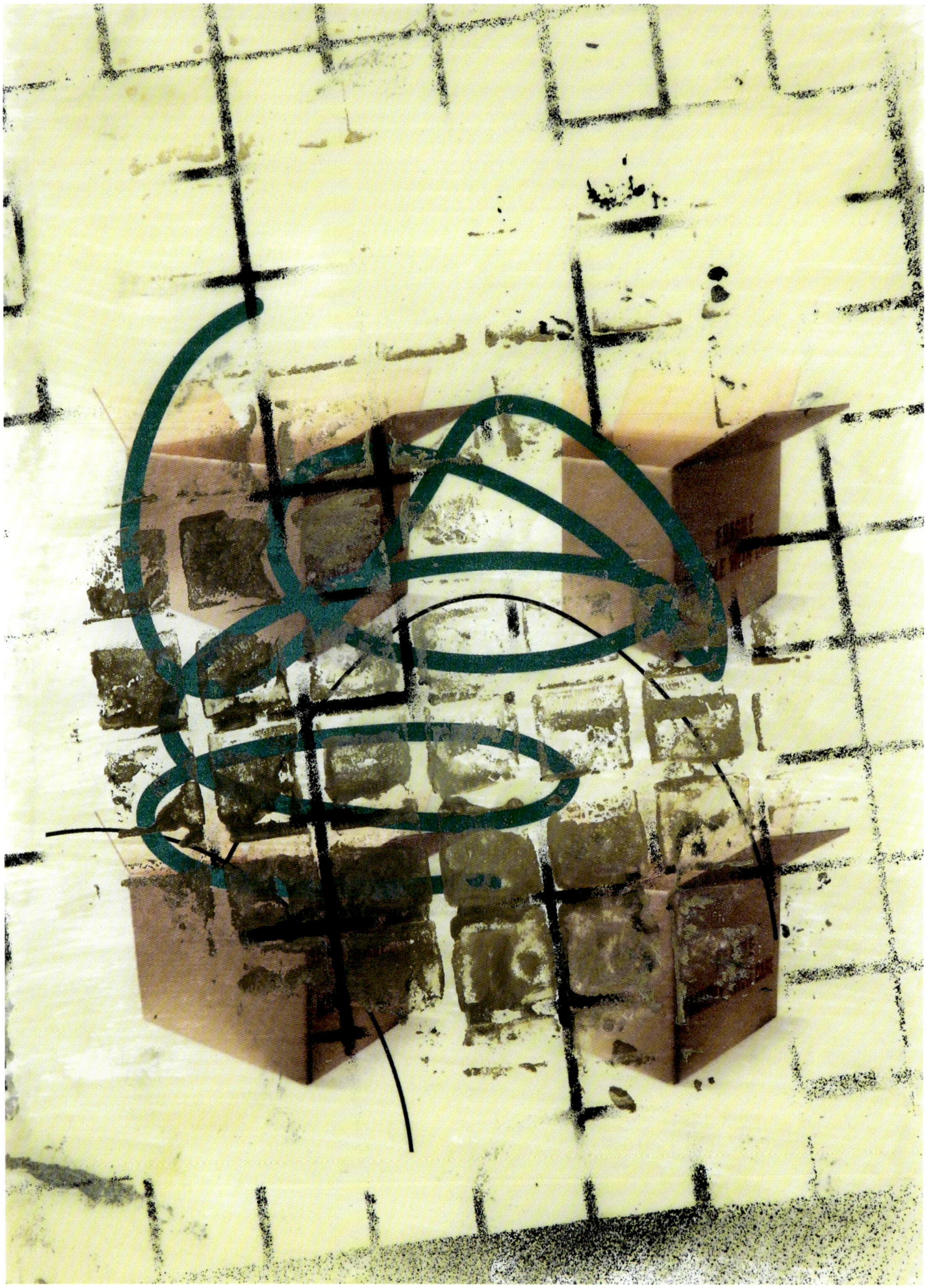

Untitled, 2014

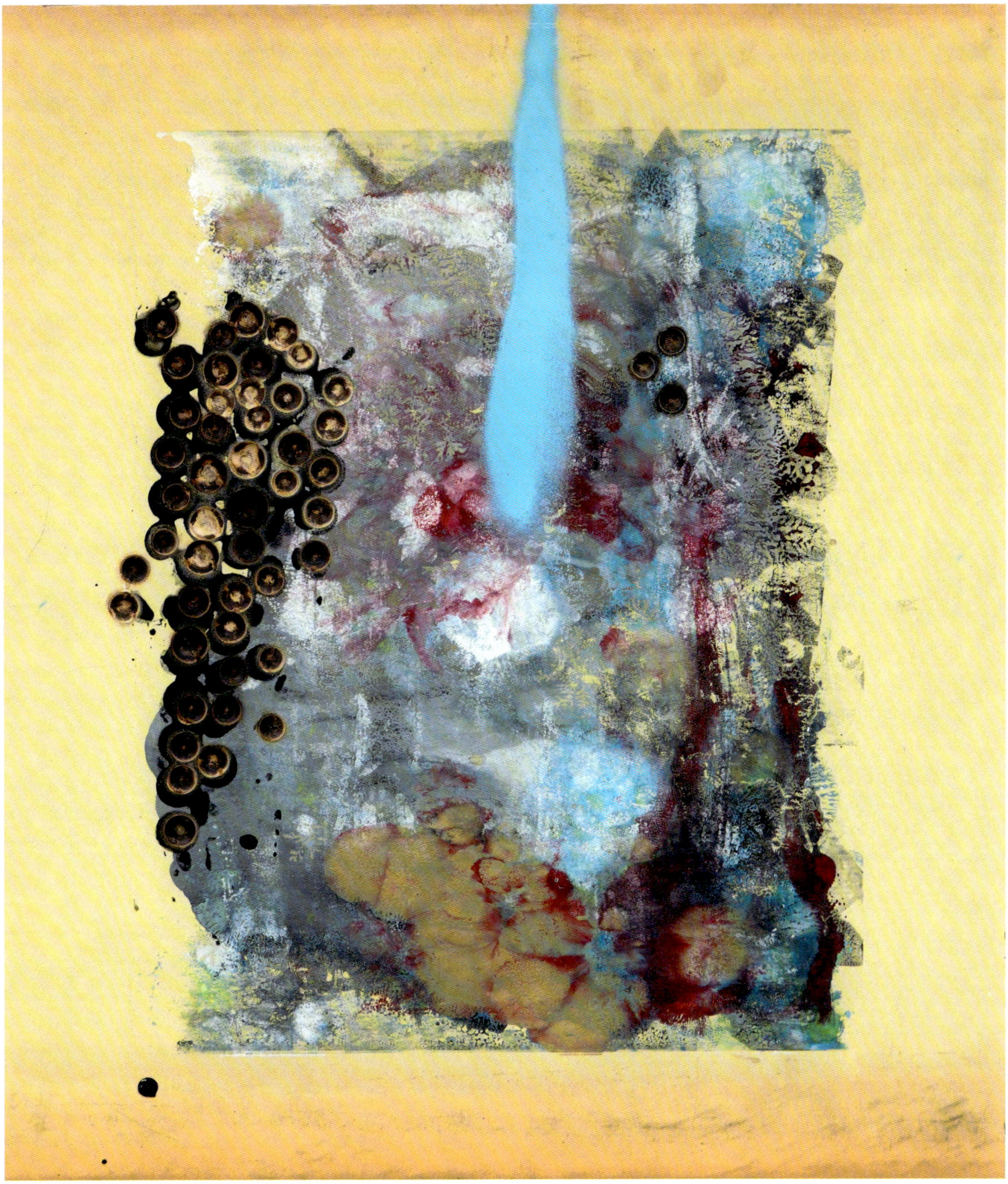

Untitled, 2014

Five Minutes Before
South London Gallery
11.12.2013–23.2.2014

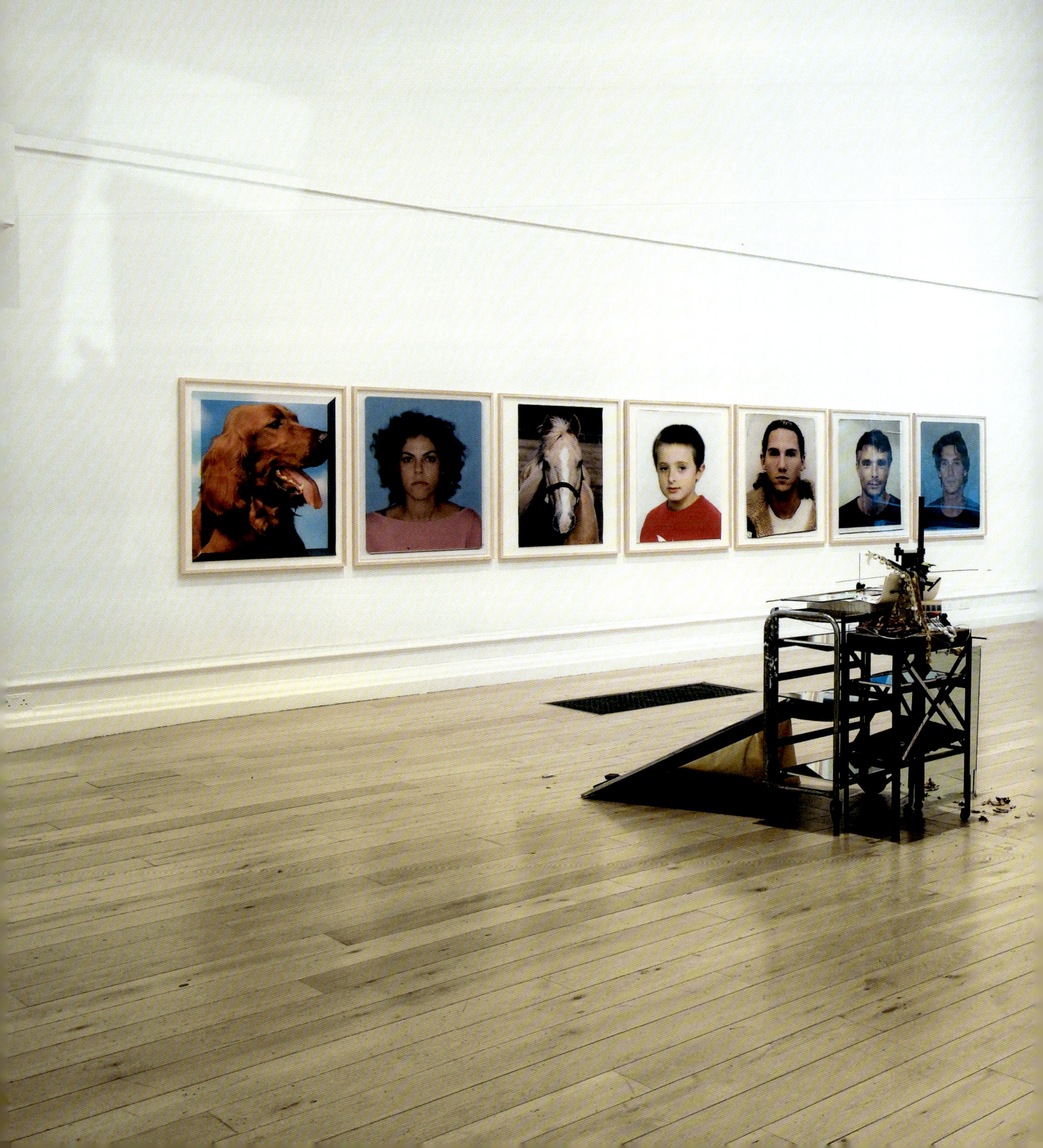

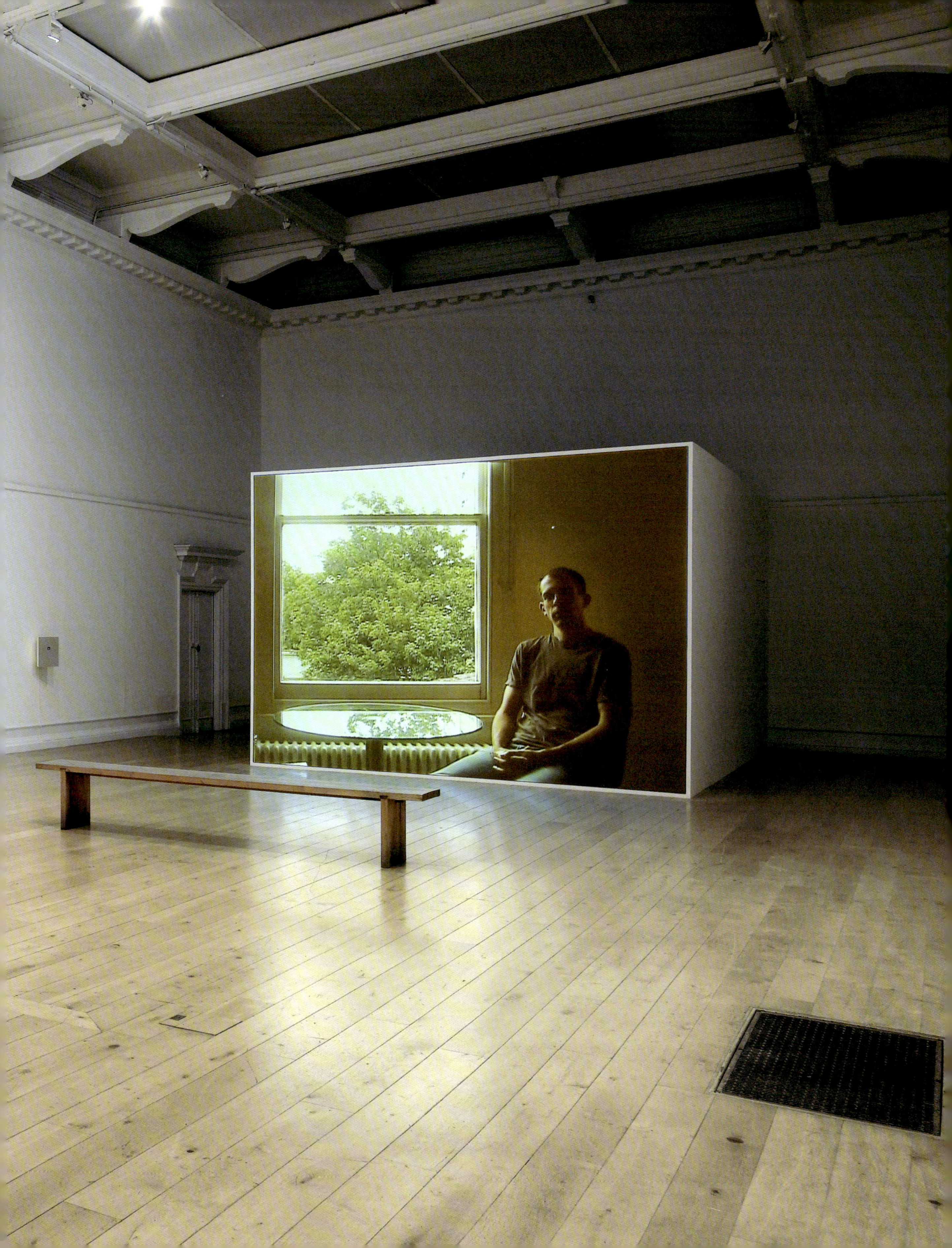

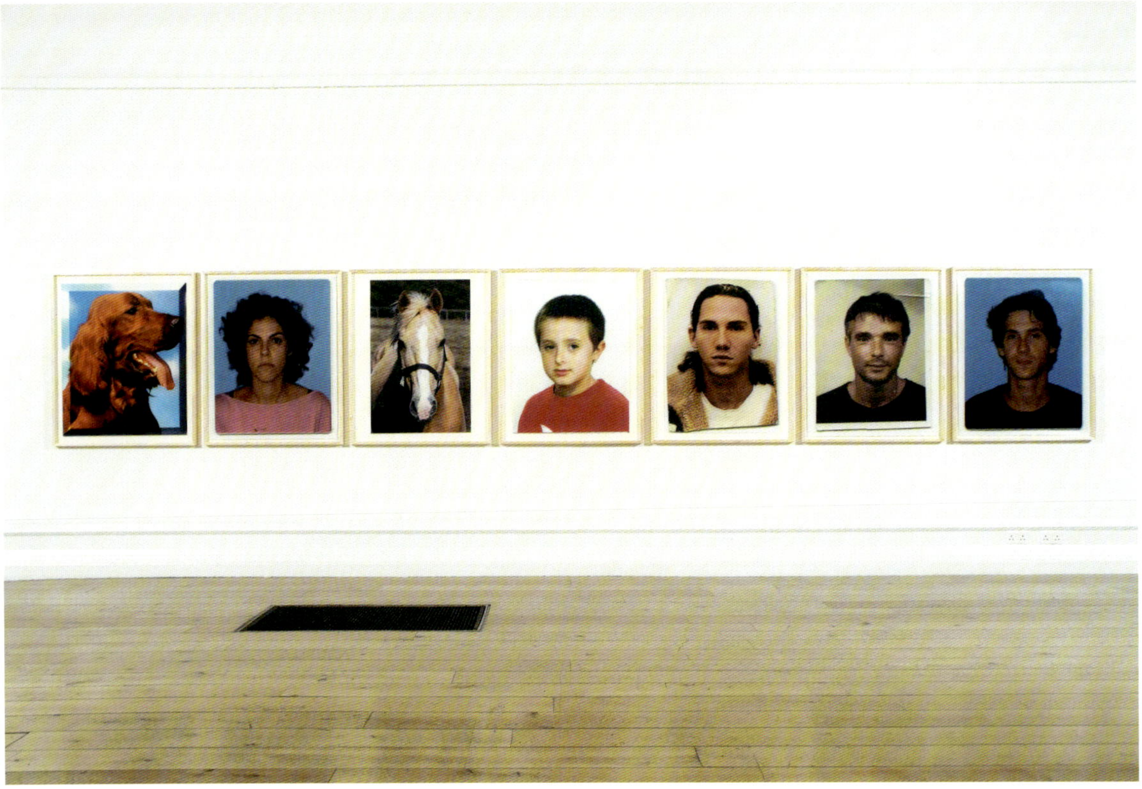

← Ausstellungsansicht / Installation view ↑ *Untitled*, 2013

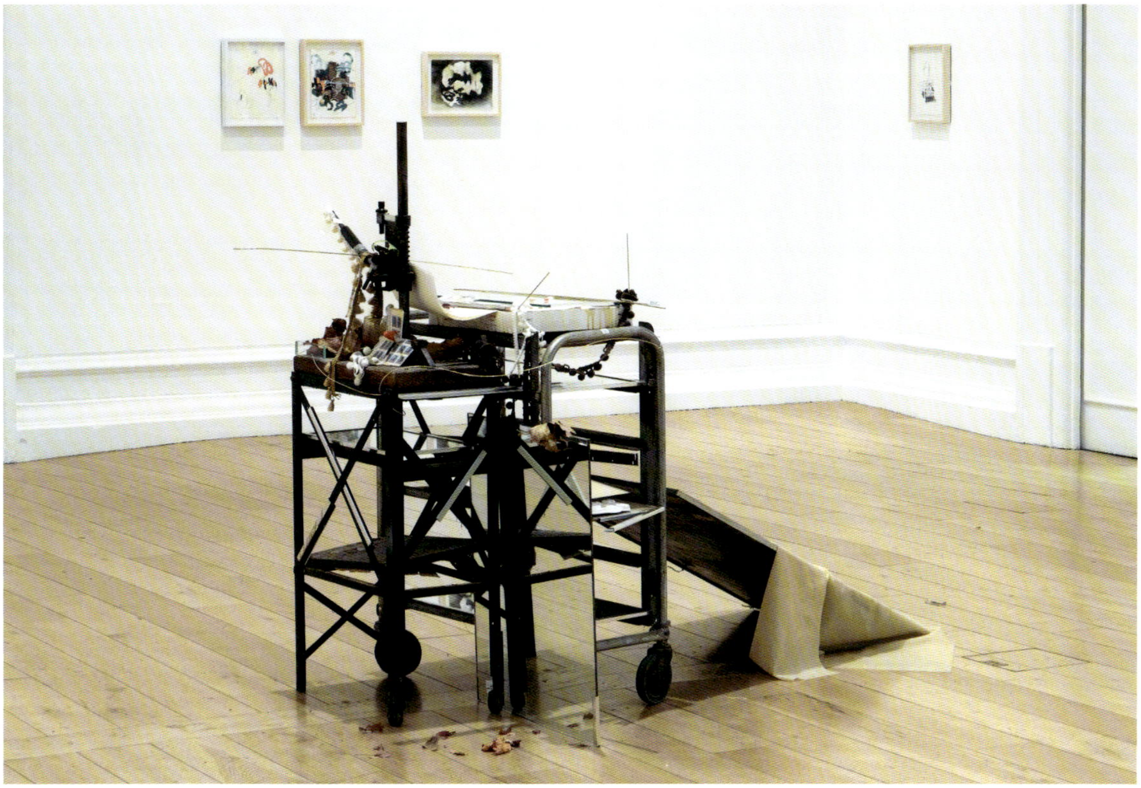

Untitled (Five Minutes Before), 2013

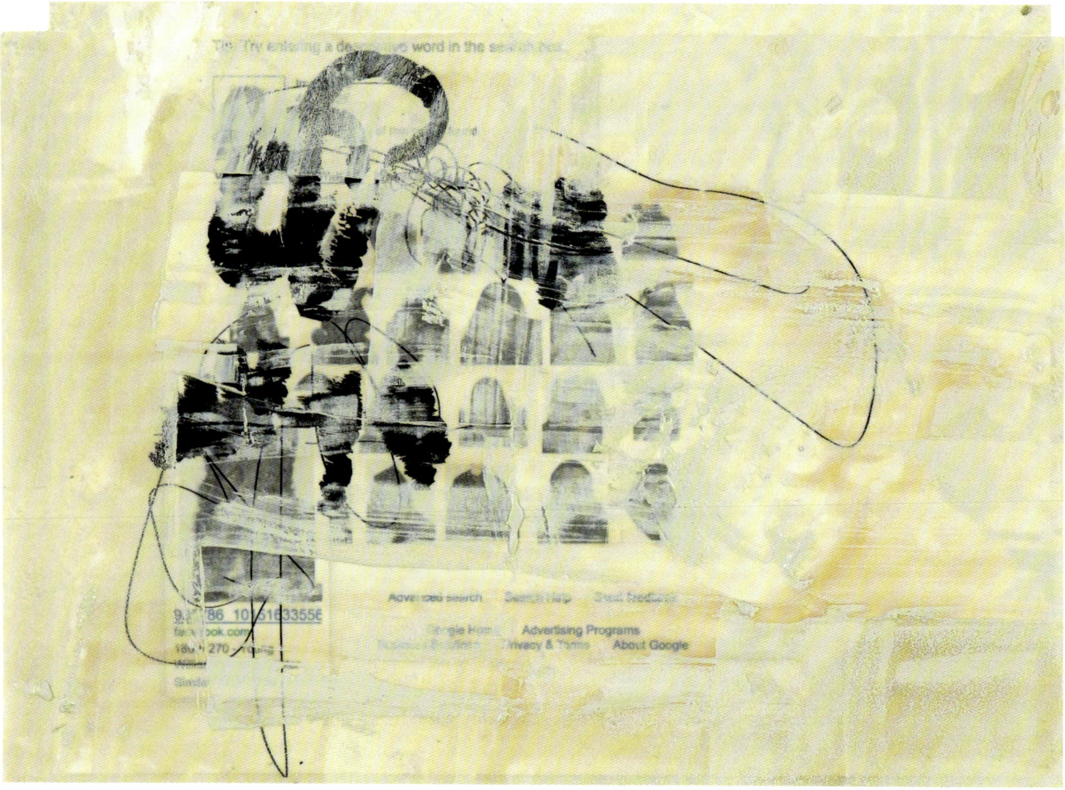

Untitled, 2013

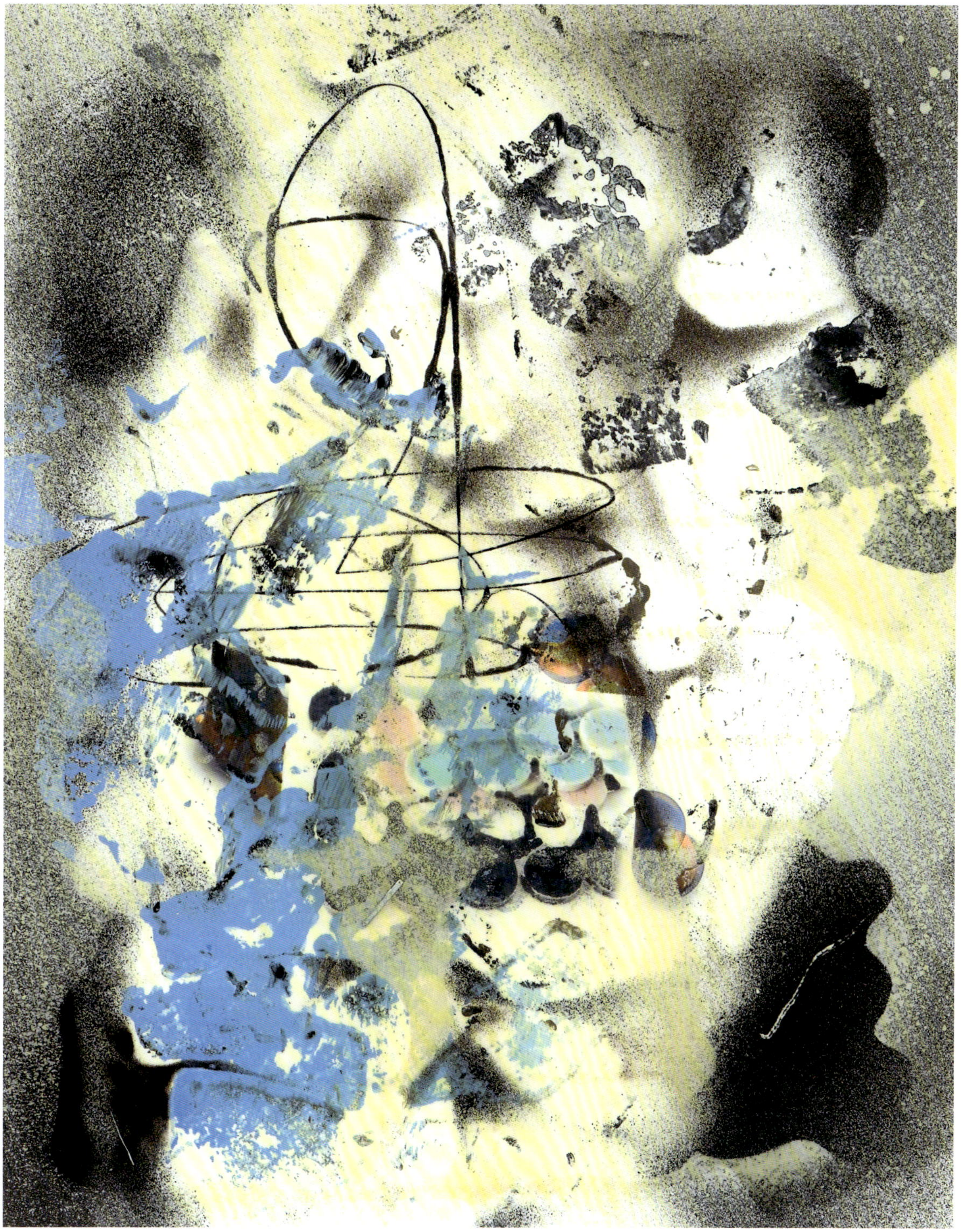

Untitled, 2013

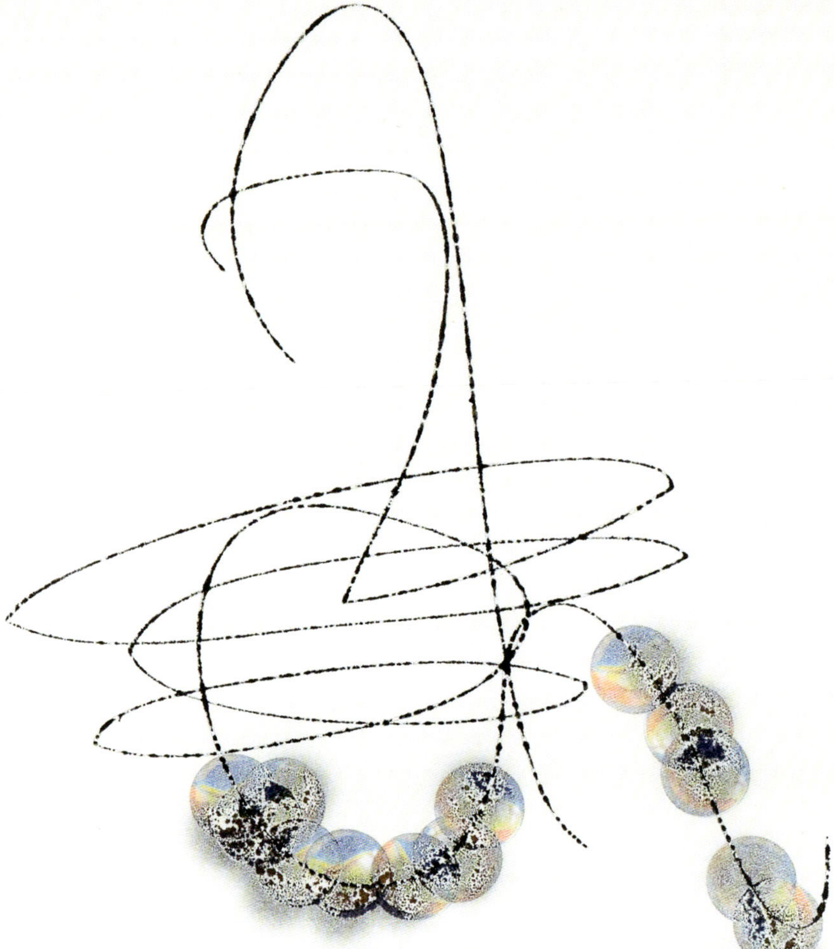

Untitled, 2013

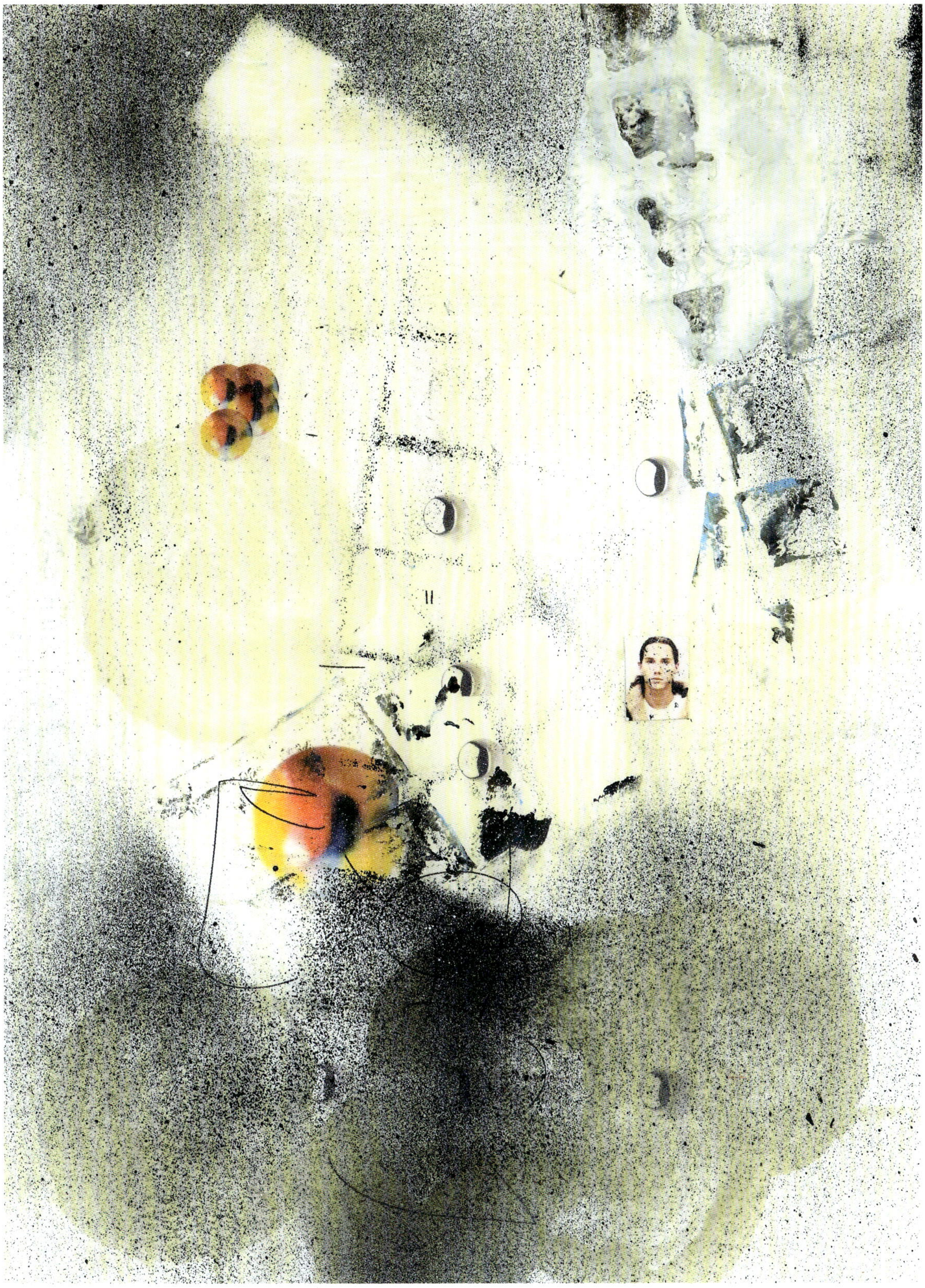

Untitled, 2013

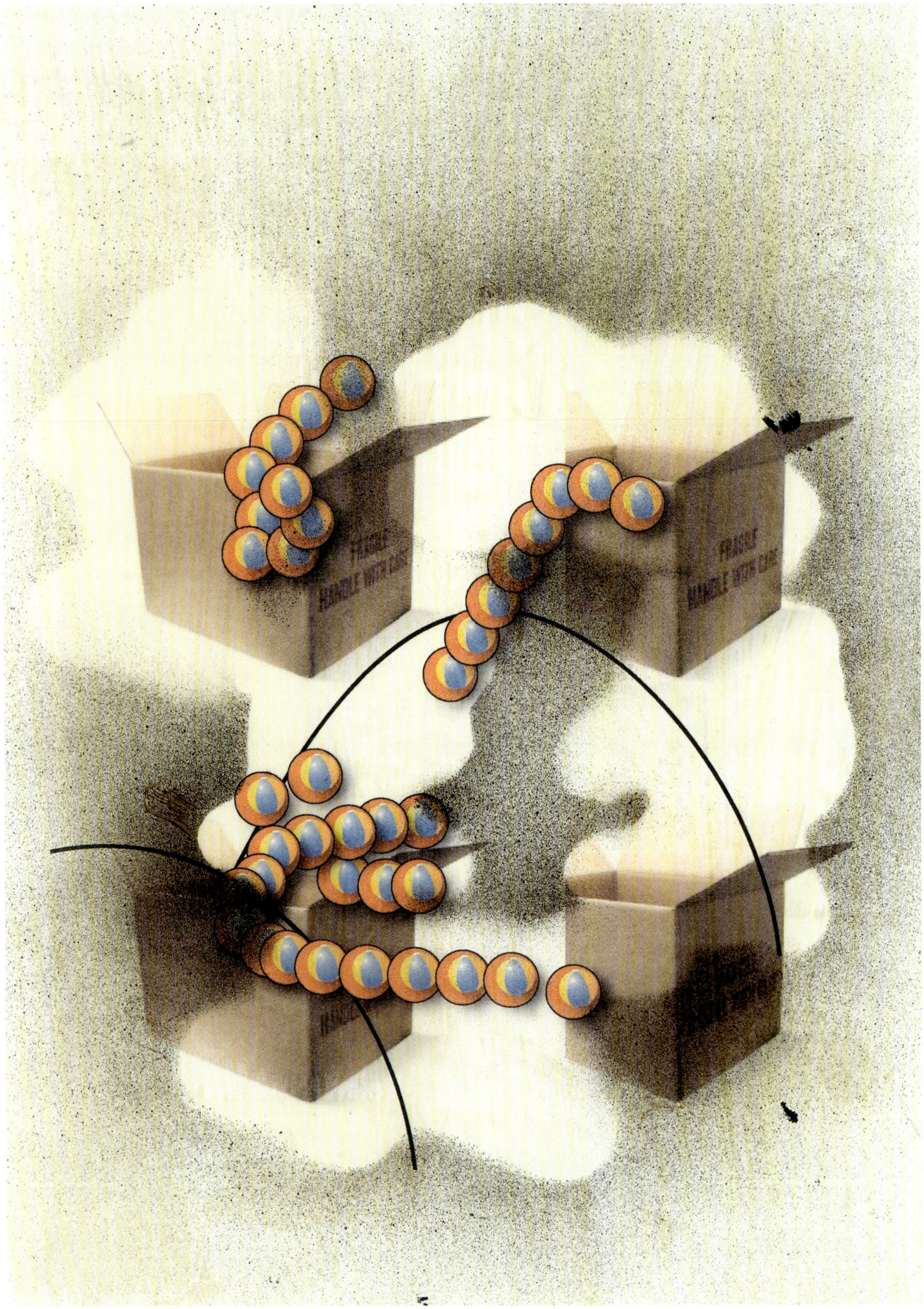

Untitled, 2013

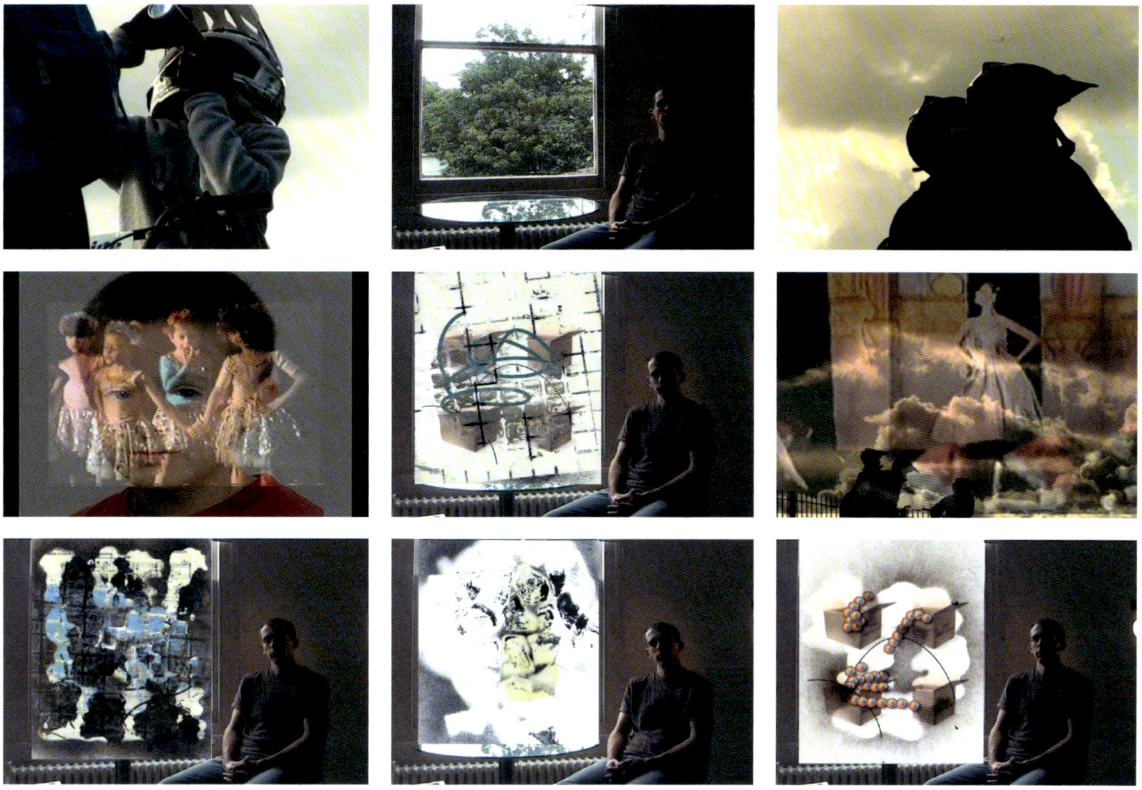

Untitled, 2013

The Encyclopedic Palace
55. Biennale di Venezia
1.6.–24.11.2013

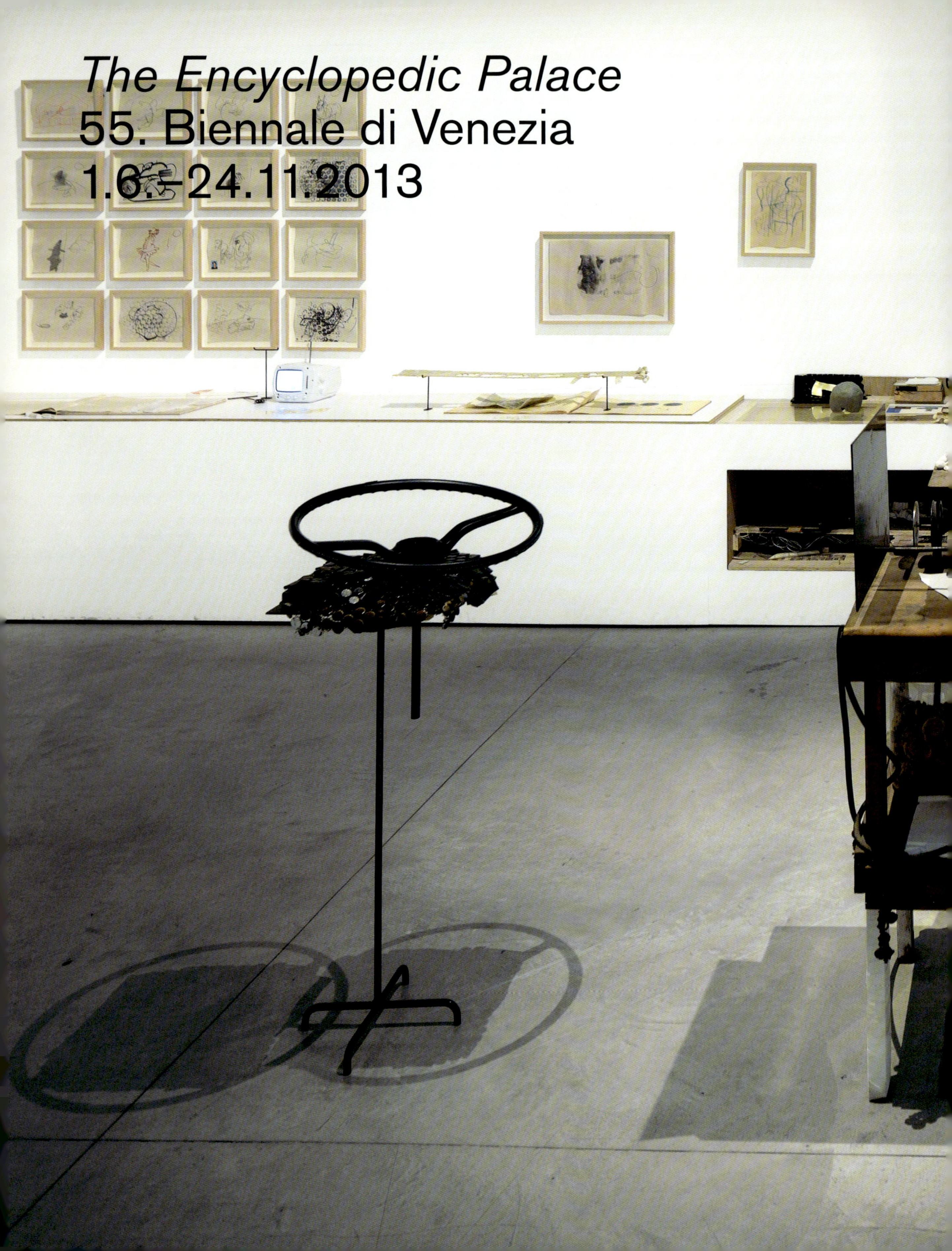

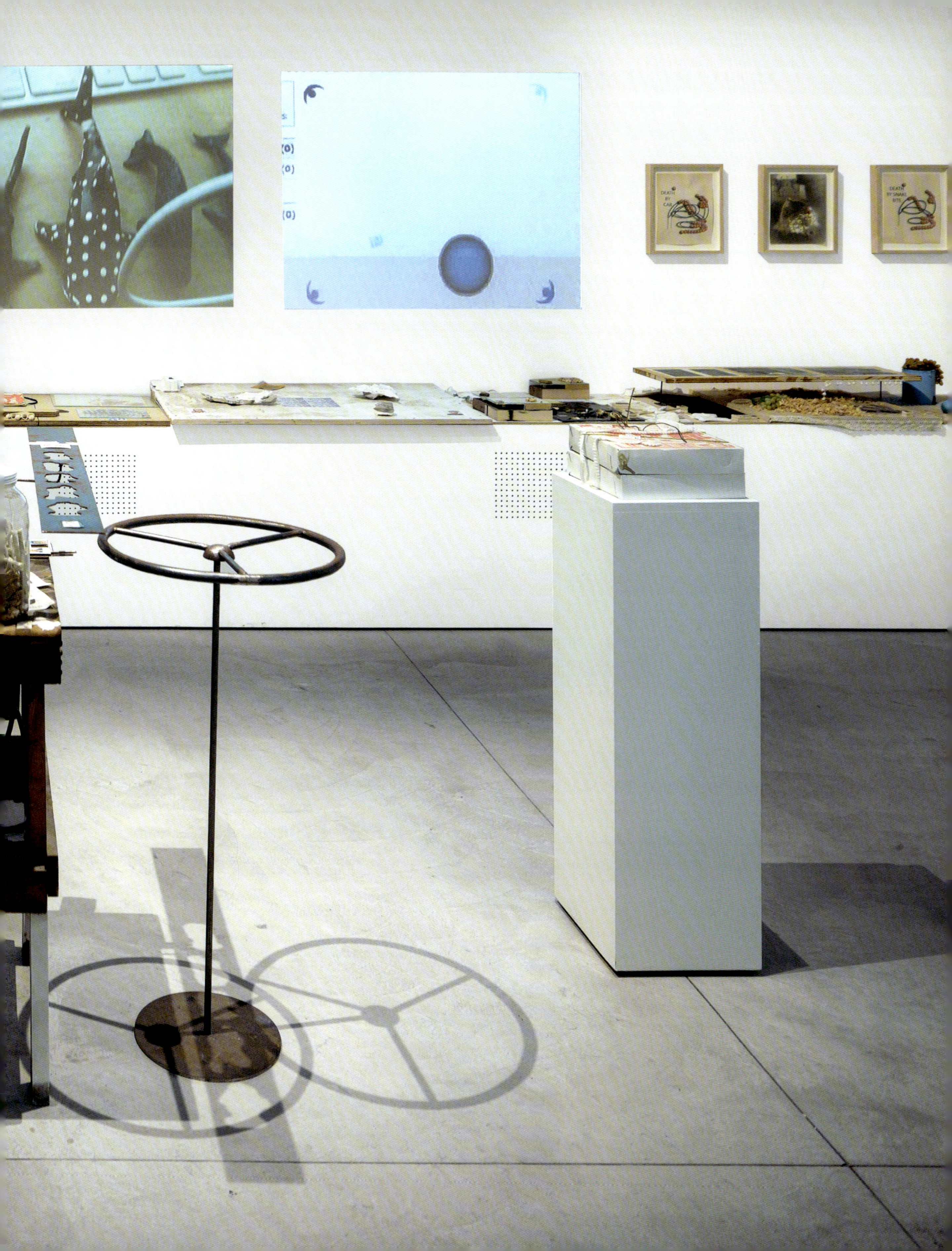

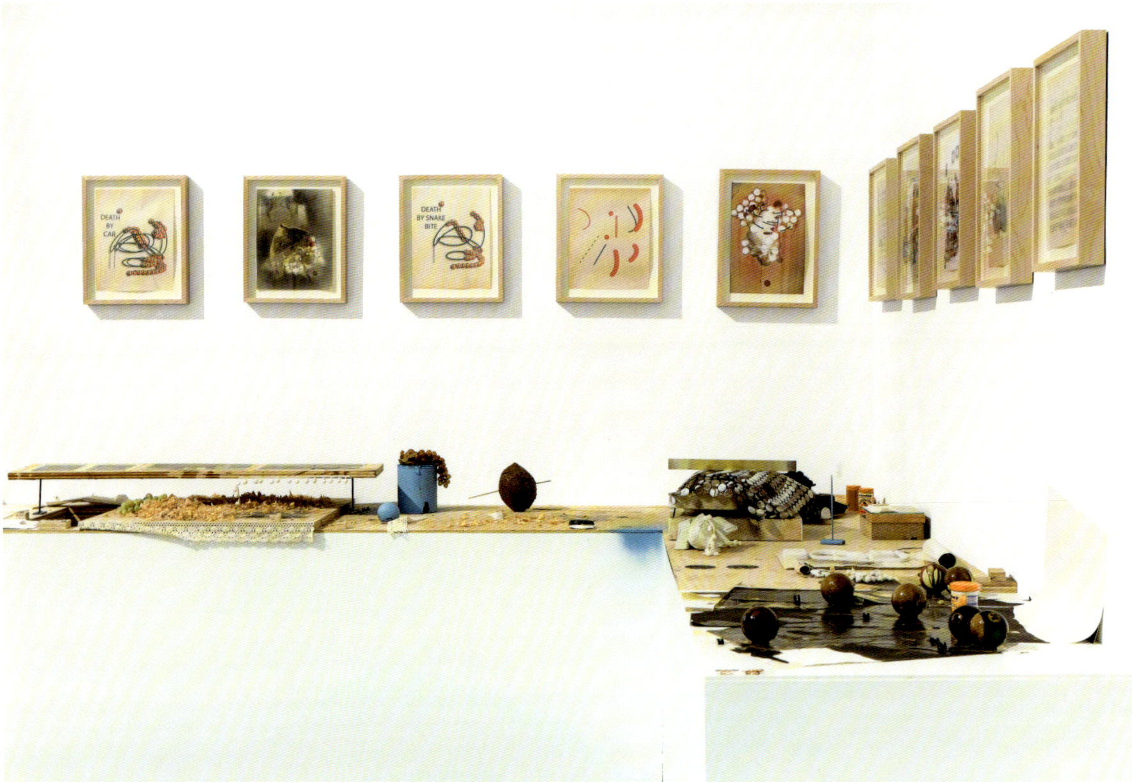

← ↑ Ausstellungsansicht / Installation view

Untitled (detail), 2013

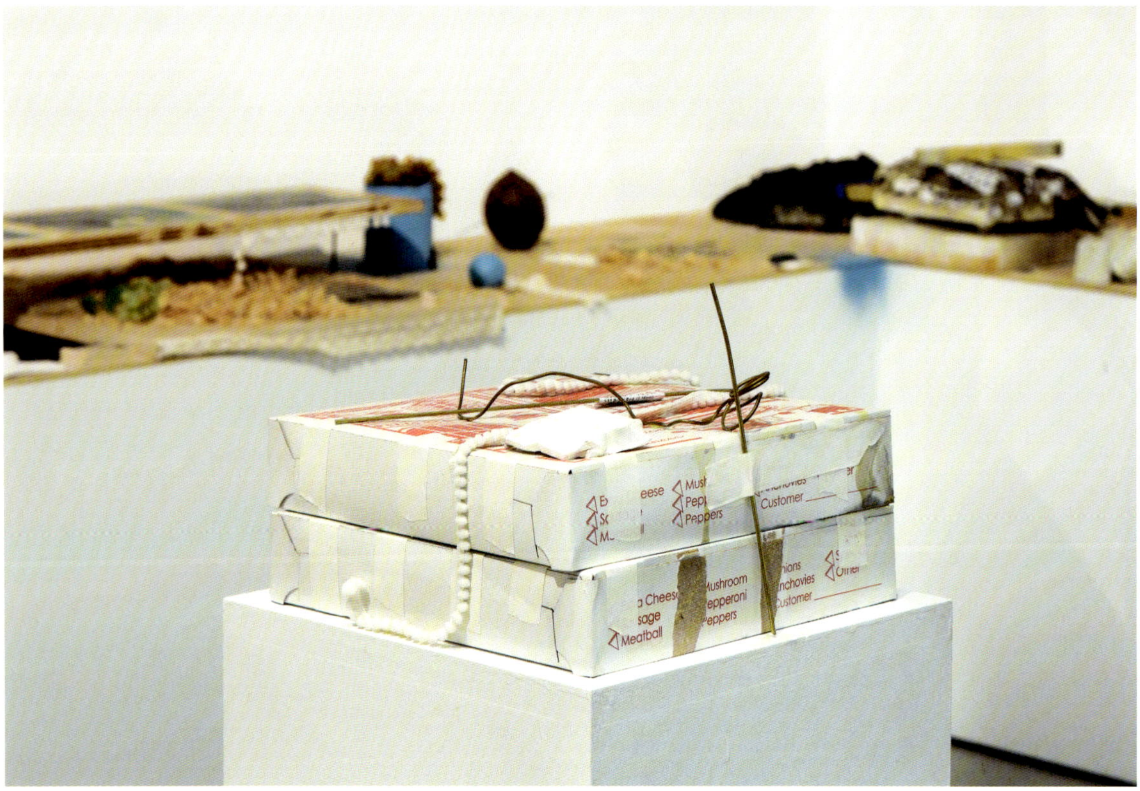

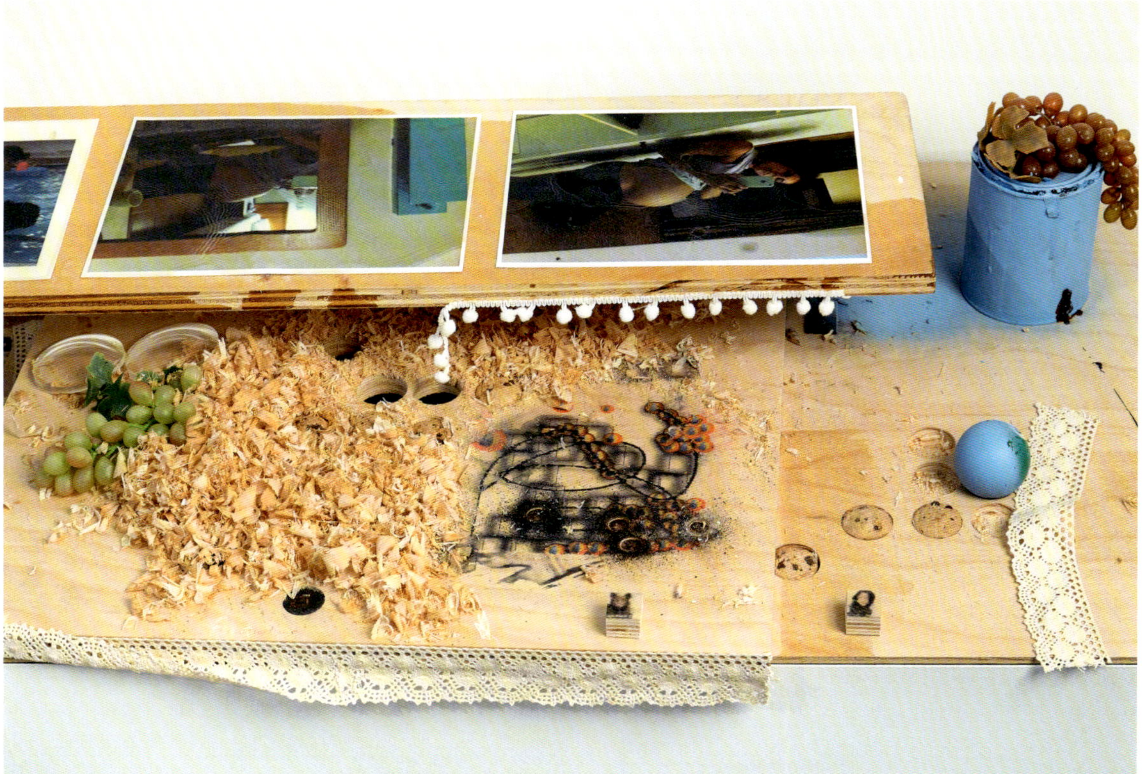

Untitled (detail), 2013

Untitled (detail), 2013

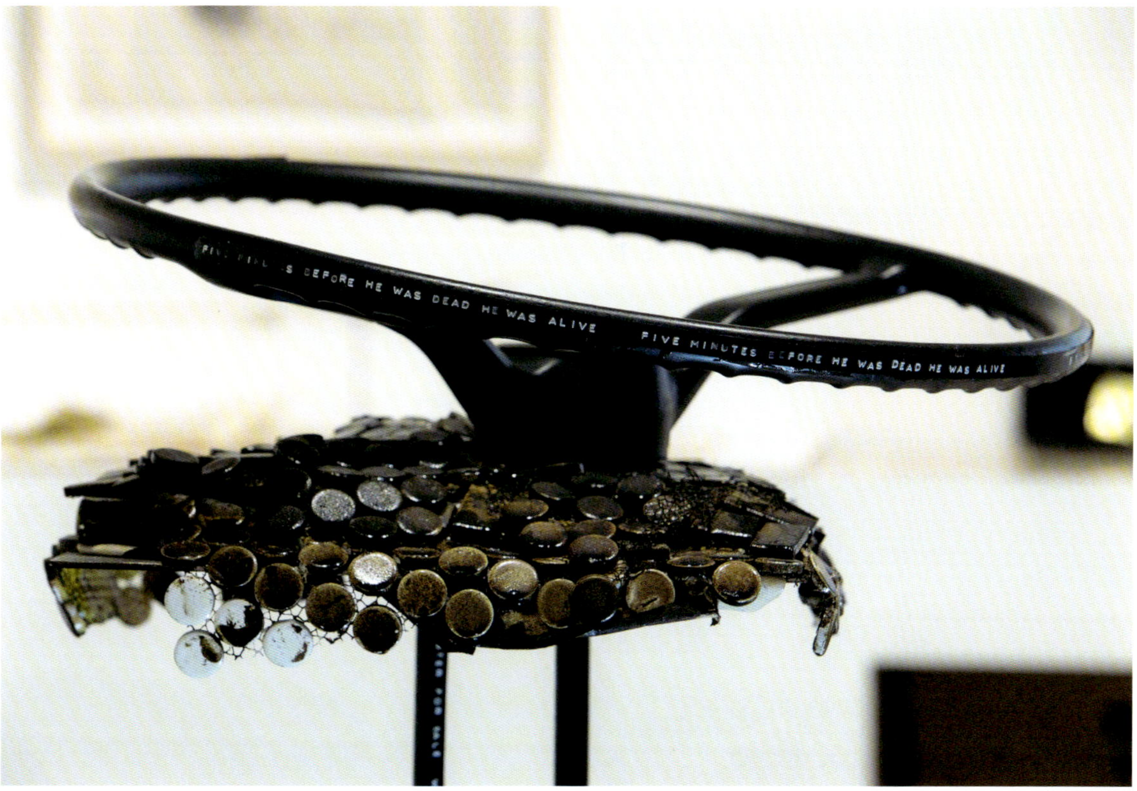

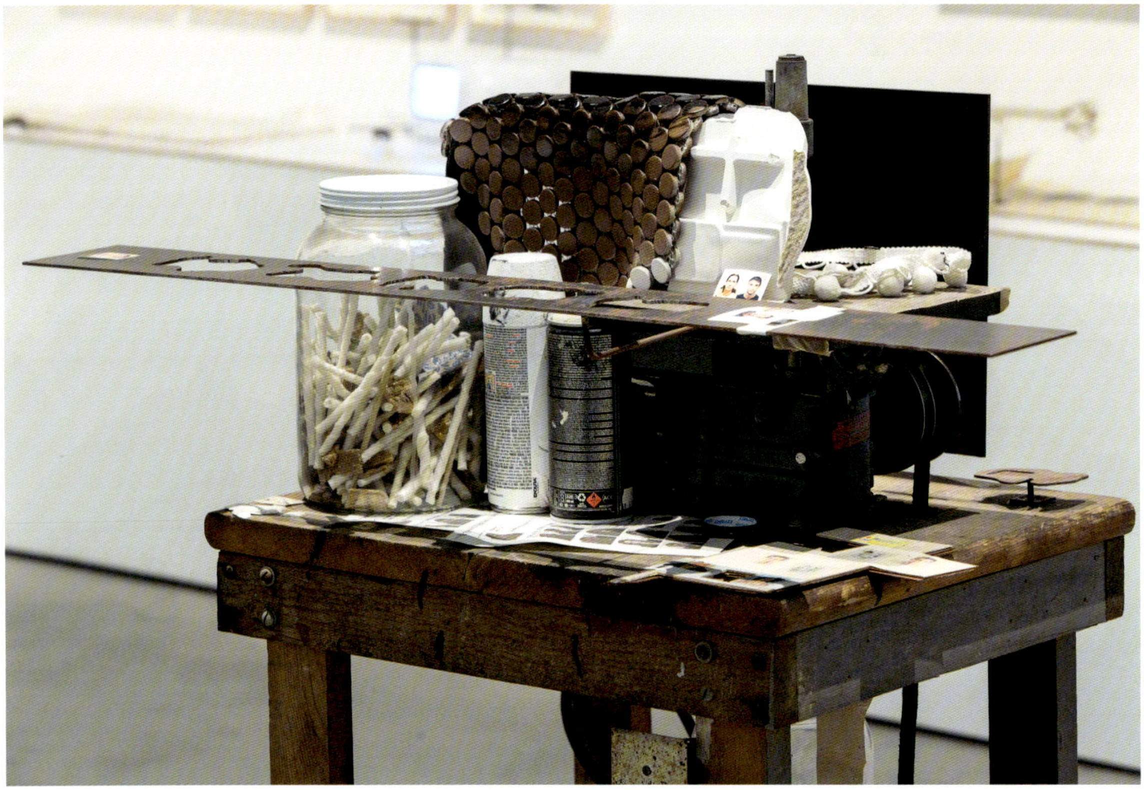

Untitled (detail), 2013

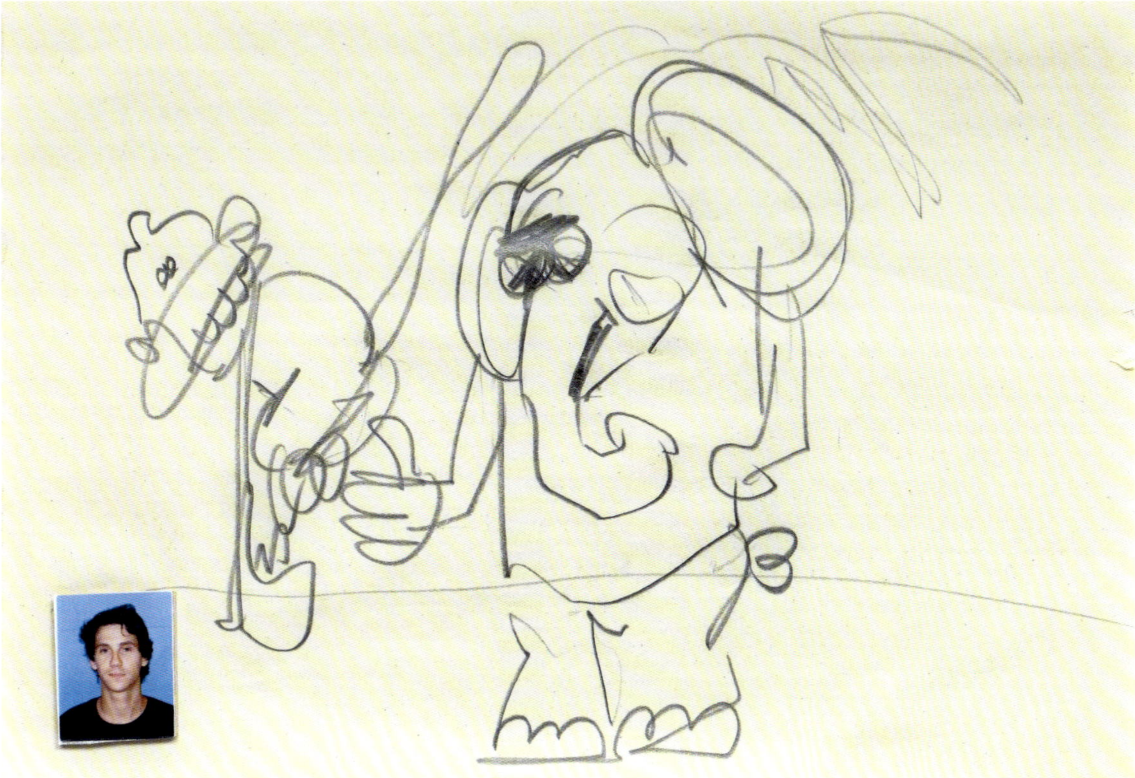

Untitled, 2013

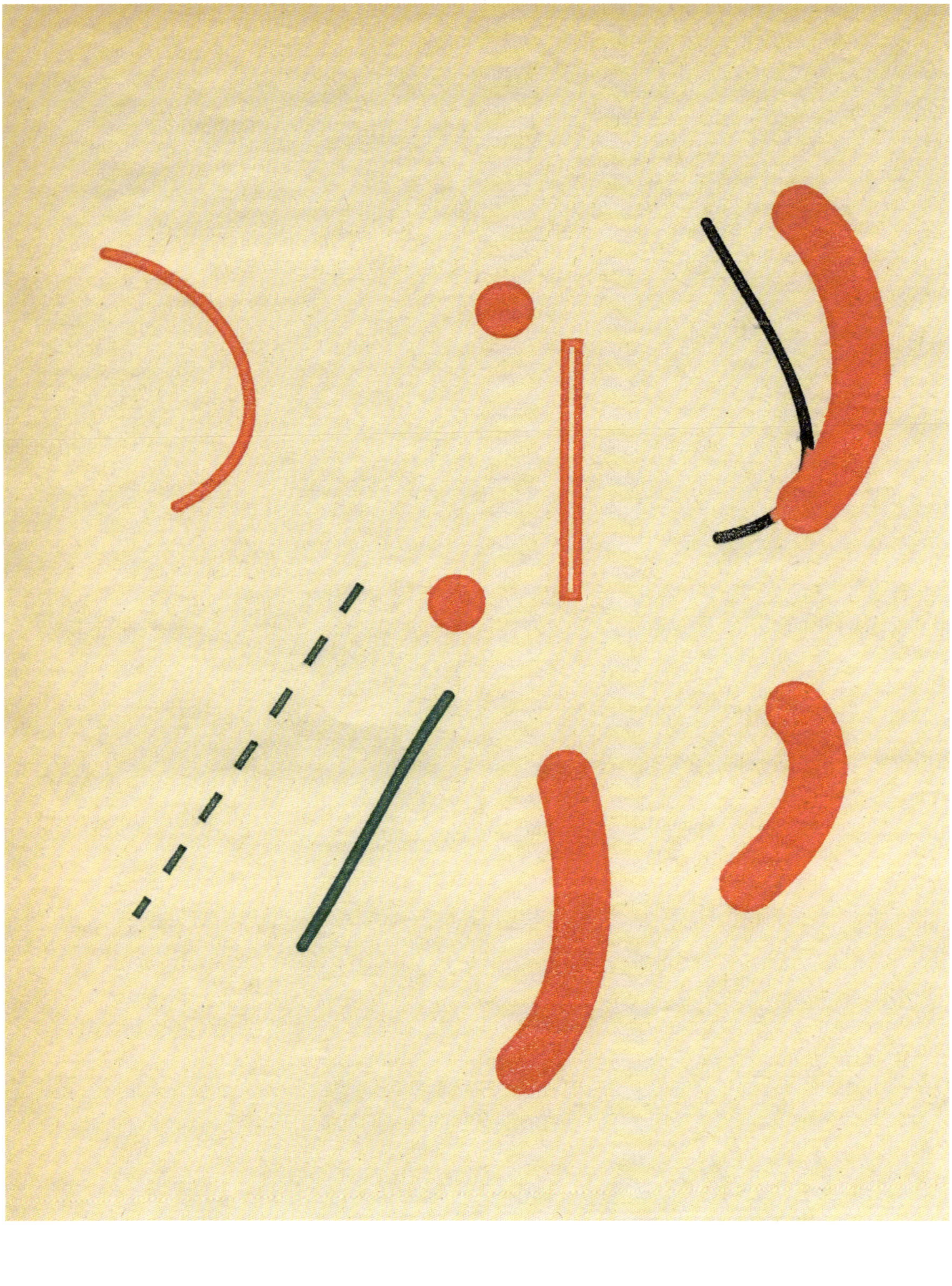

Untitled (For Dan's Notes) (detail), 2013

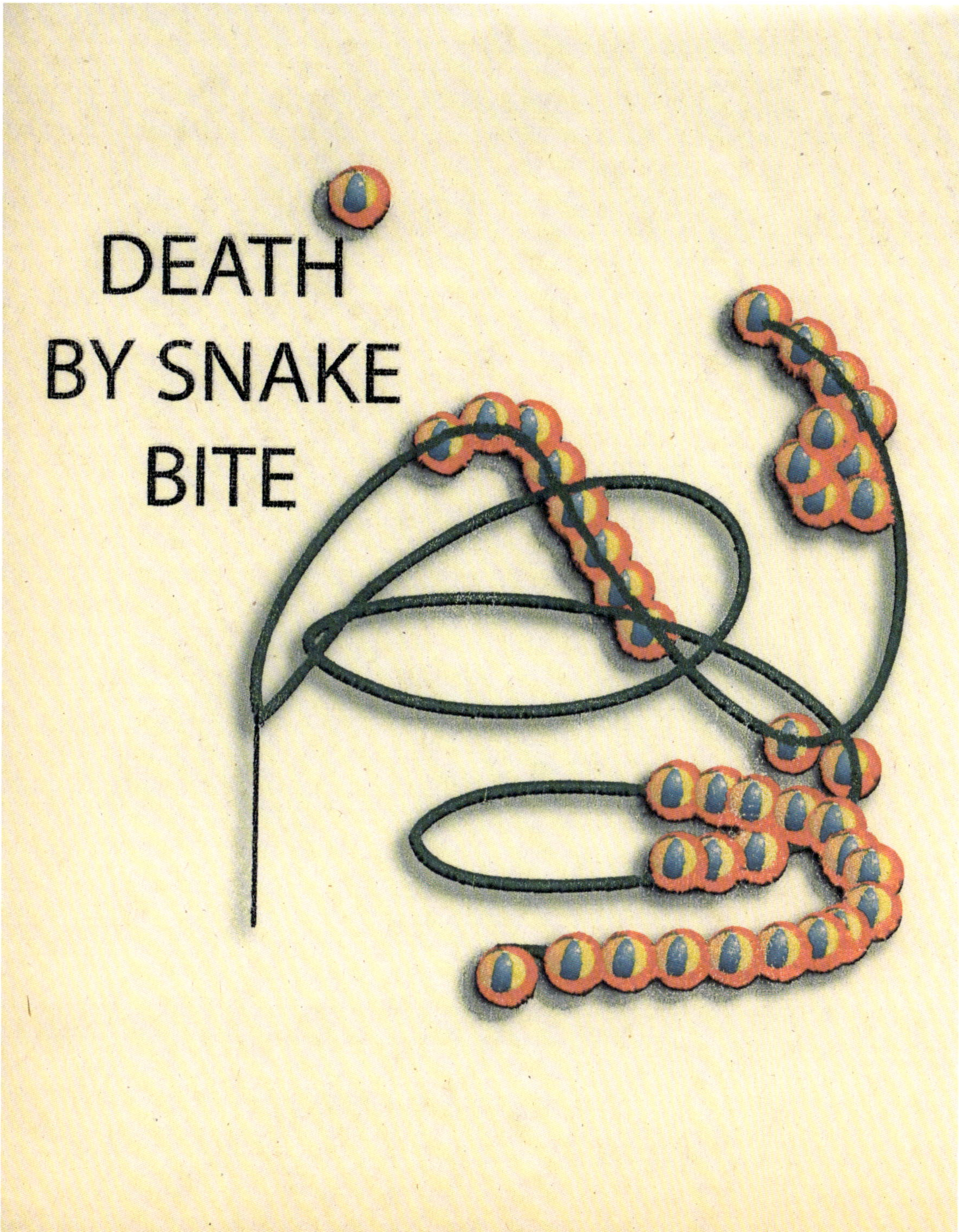

Untitled (by snake bite) (detail), 2013

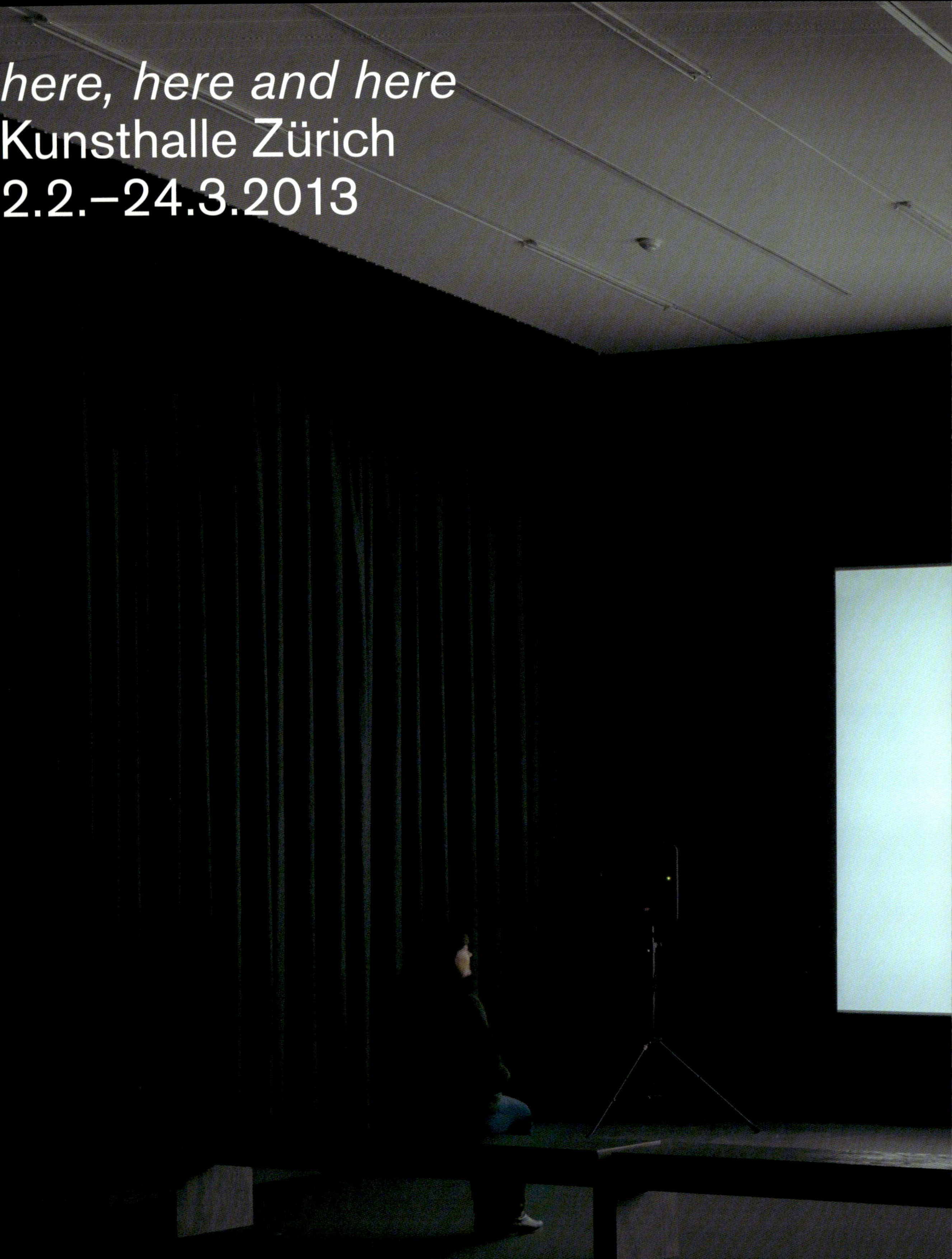
here, here and here
Kunsthalle Zürich
2.2.–24.3.2013

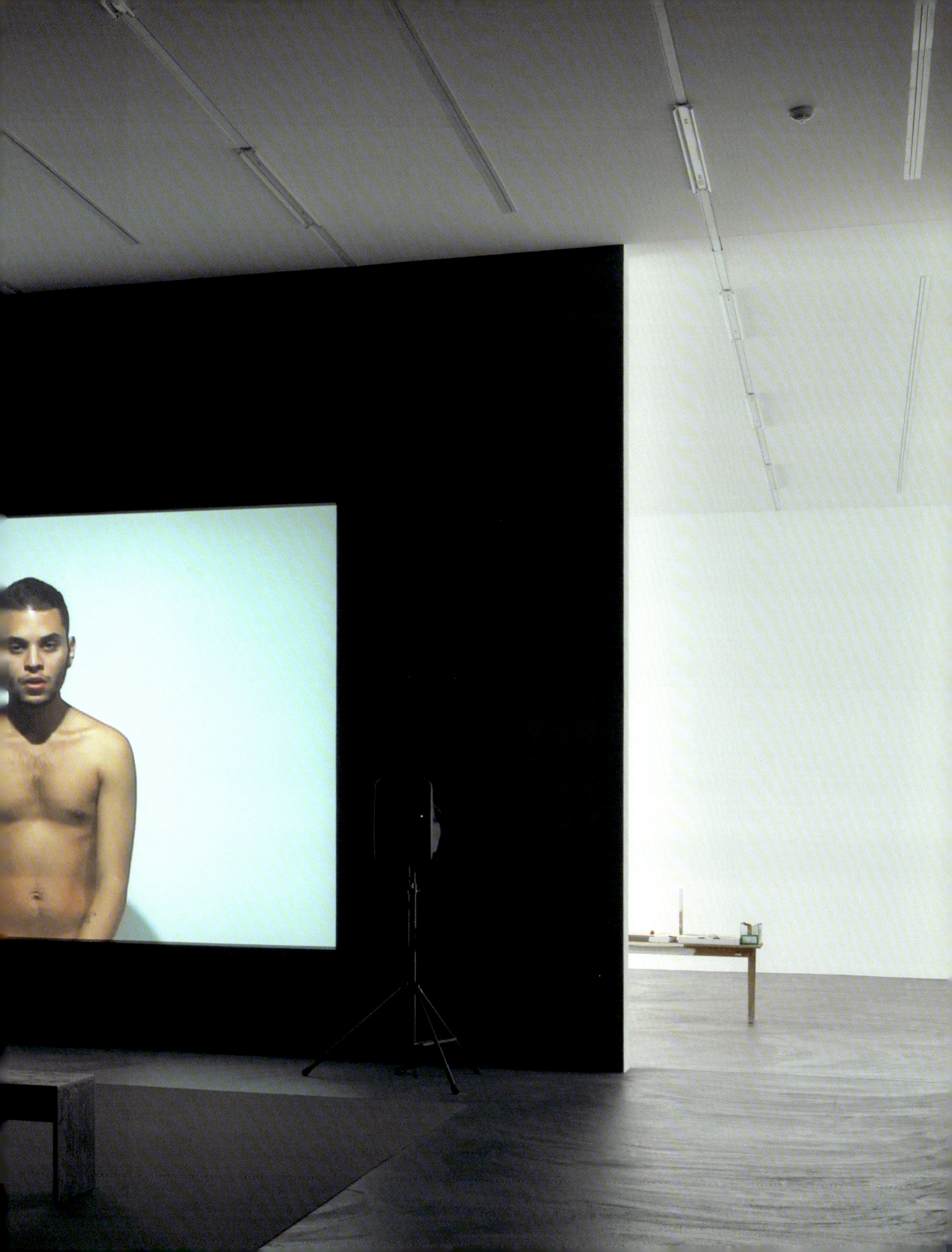

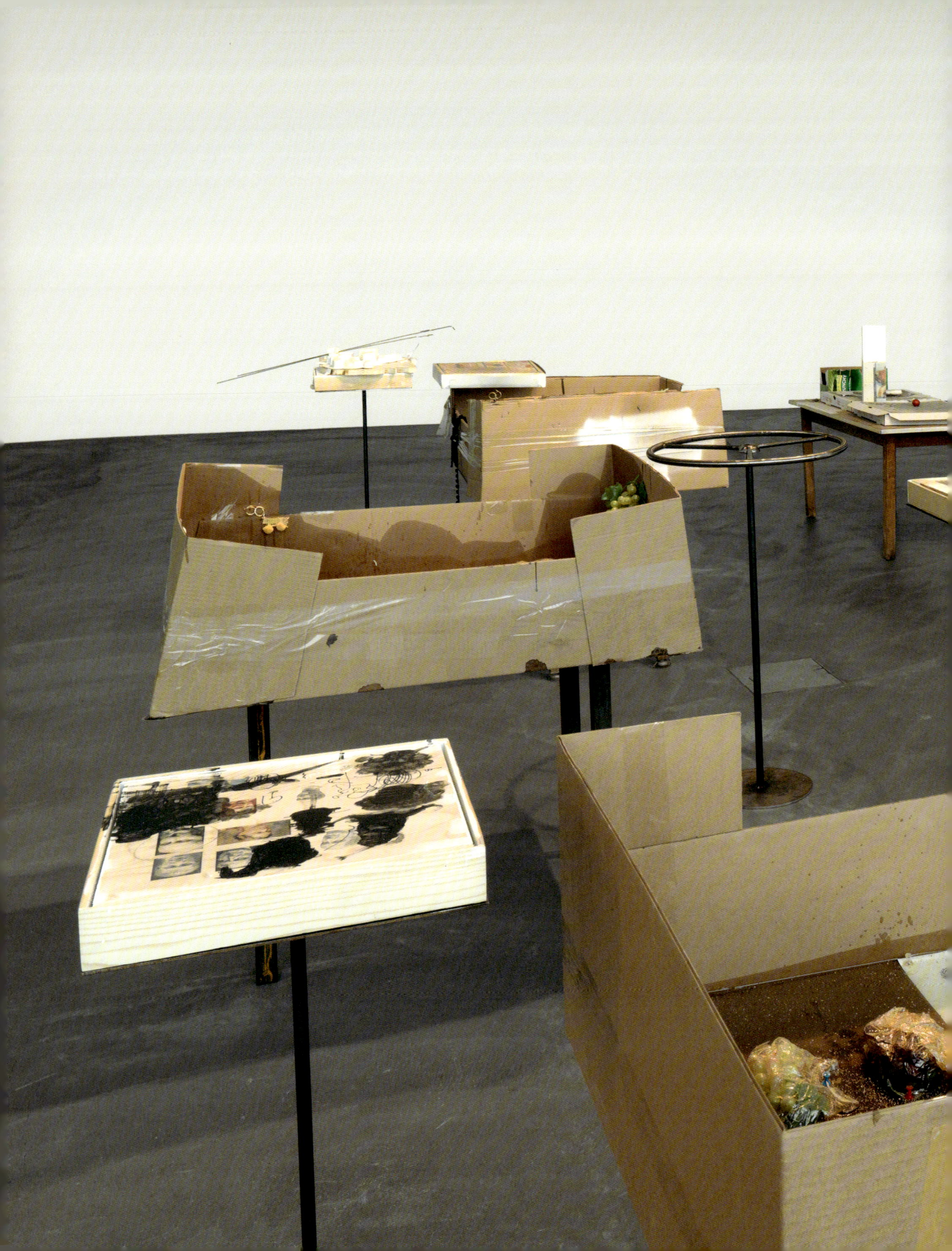

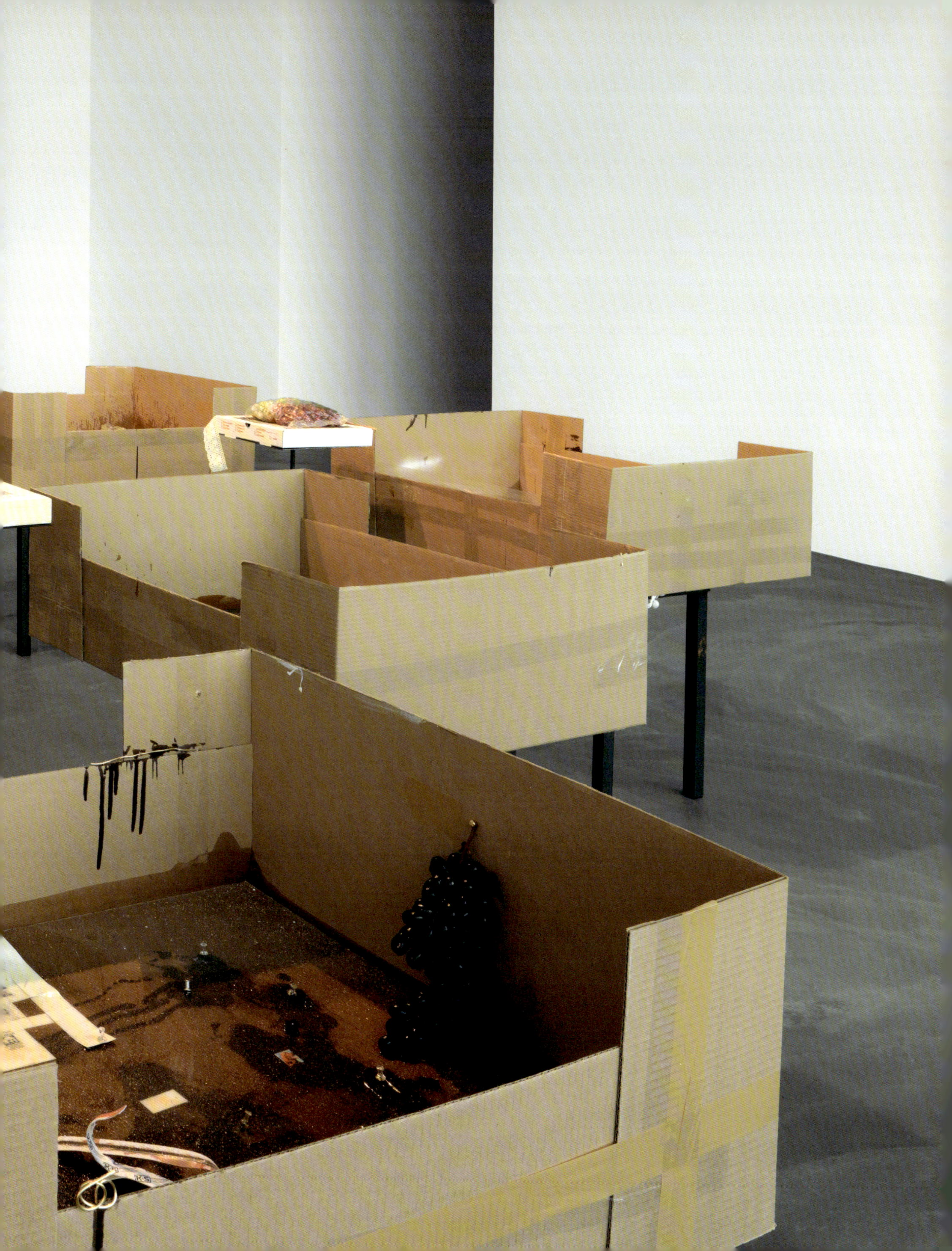

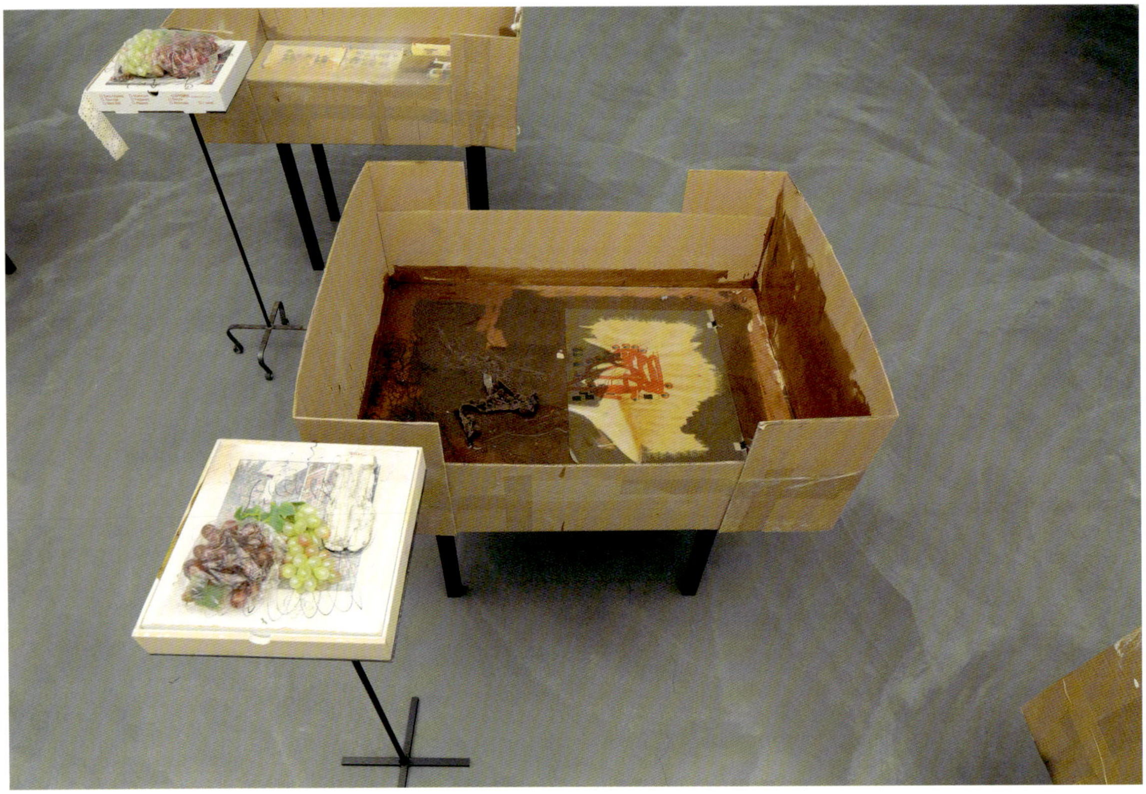

←← *Chimpanzee*, 2013 ← Ausstellungsansicht / Installation view ↑ *Untitled (Department C)*, 2012/2013; *Untitled (Department D)*, 2012/2013

Untitled (Department E) (detail), 2012/2013

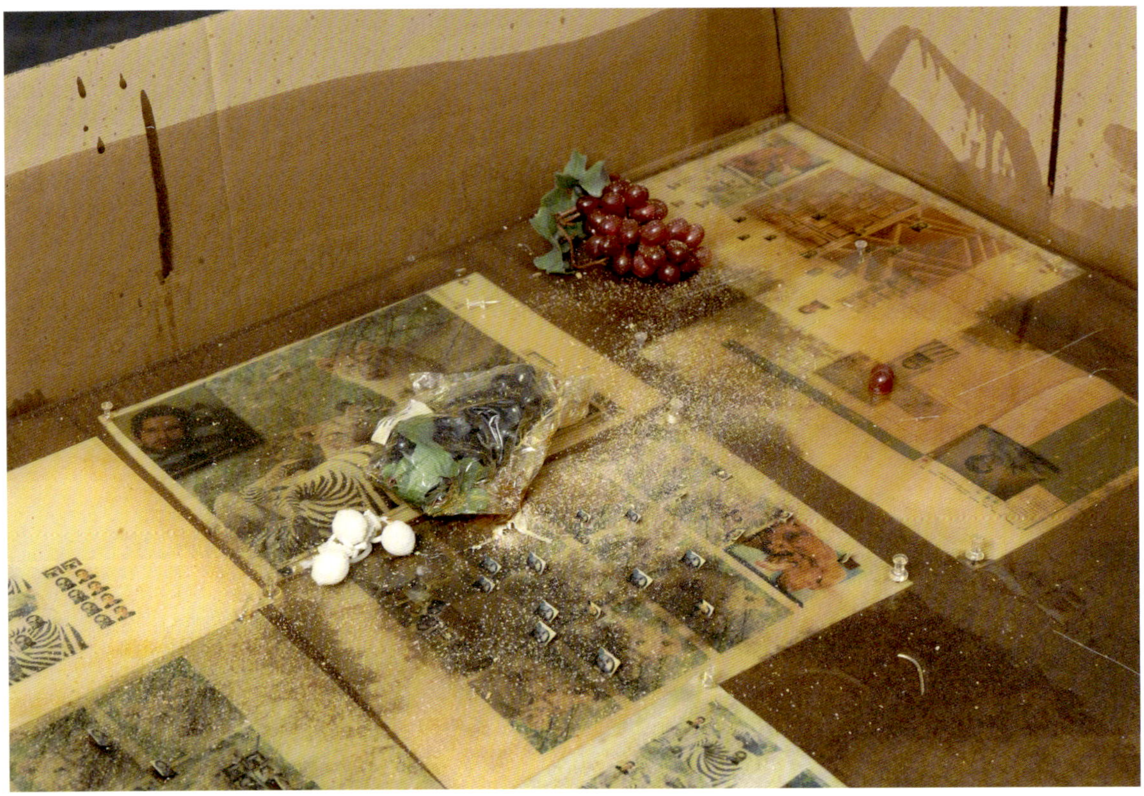

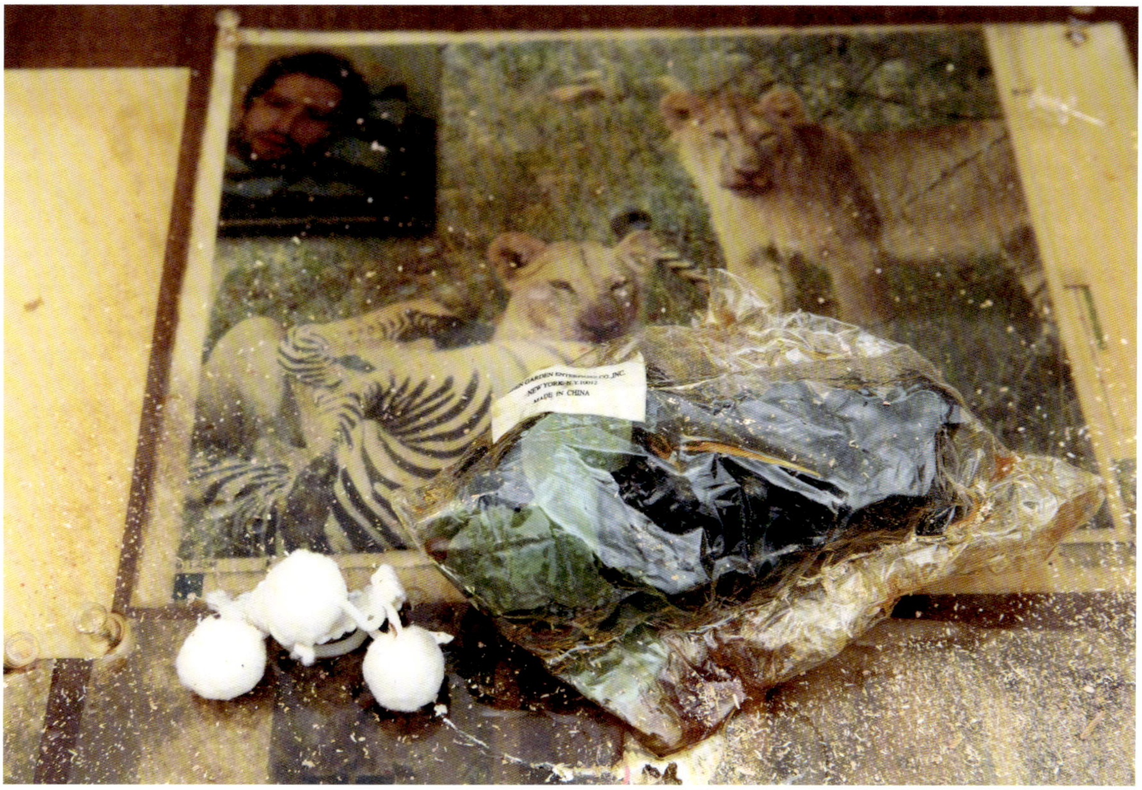

Untitled (Department E) (detail), 2012/2013

Untitled (Department E) (detail), 2012/2013

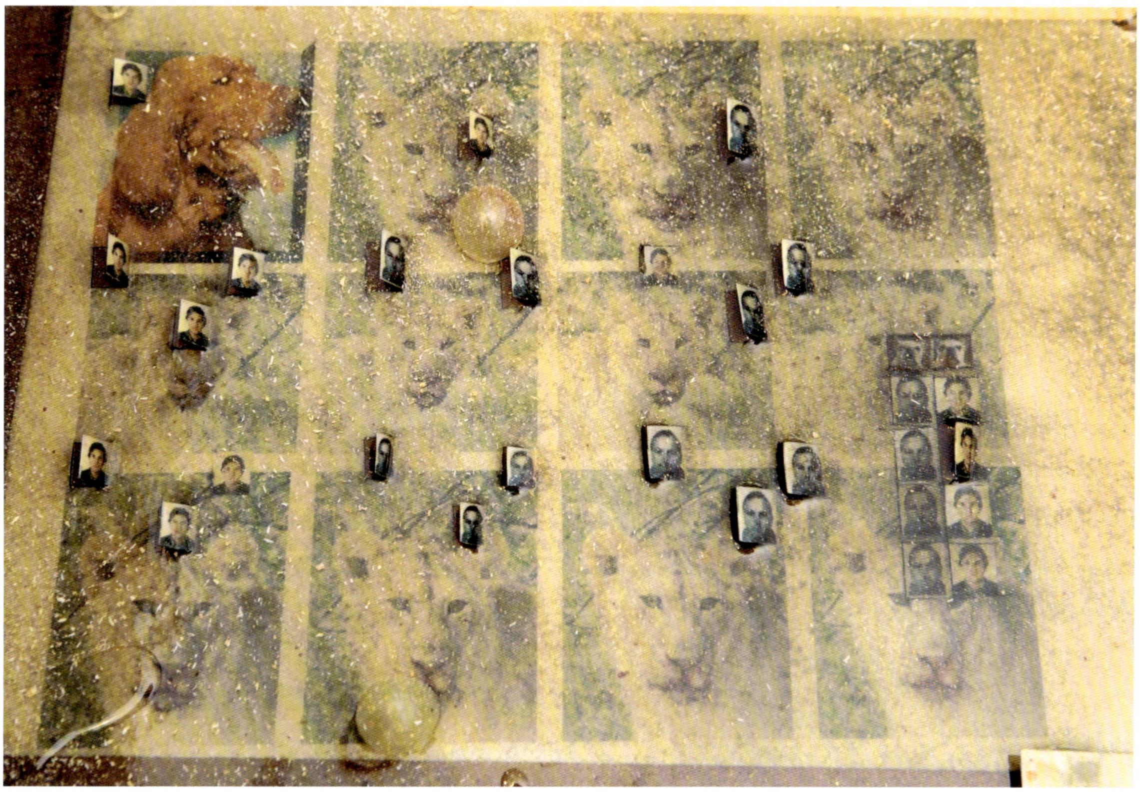

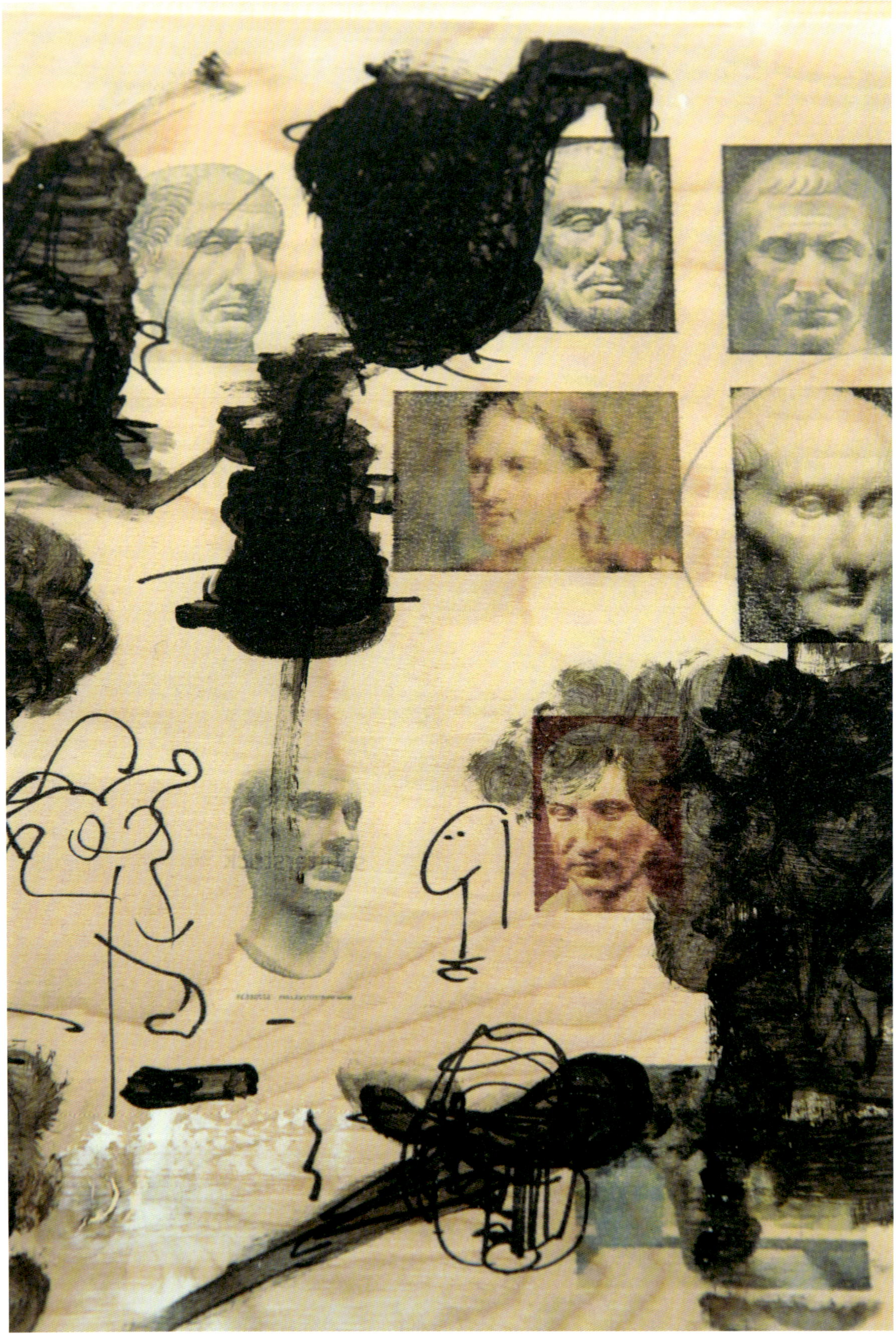

Untitled (Department F) (detail), 2012/2013

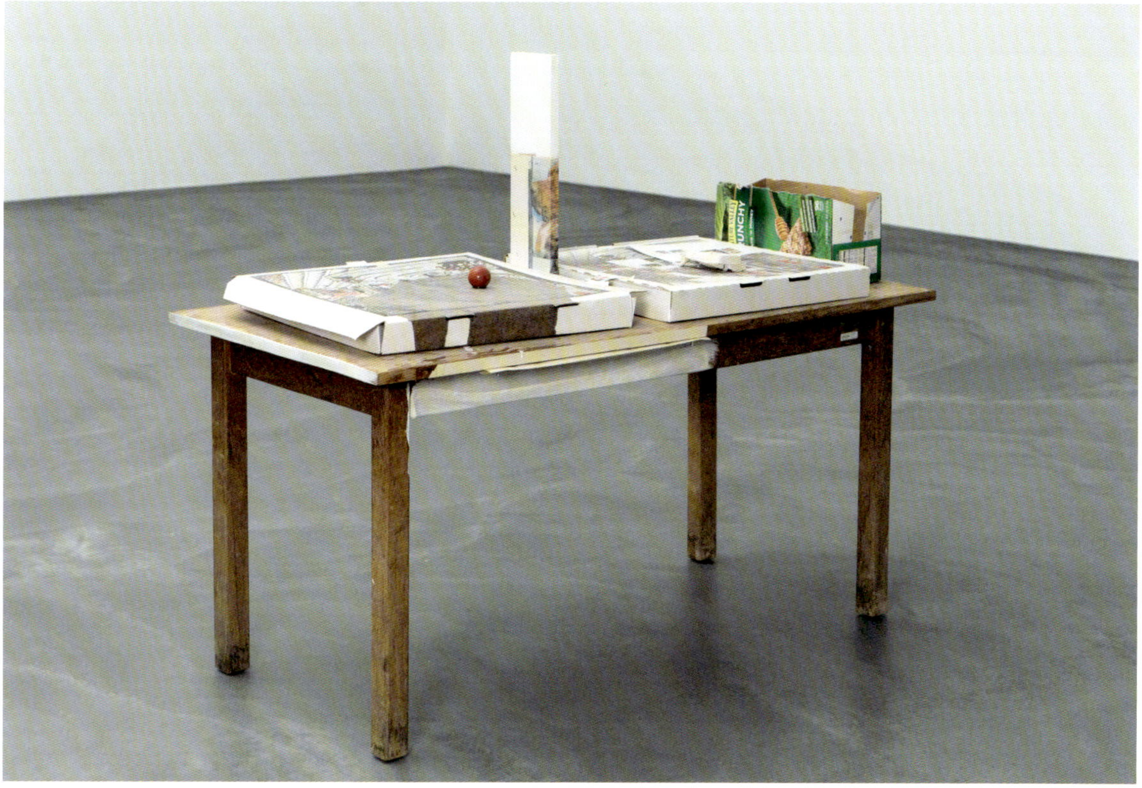

Untitled (Dear Tenants), 2012/2013

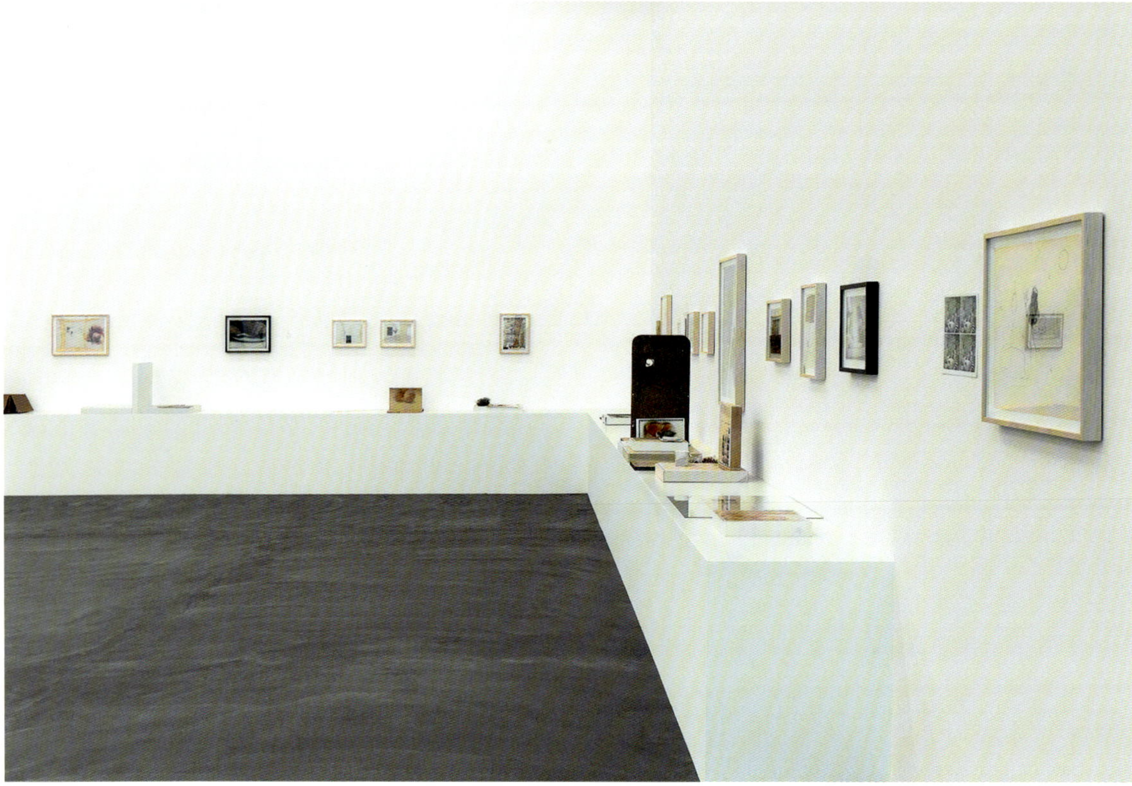

Ausstellungsansicht / Installation view

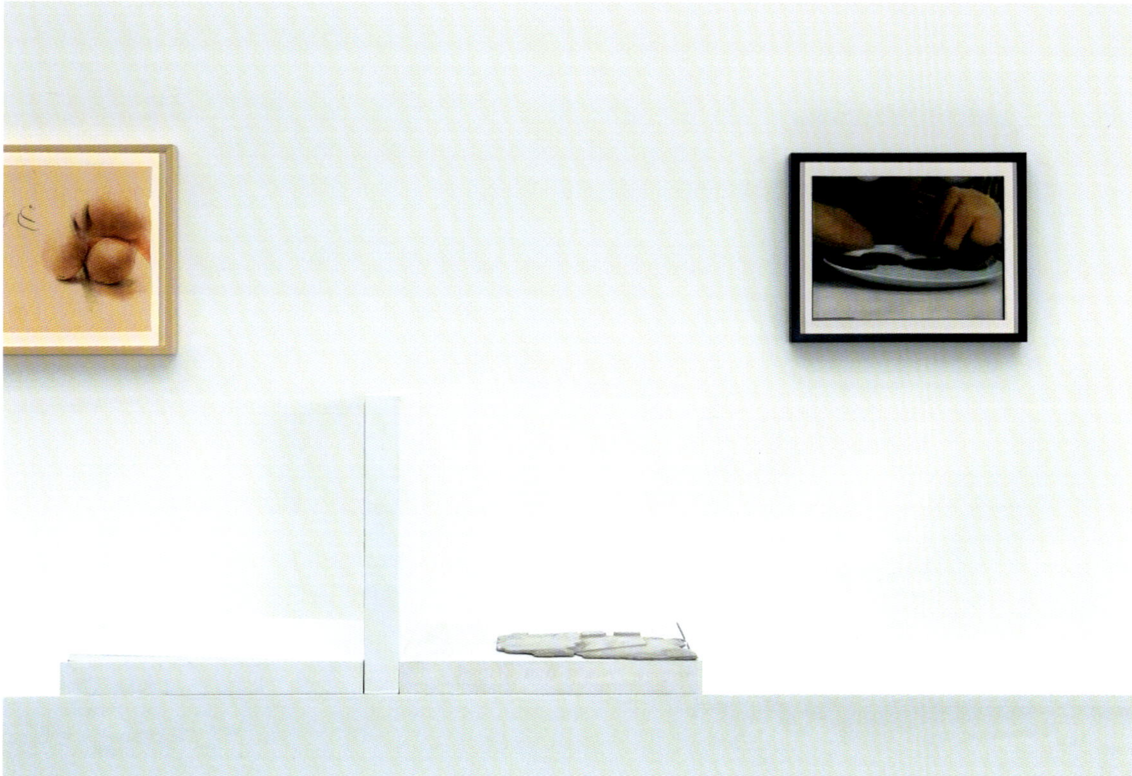

Untitled, 2012; *Untitled*, 2012; *Untitled*, 2012/2013

↓ *Untitled*, 2012/2013 → *Untitled*, 2012/2013

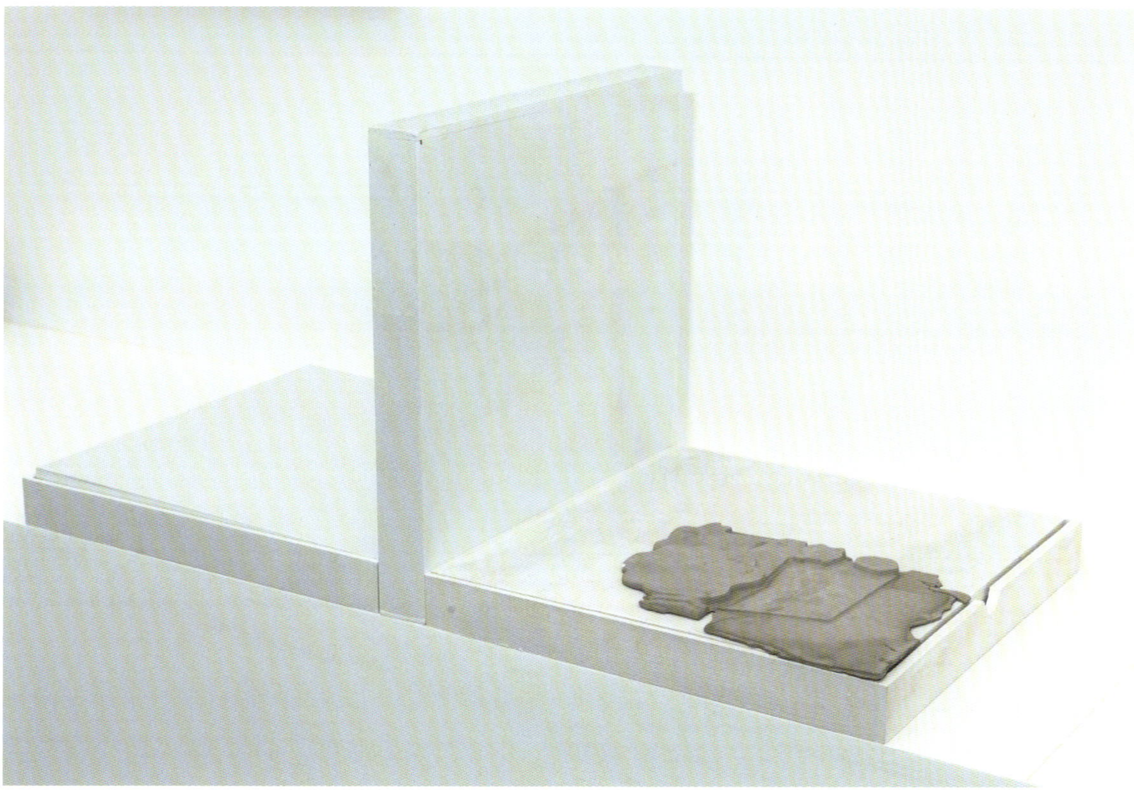

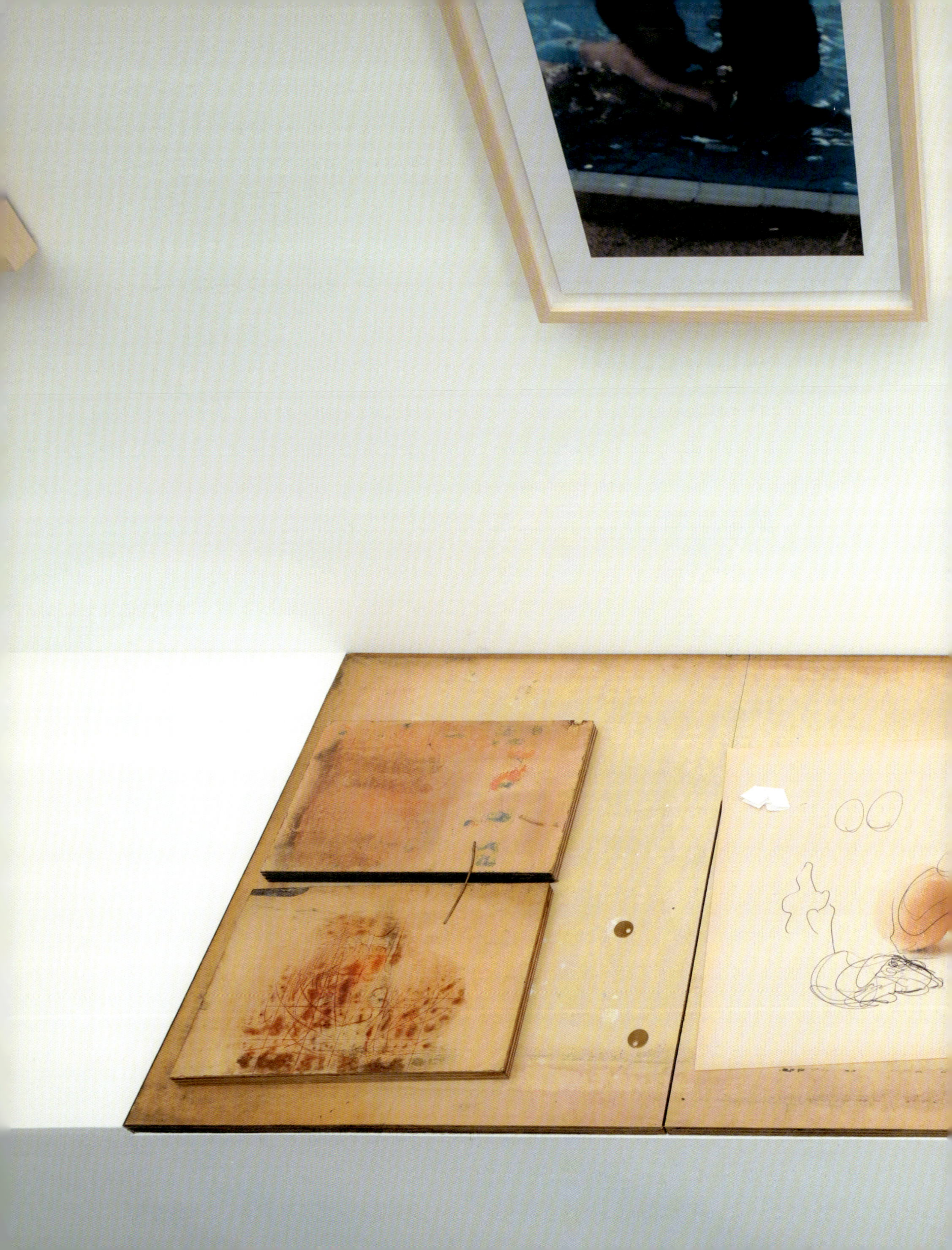

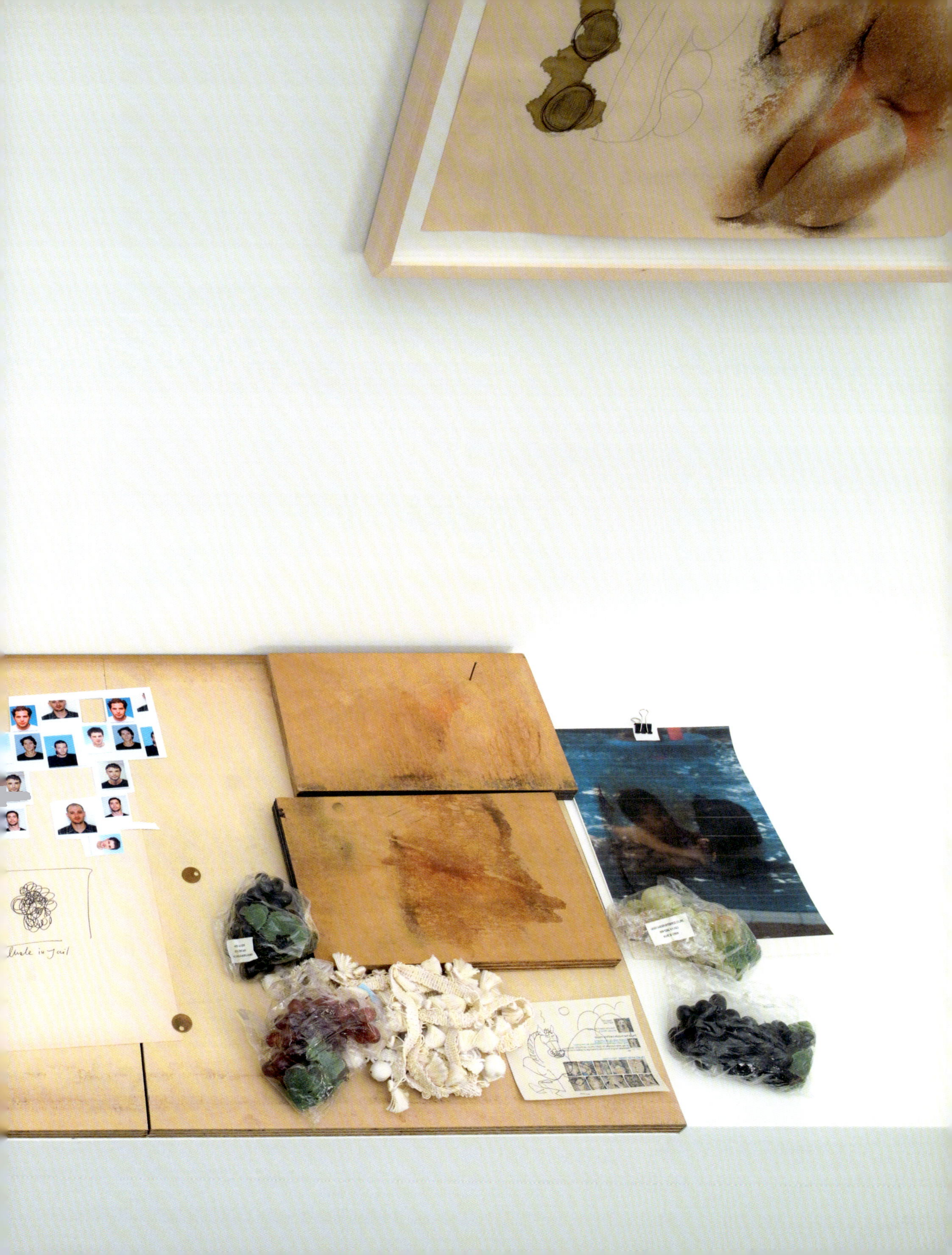

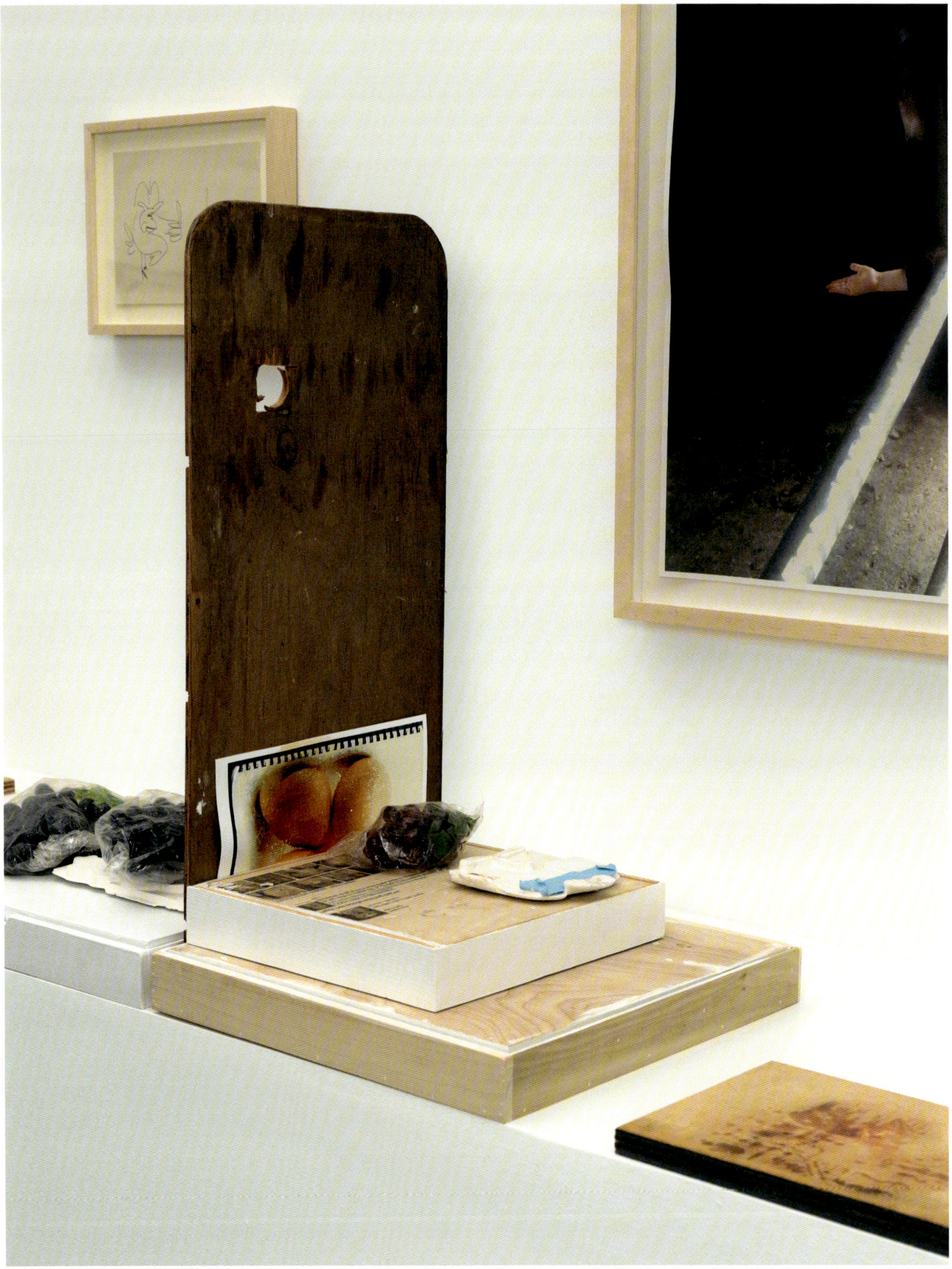

Untitled, 2012/2013

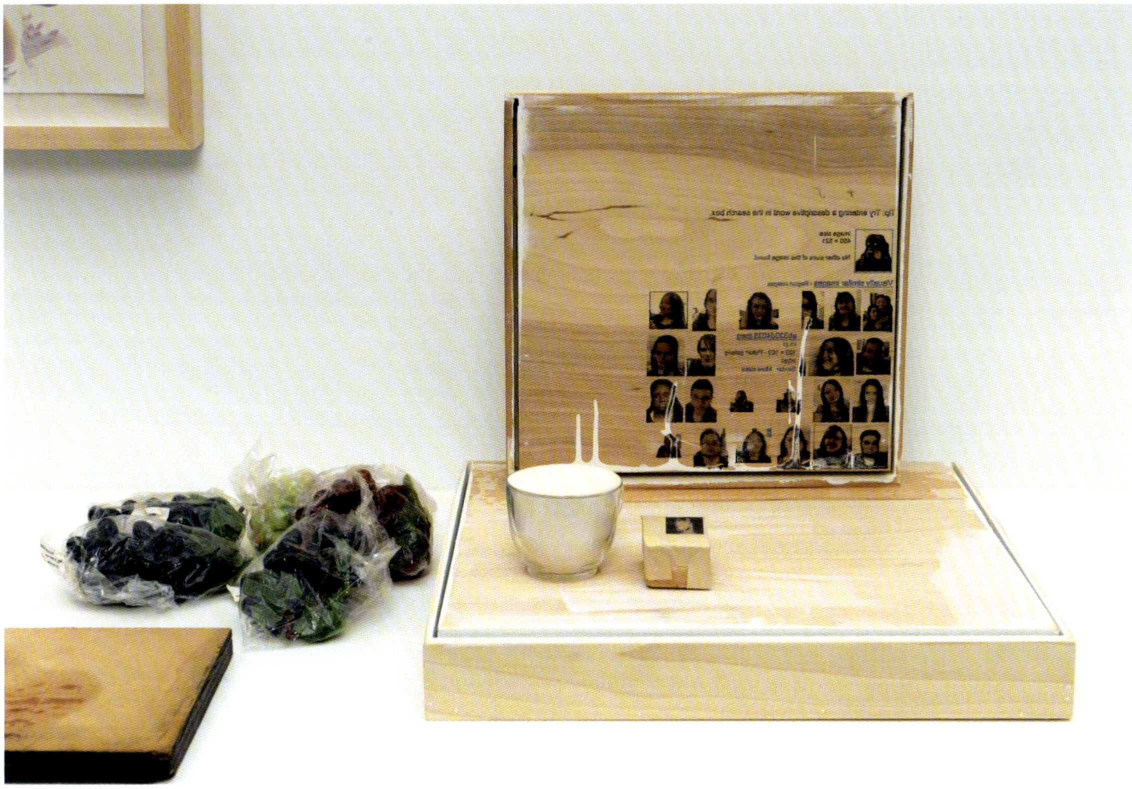

Untitled, 2012/2013

Untitled, 2012/2013

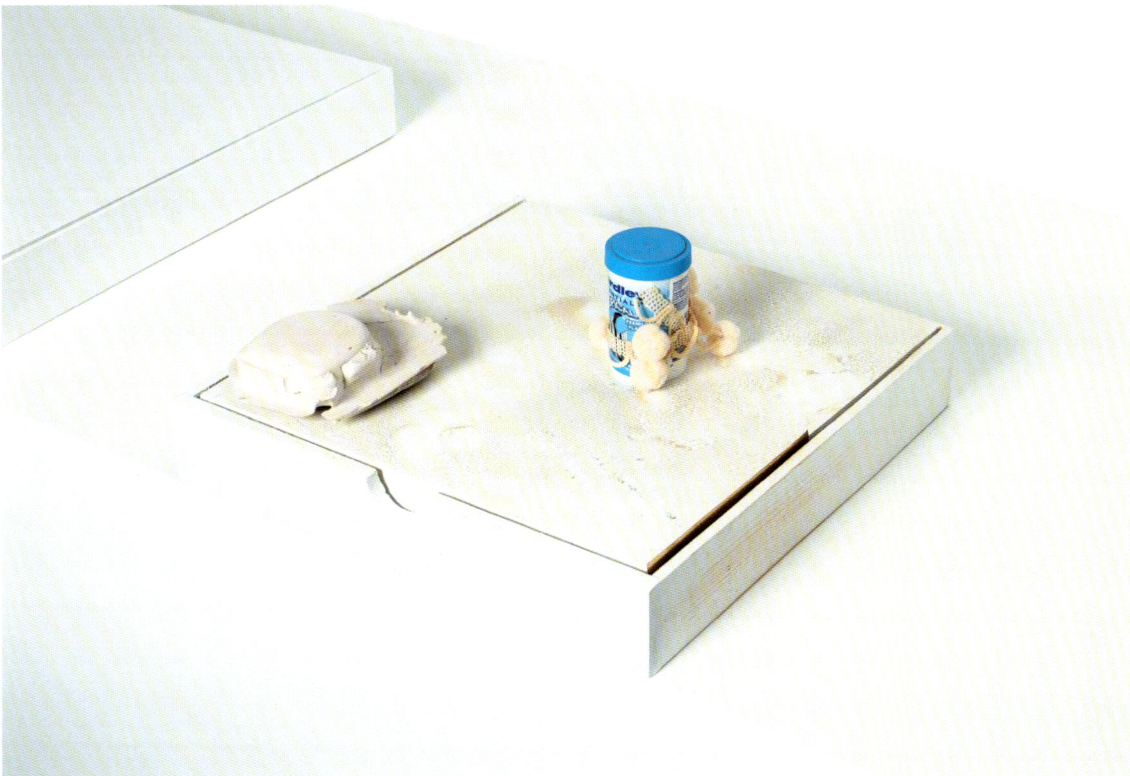

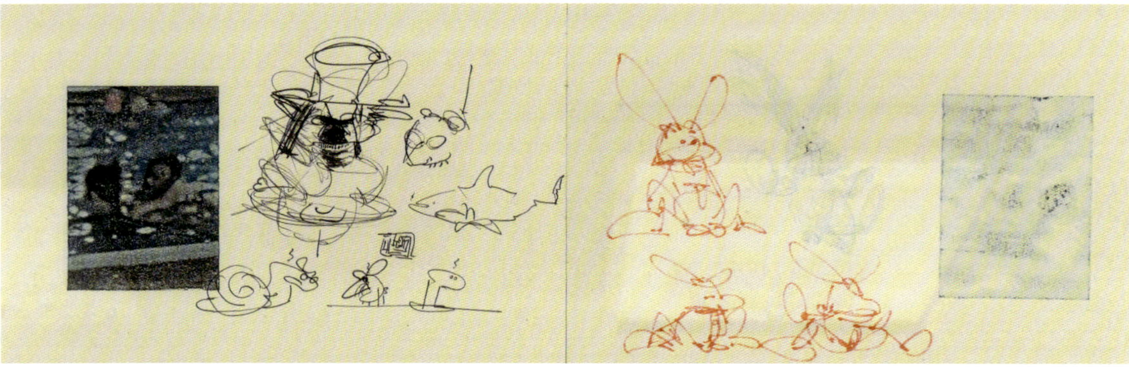

Untitled (Sketchbook), 2012/2013

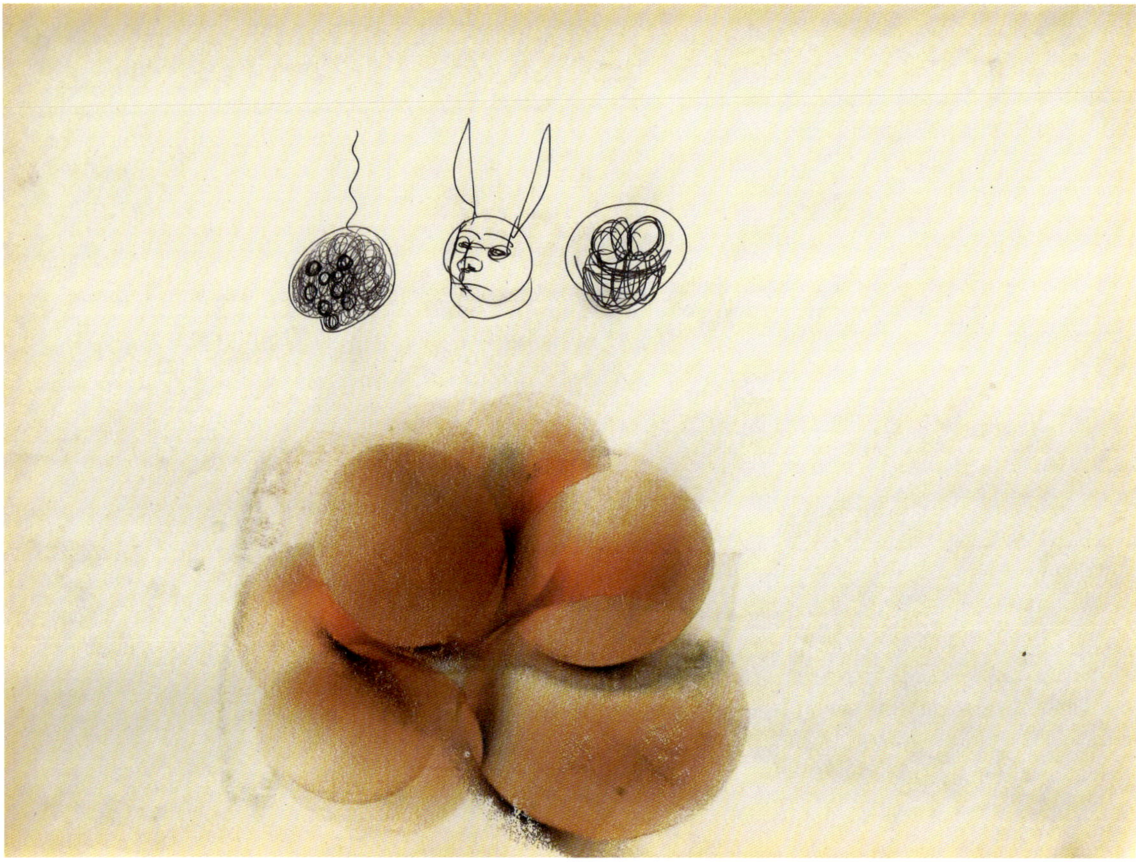

Untitled, 2012

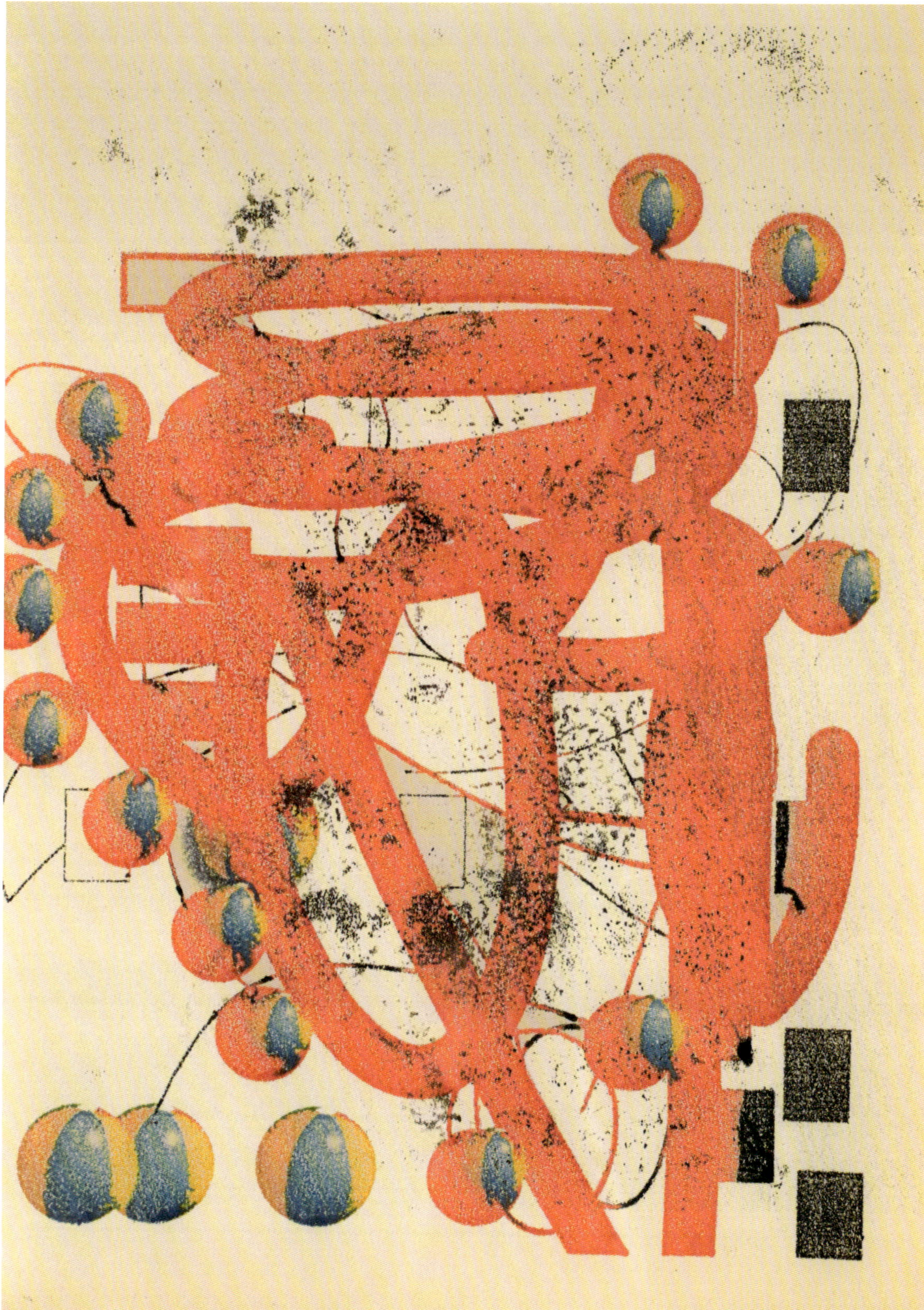

Untitled, 2013

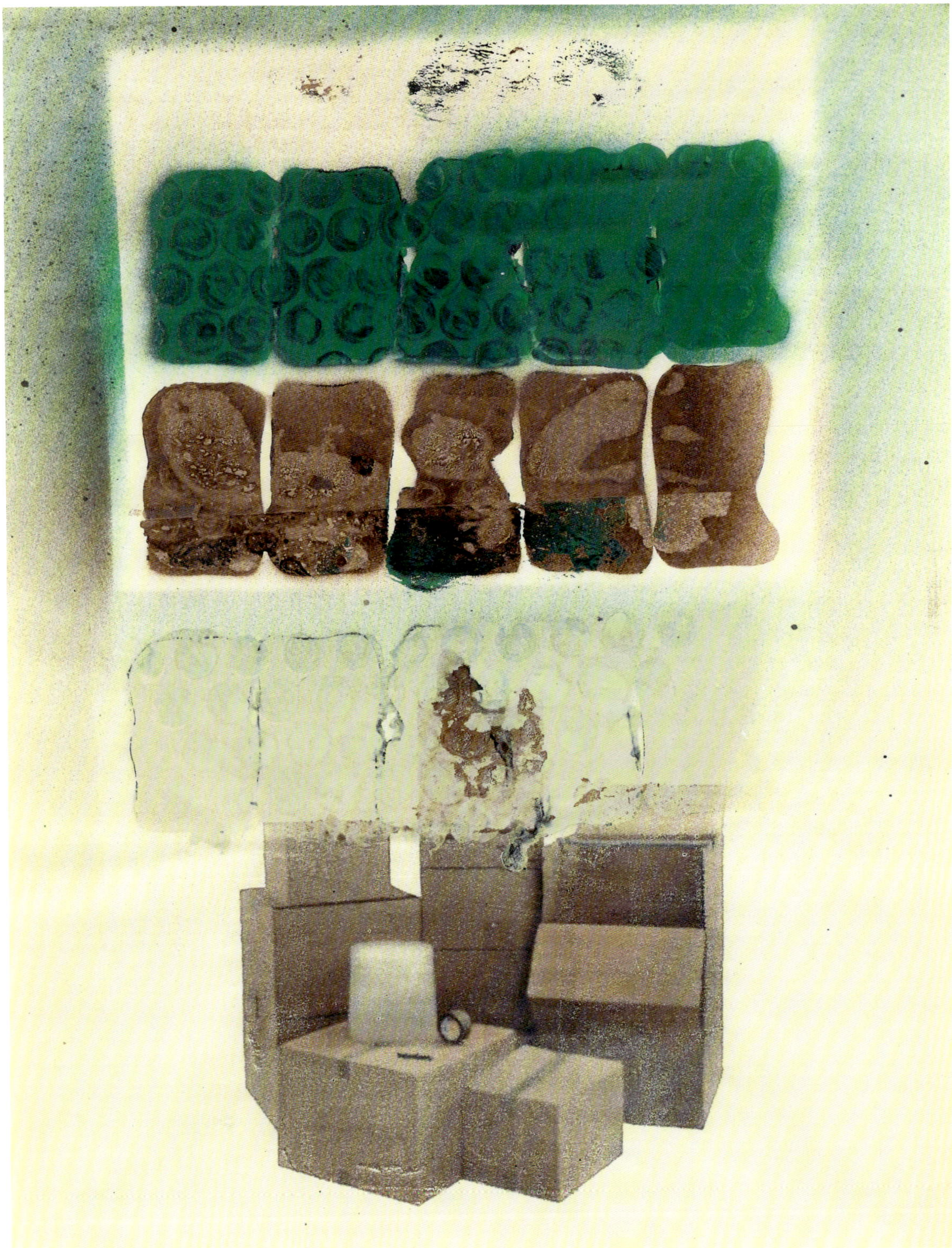

Untitled (B&W), 2012

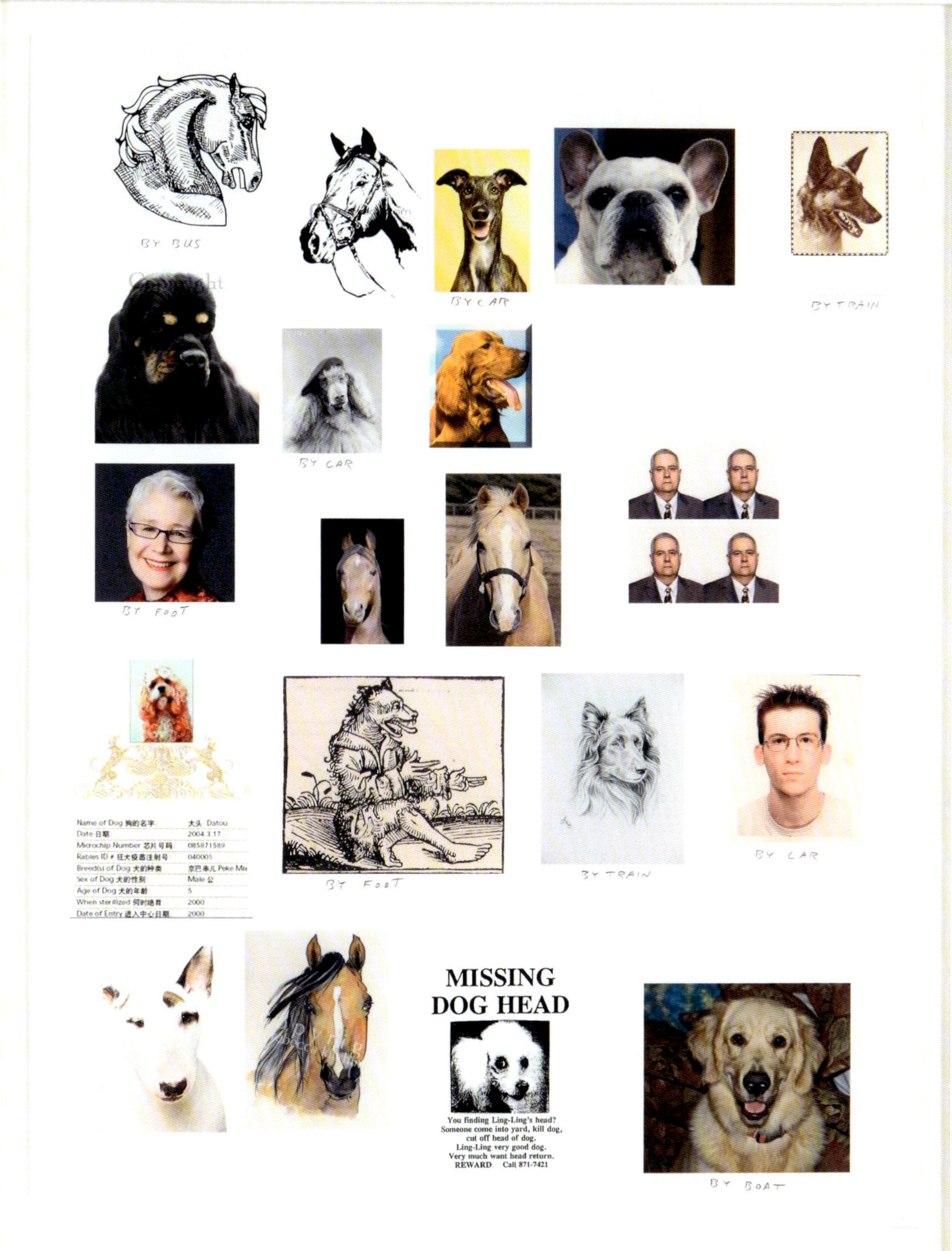

Untitled (By), 2012

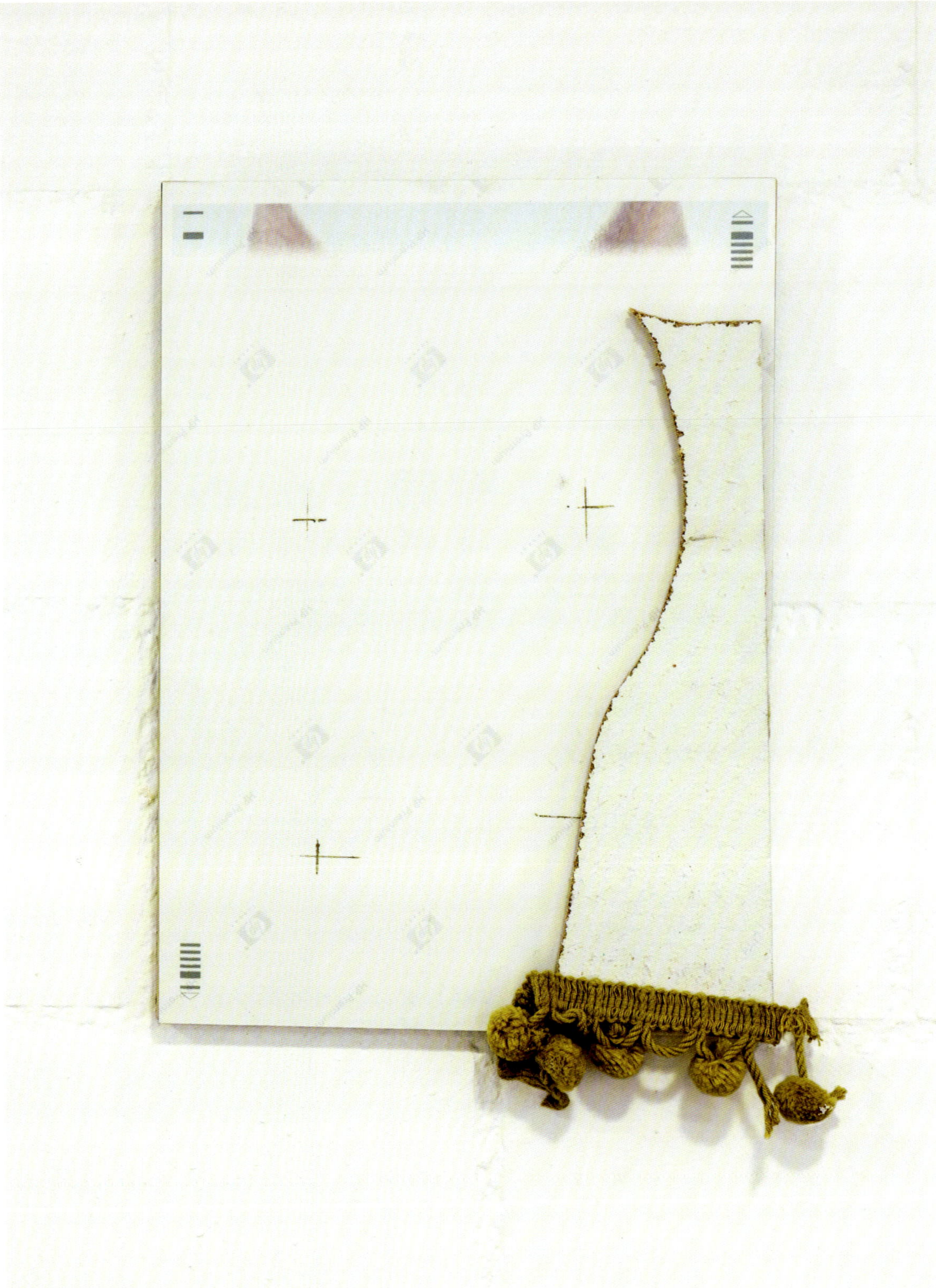

Untitled, 2012

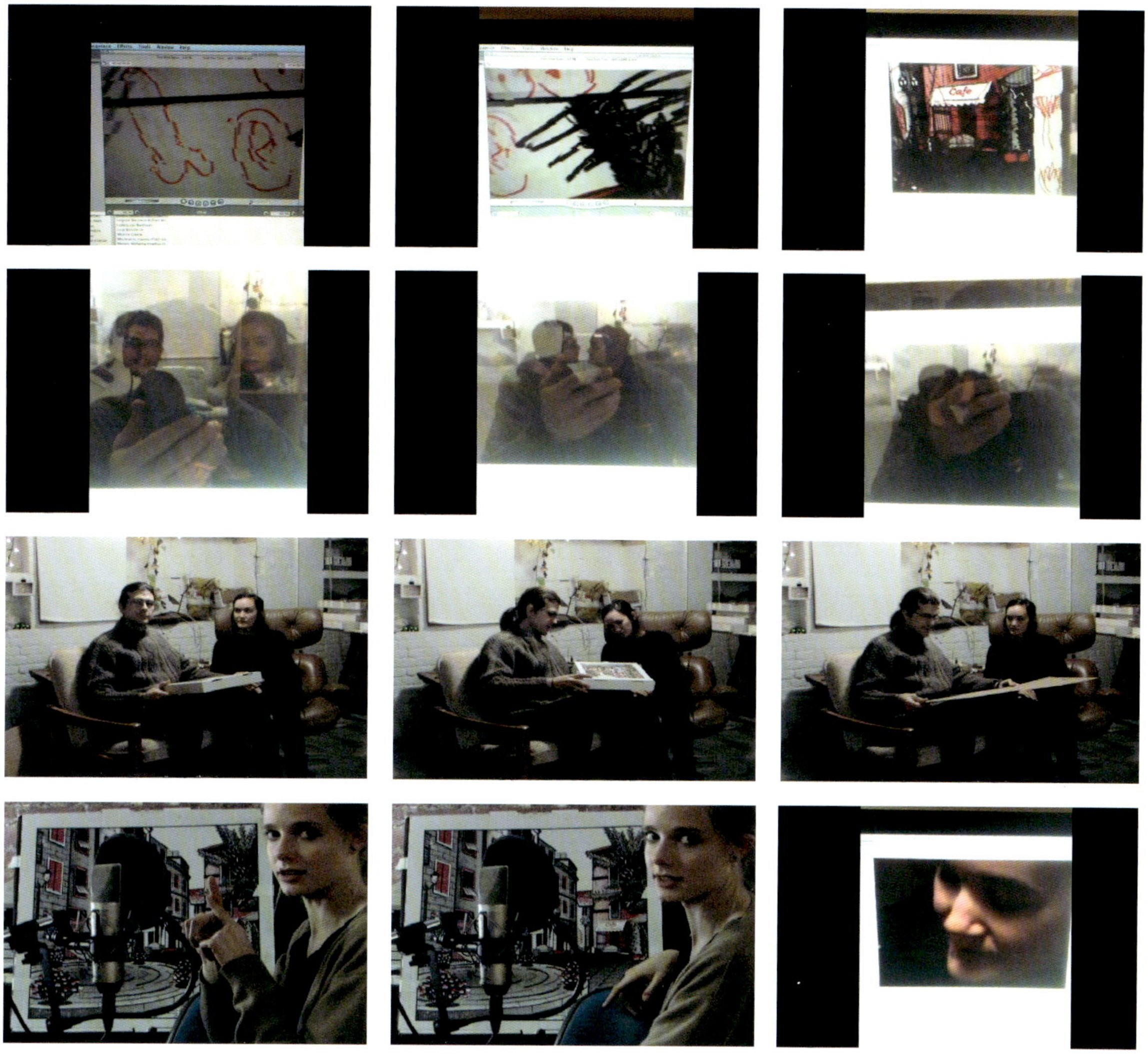

↑ *Chimpanzee*, 2013 → *Untitled*, 2012

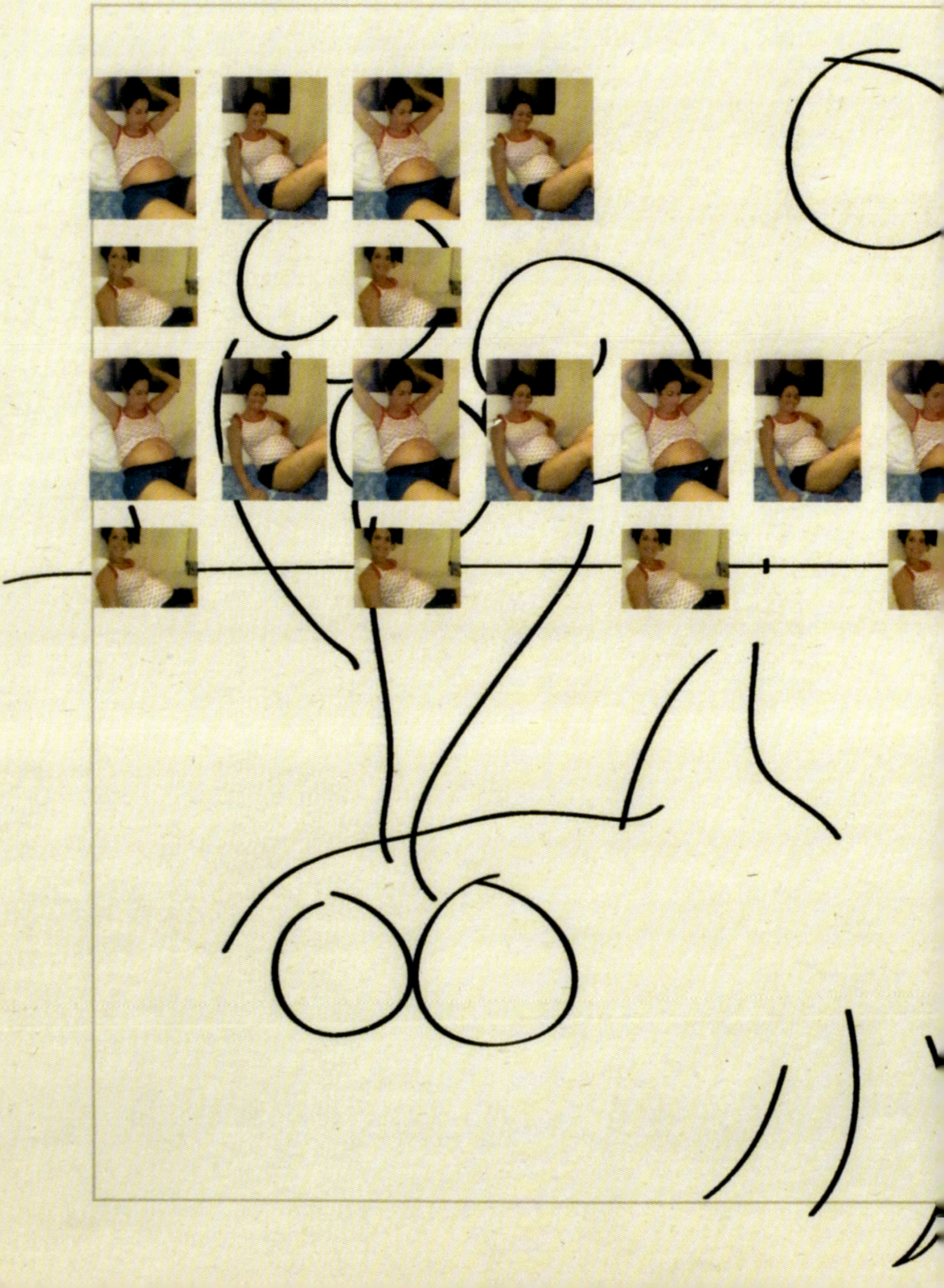

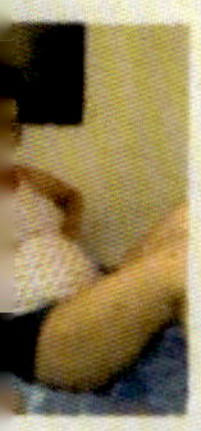

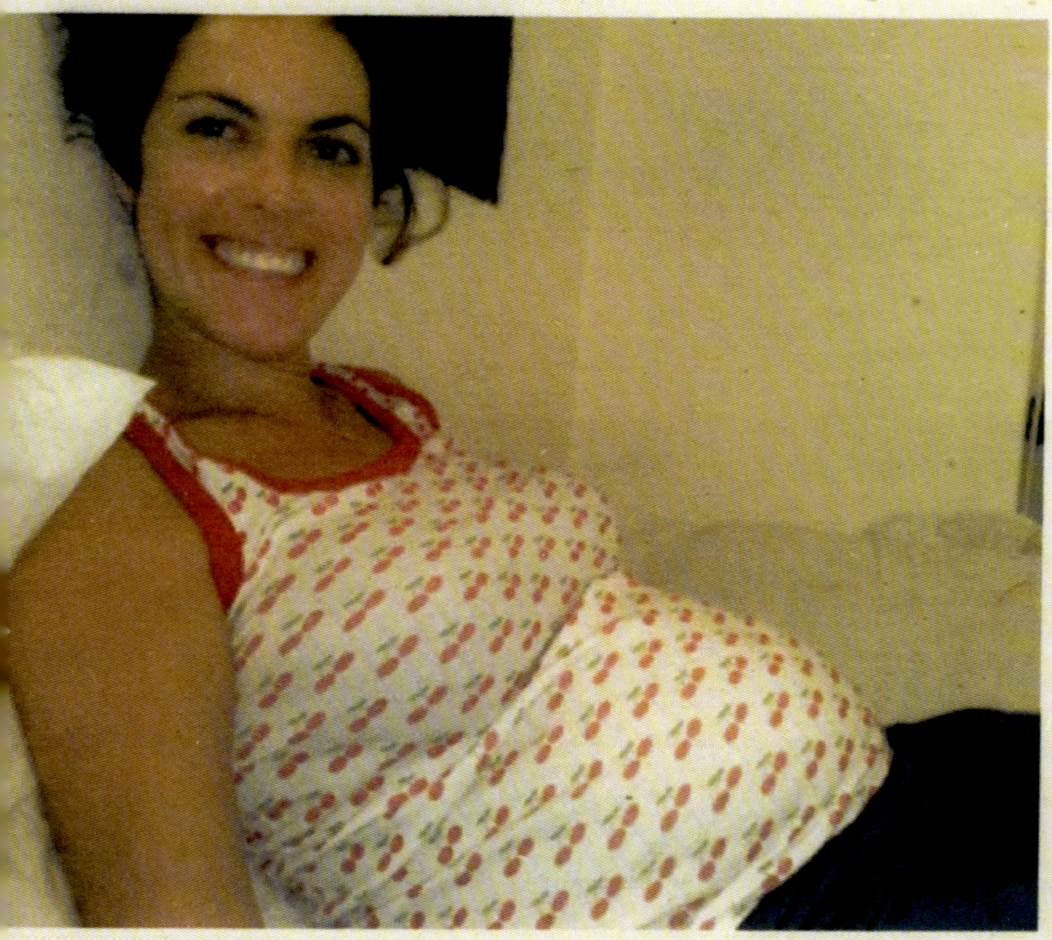

Untitled (Ticket Shack)
Frieze Projects, New York
3.–6.5.2012

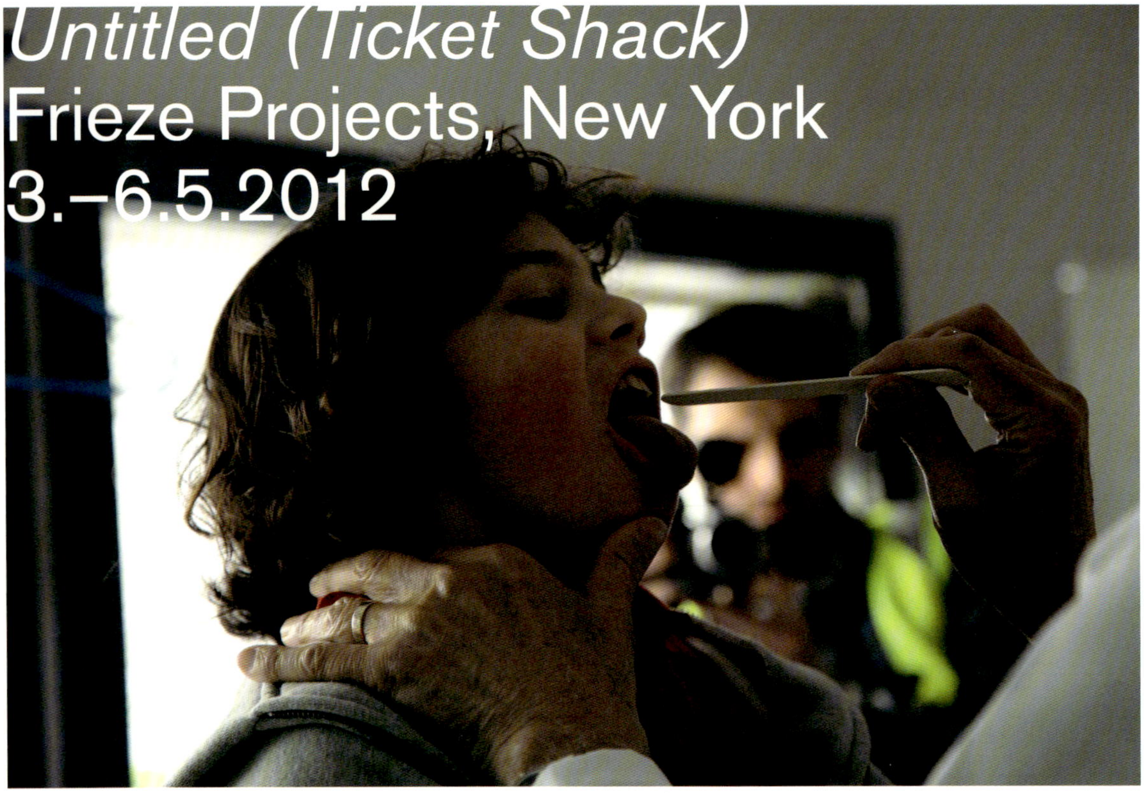

Untitled (Ticket Shack), 2012

Untitled (Ticket Shack), 2012

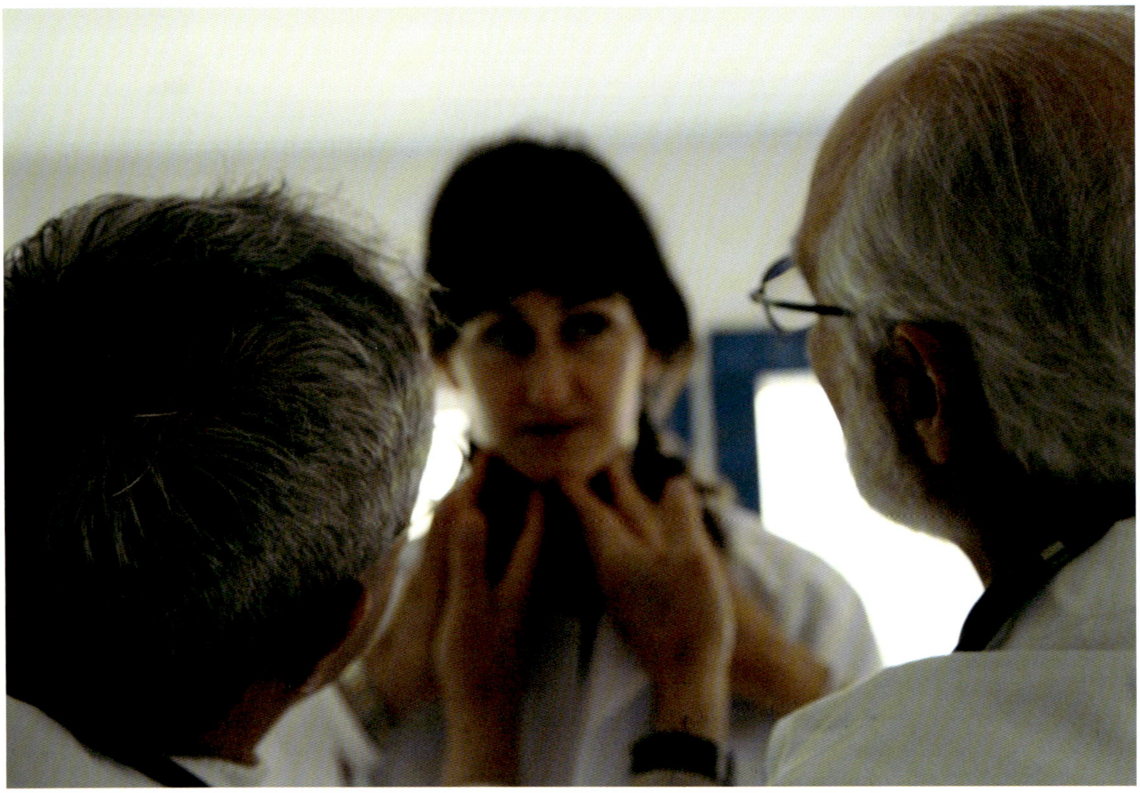

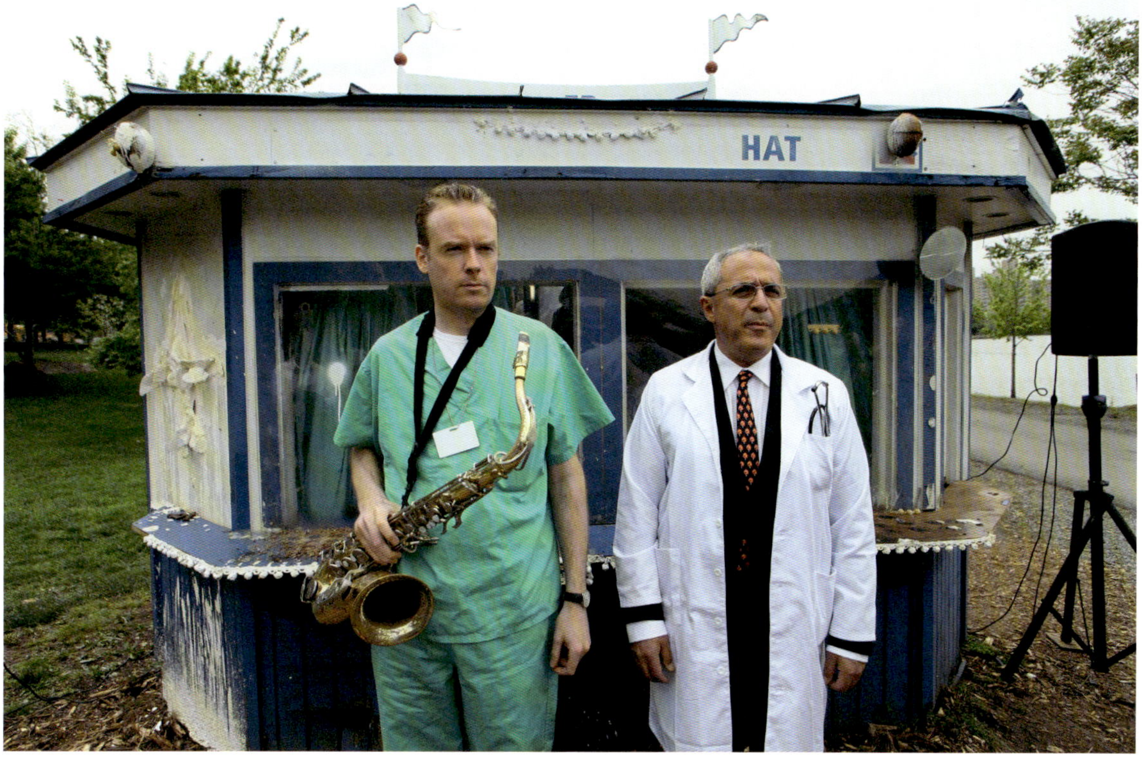

Untitled (Ticket Shack), 2012

161

↓ *Untitled (Ticket Shack)*, 2012 → *Untitled (Ticket Shack)*, 2012

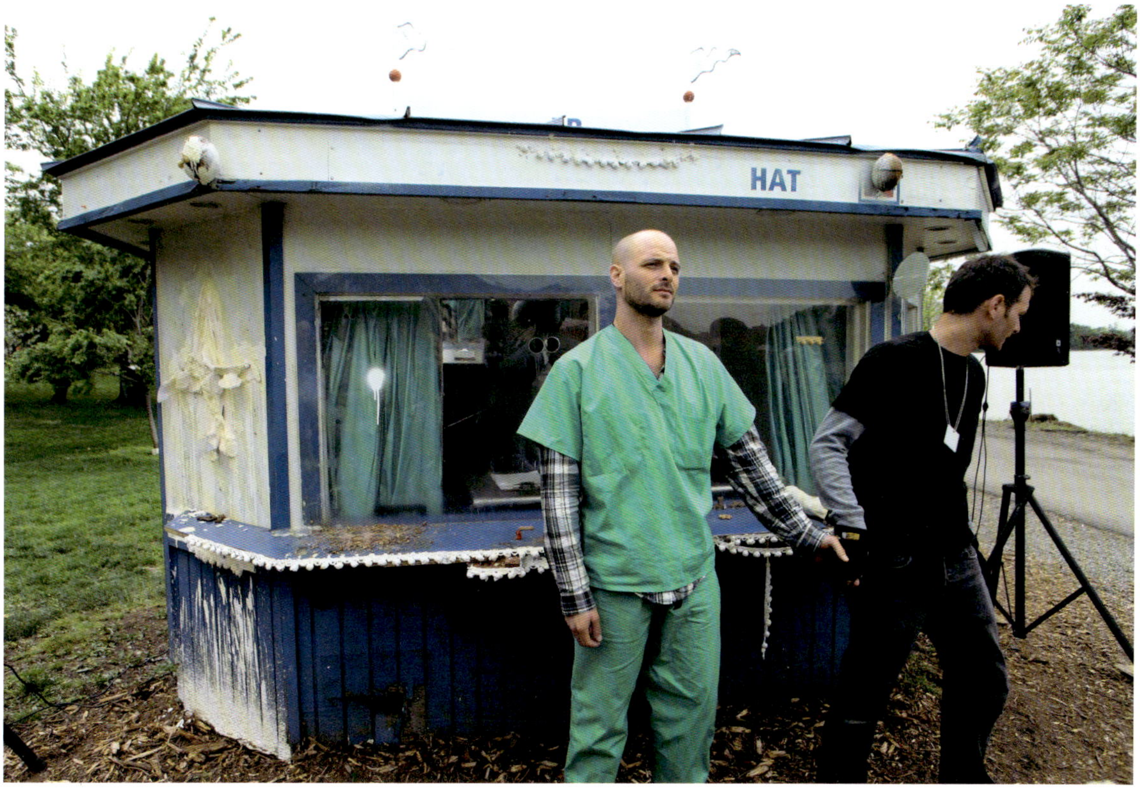

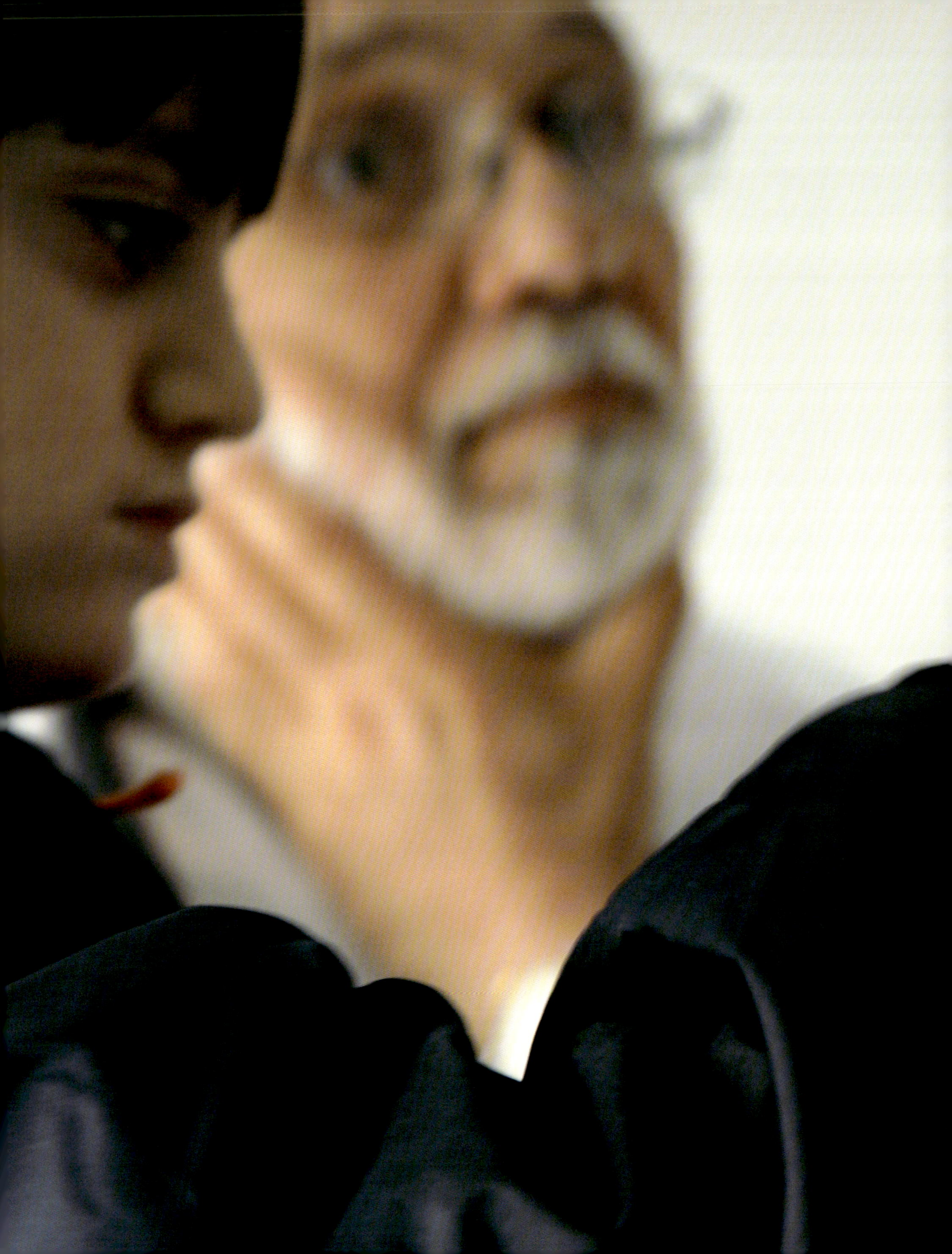

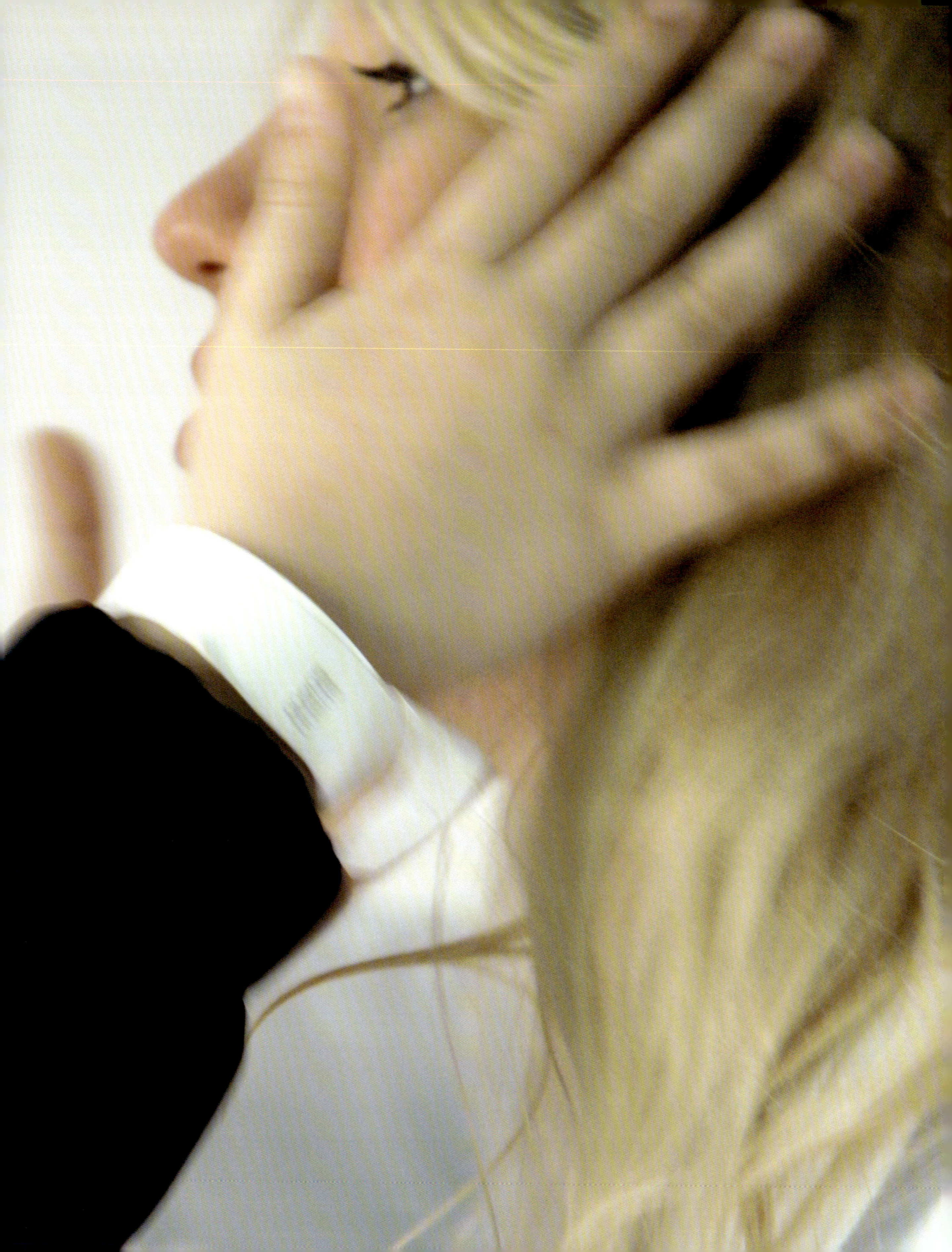

by foot, by car, by bus
Gavin Brown's enterprise,
New York
14.1.–25.2.2012

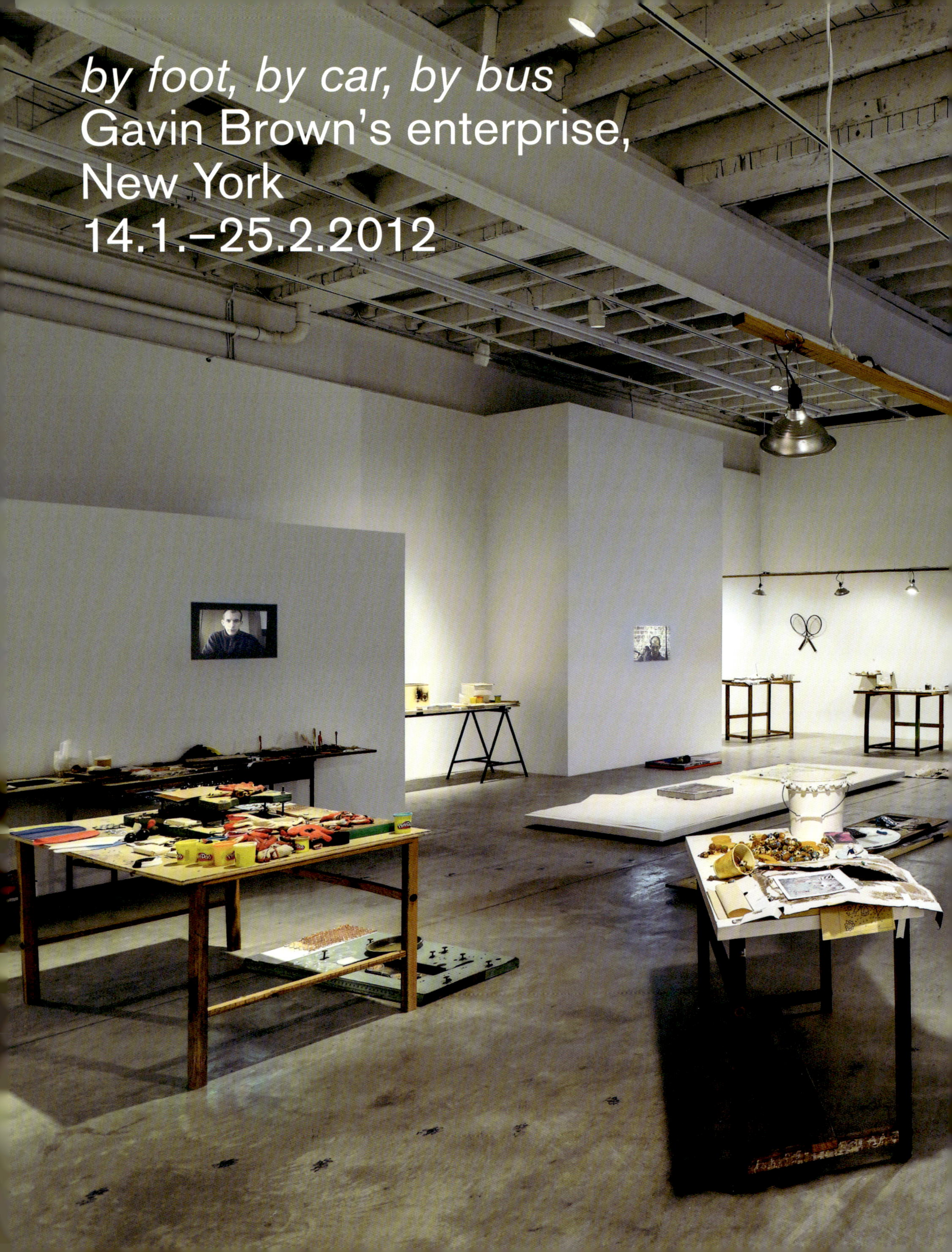

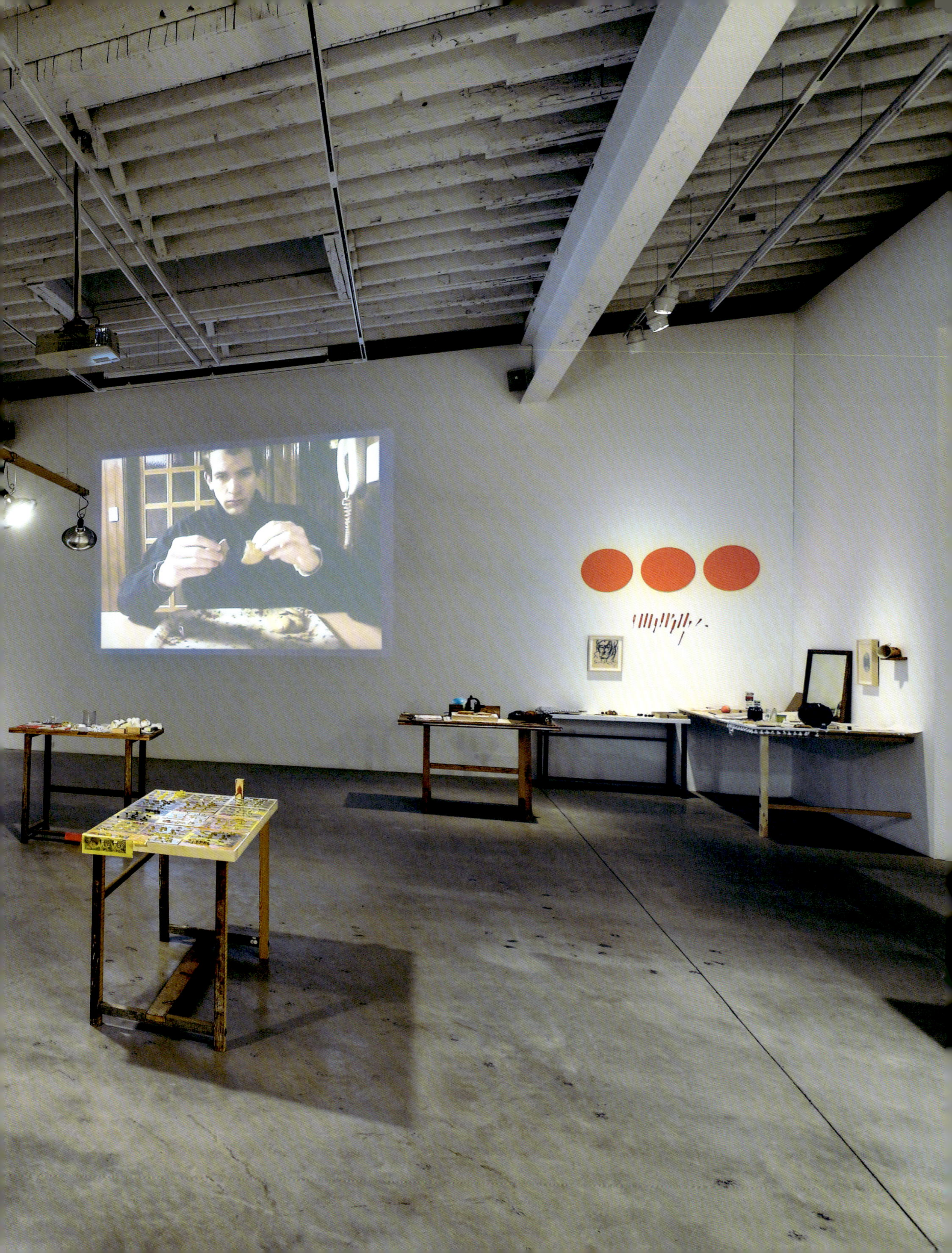

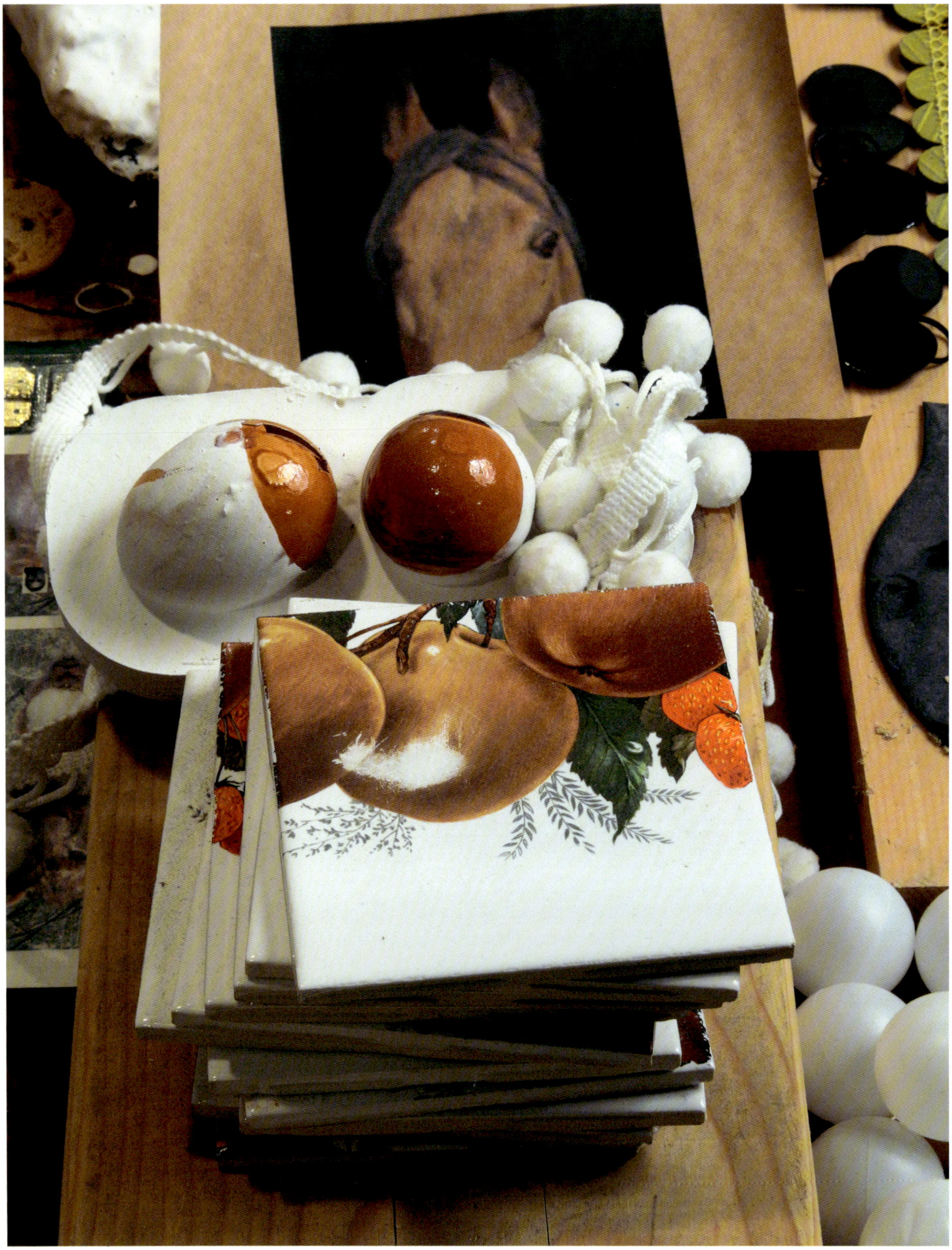

↑ *Untitled* (detail), 2012 → Ausstellungsansicht / Installation view

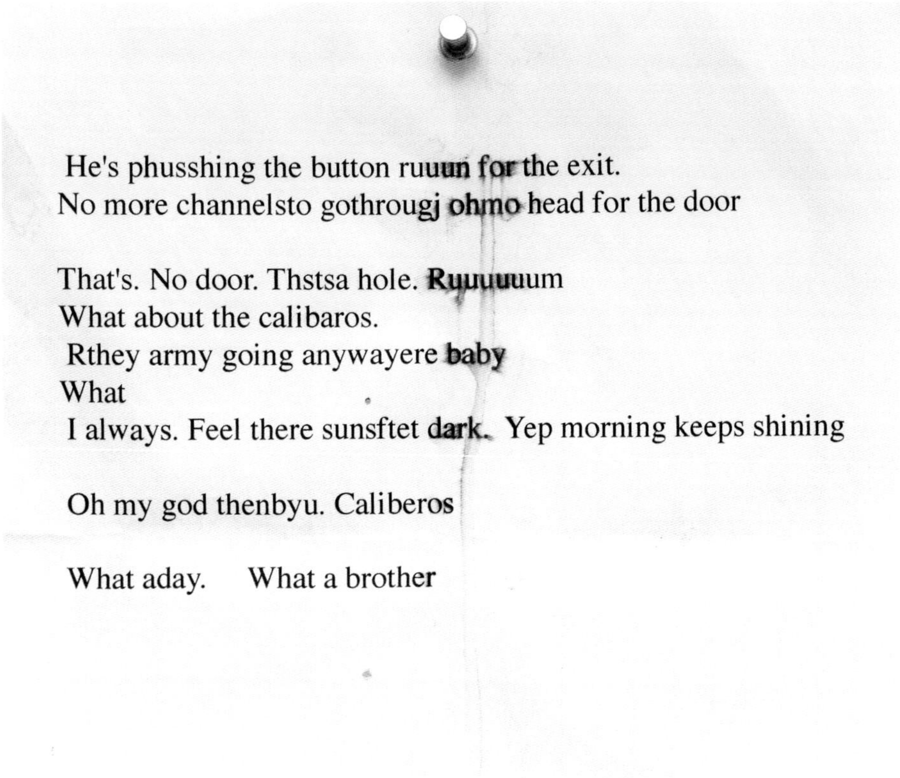

He's phusshing the button ruuun for the exit.
No more channelsto gothrougj ohmo head for the door

That's. No door. Thstsa hole. Ruuuuum
What about the calibaros.
Rthey army going anywayere baby
What
I always. Feel there sunsftet dark. Yep morning keeps shining

Oh my god thenbyu. Caliberos

What aday.   What a brother

Untitled, 2012

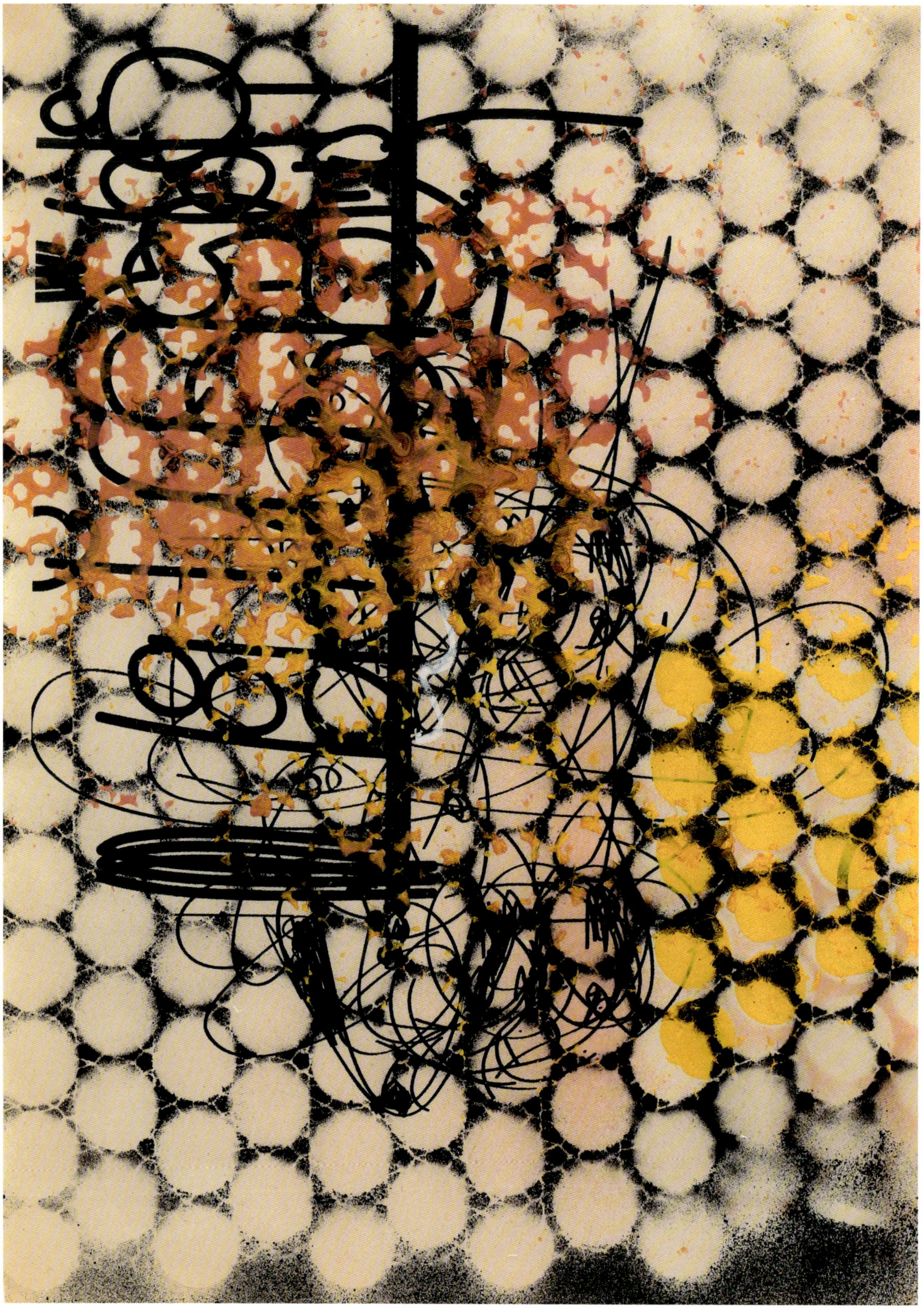

Untitled, 2012

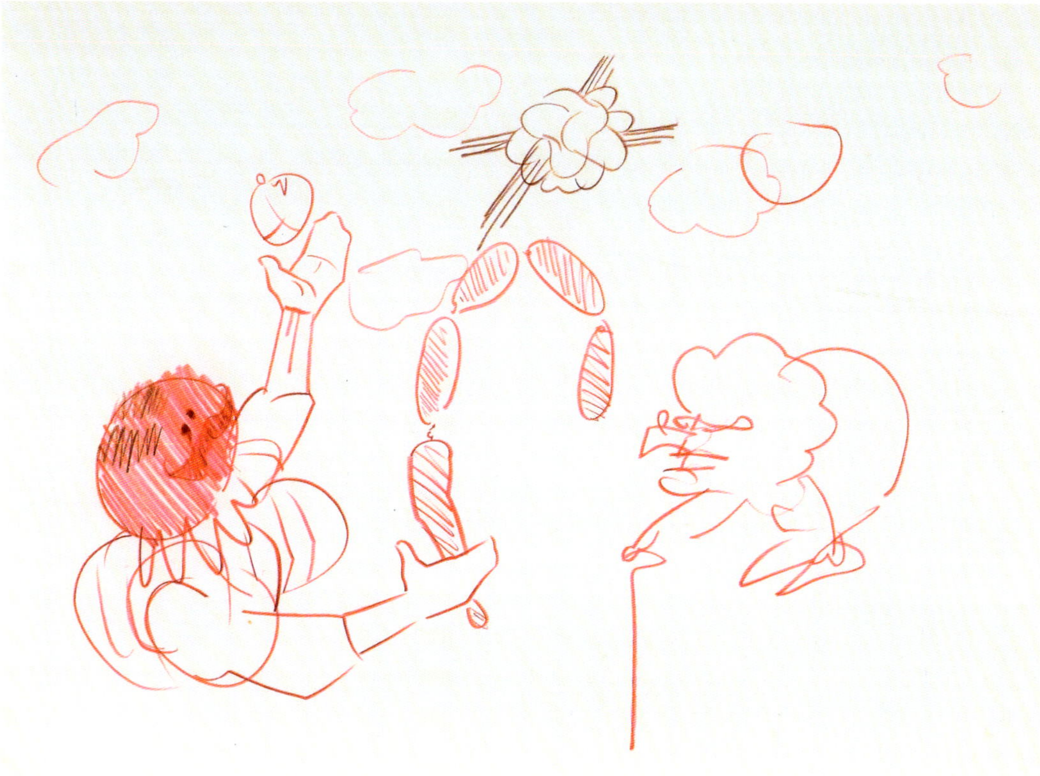

↑ *Untitled*, 2012 → *Untitled*, 2012

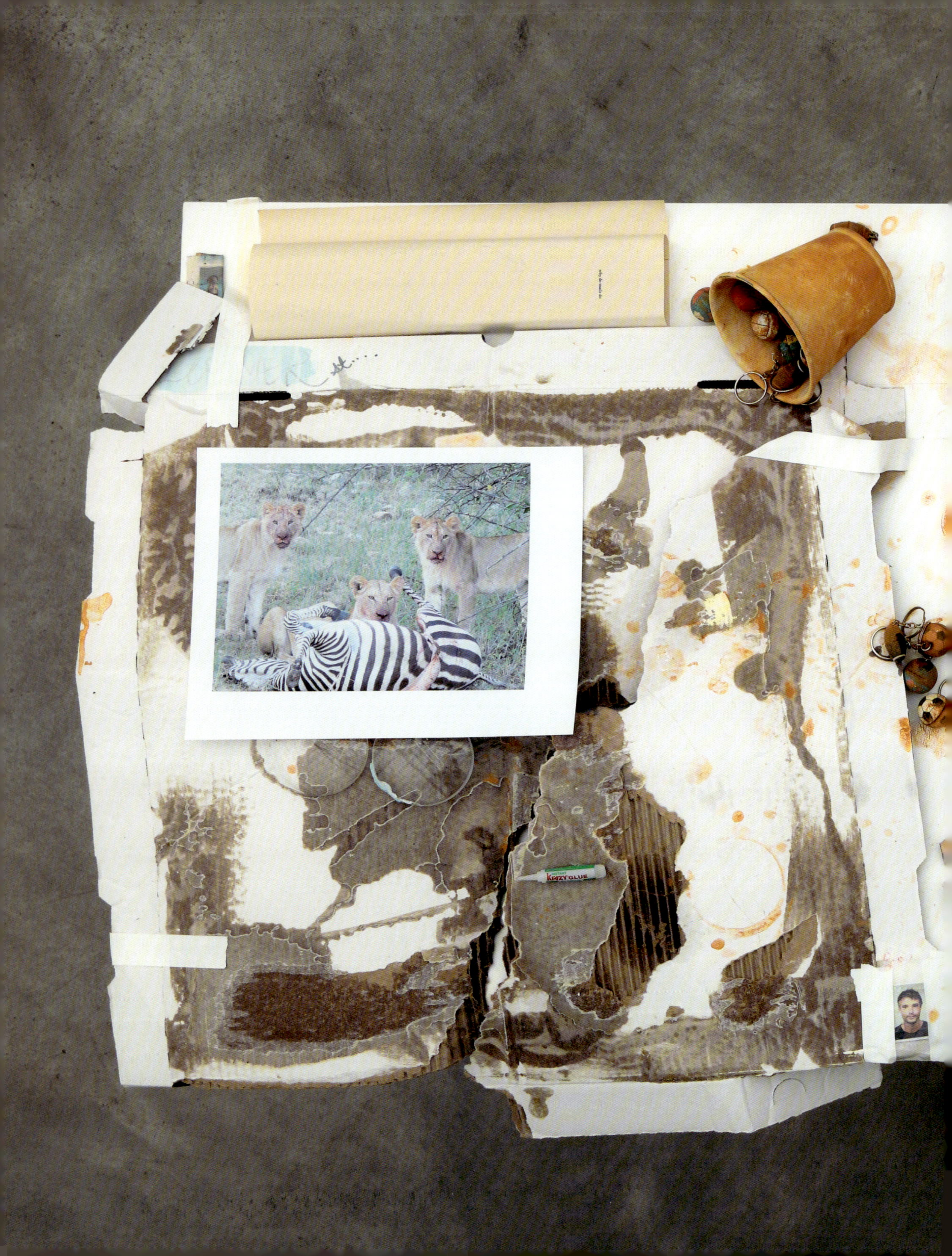
KRAZY GLUE

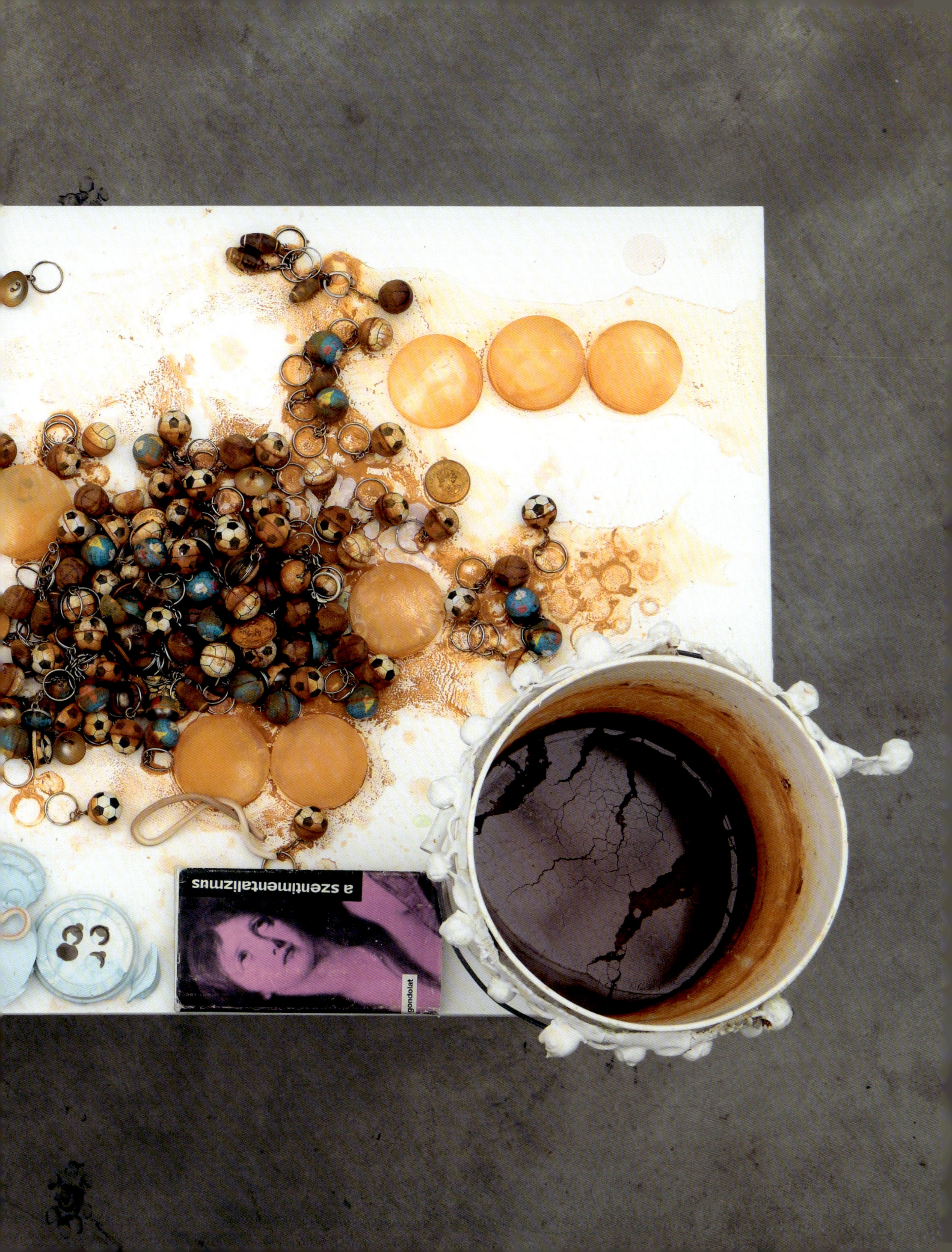
a szentimentalizmus
gondolat

Knight's Move
SculptureCenter, New York
3.5.–26.6.2010

172

All This Is Yours, 2010

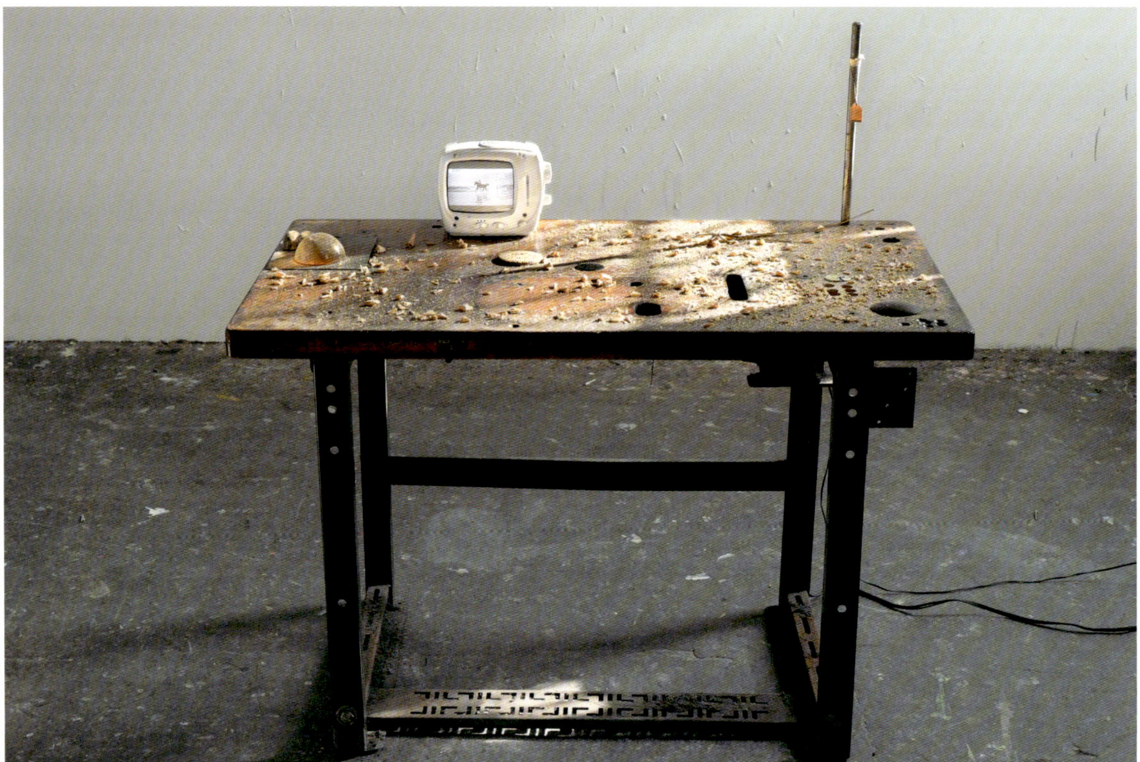

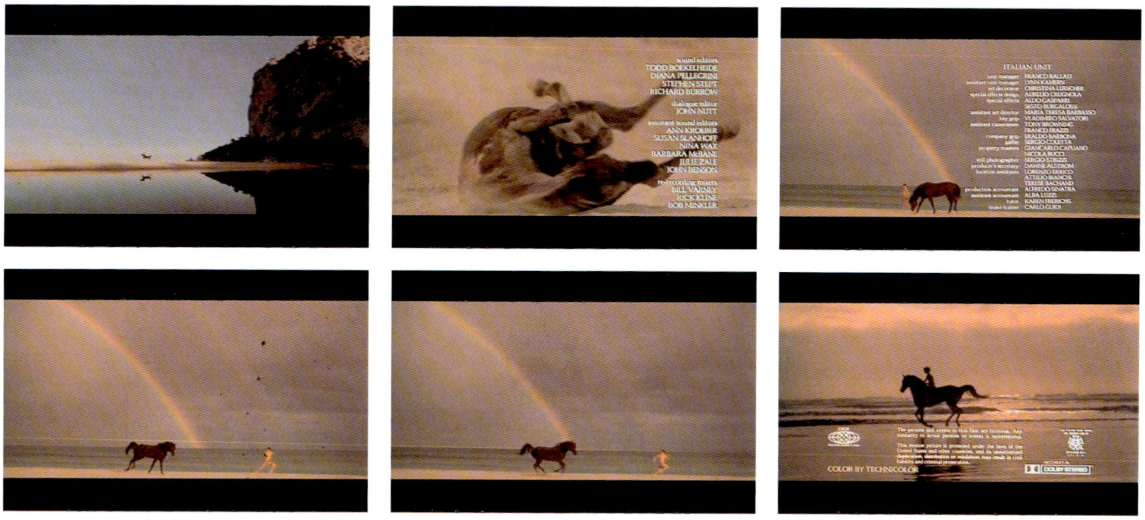

All This Is Yours, 2010

All This Is Yours (detail), 2010

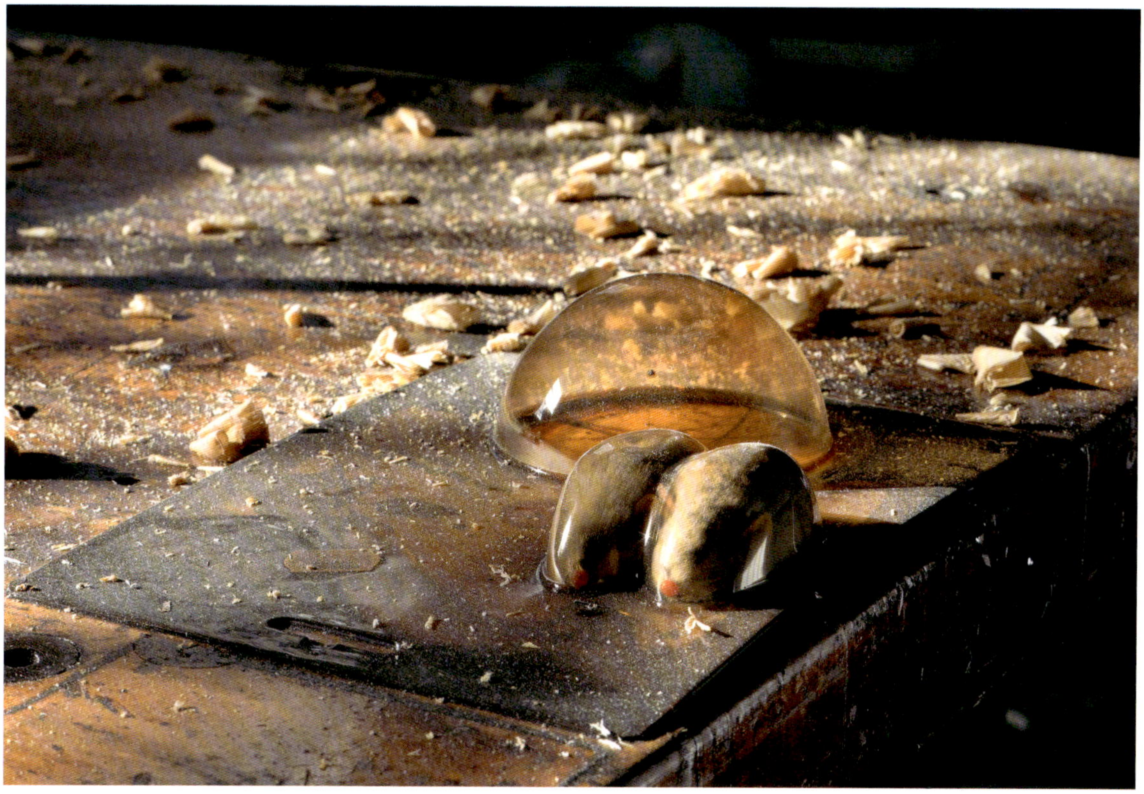

Geraniums
Rivington Arms, New York
11.12.2008–25.1.2009

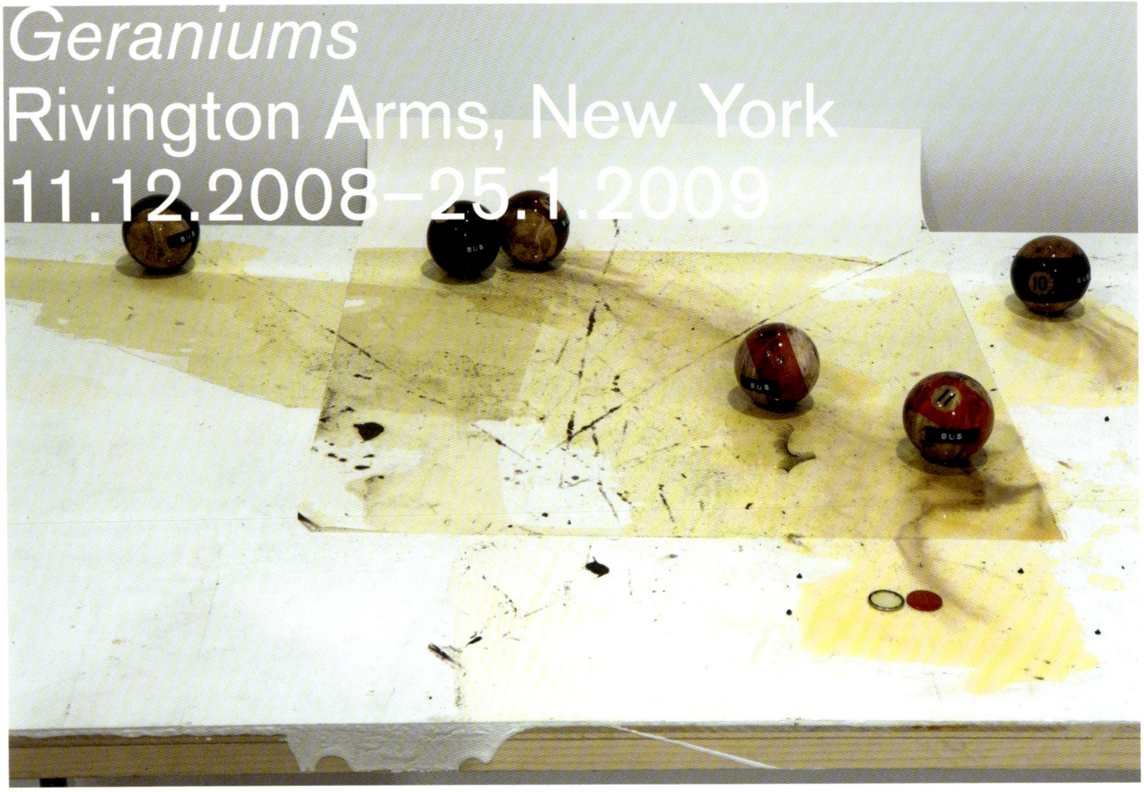

Untitled (Bus), 2008

Untitled (Bus) (detail), 2008

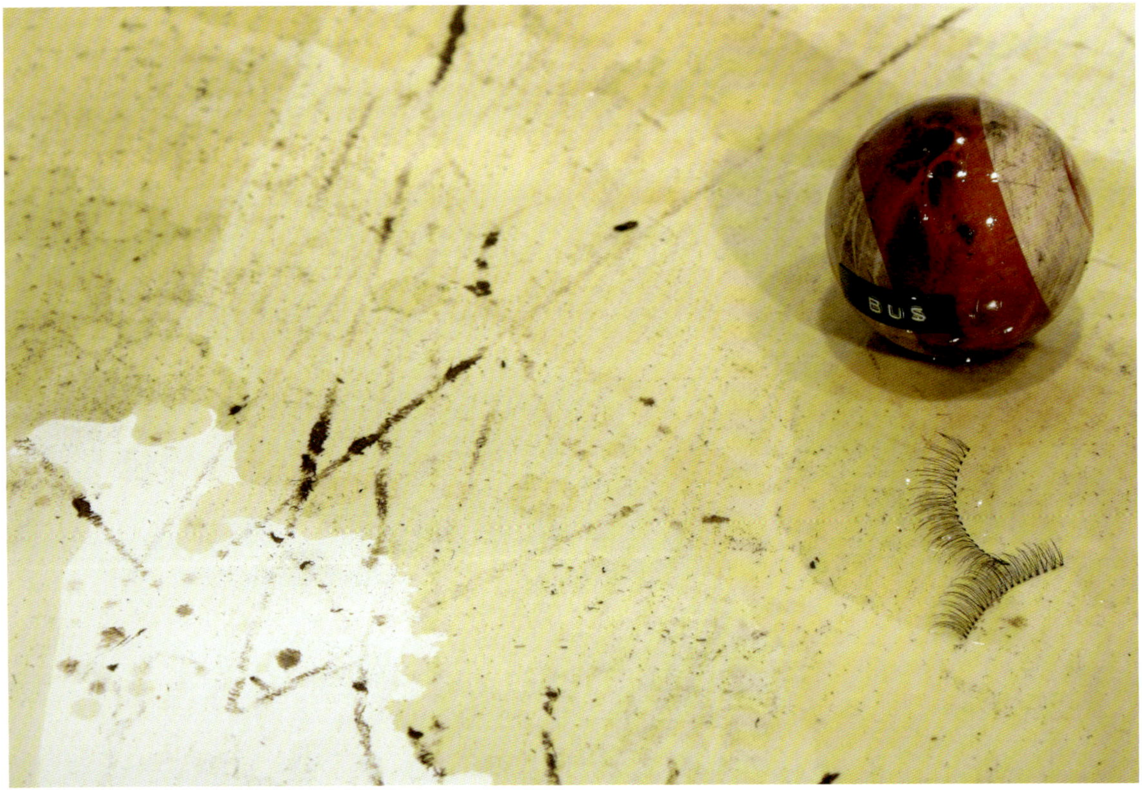

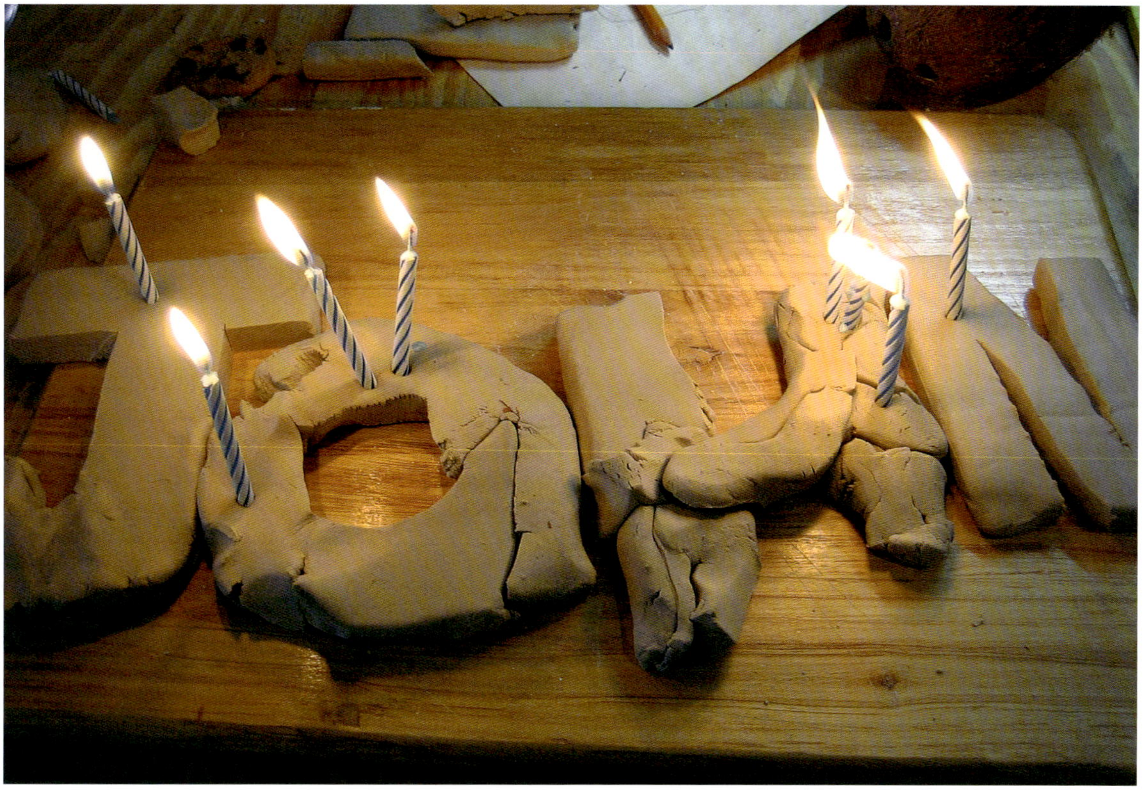

John, 2008

Dogs and Cats, 2008

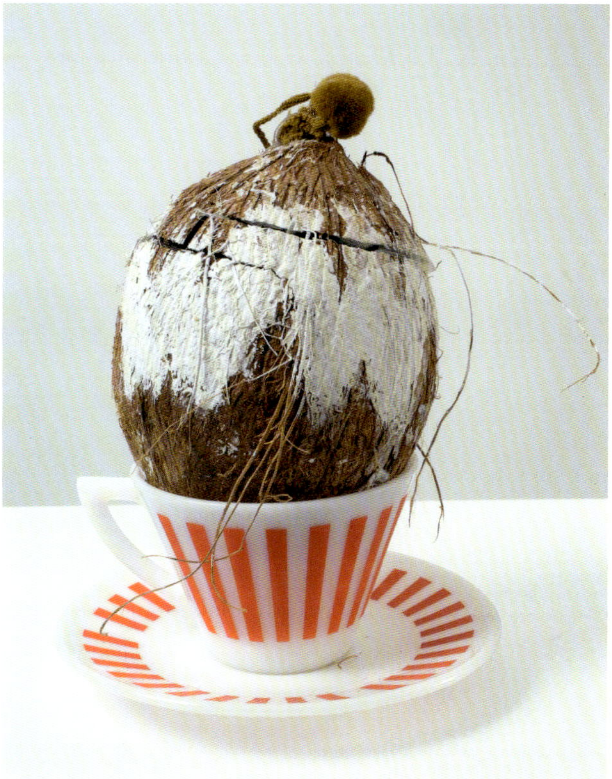

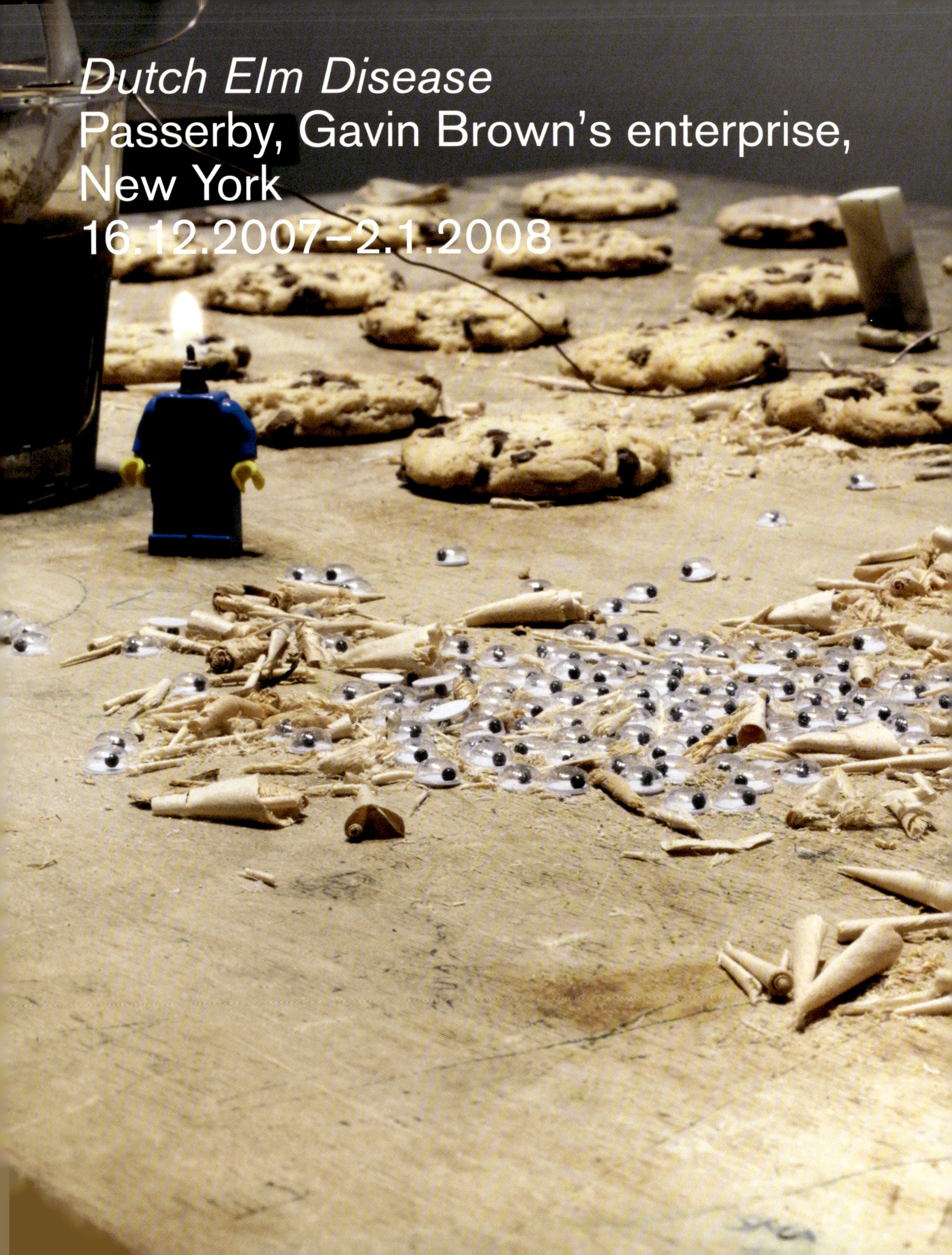

Dutch Elm Disease
Passerby, Gavin Brown's enterprise,
New York
16.12.2007–2.1.2008

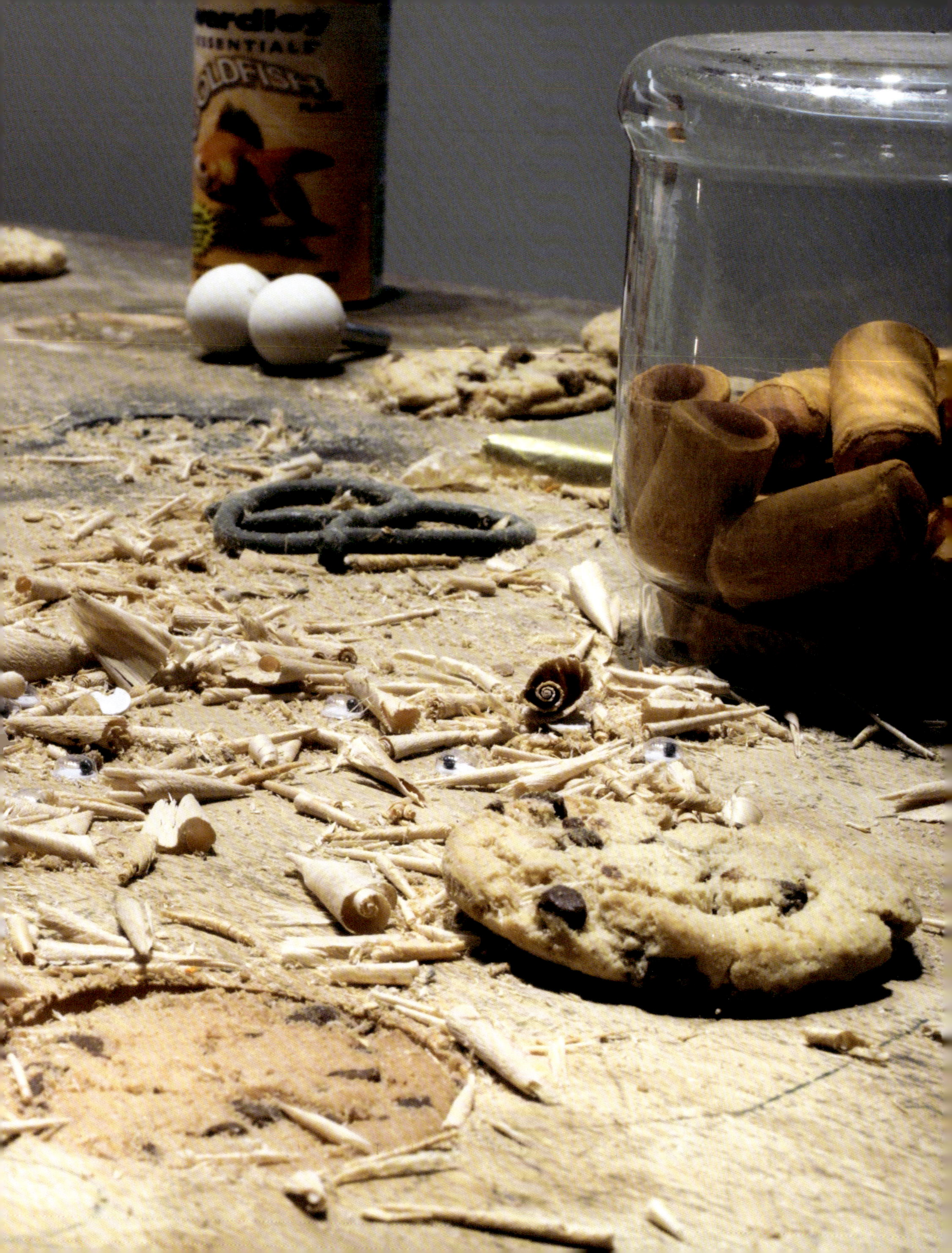

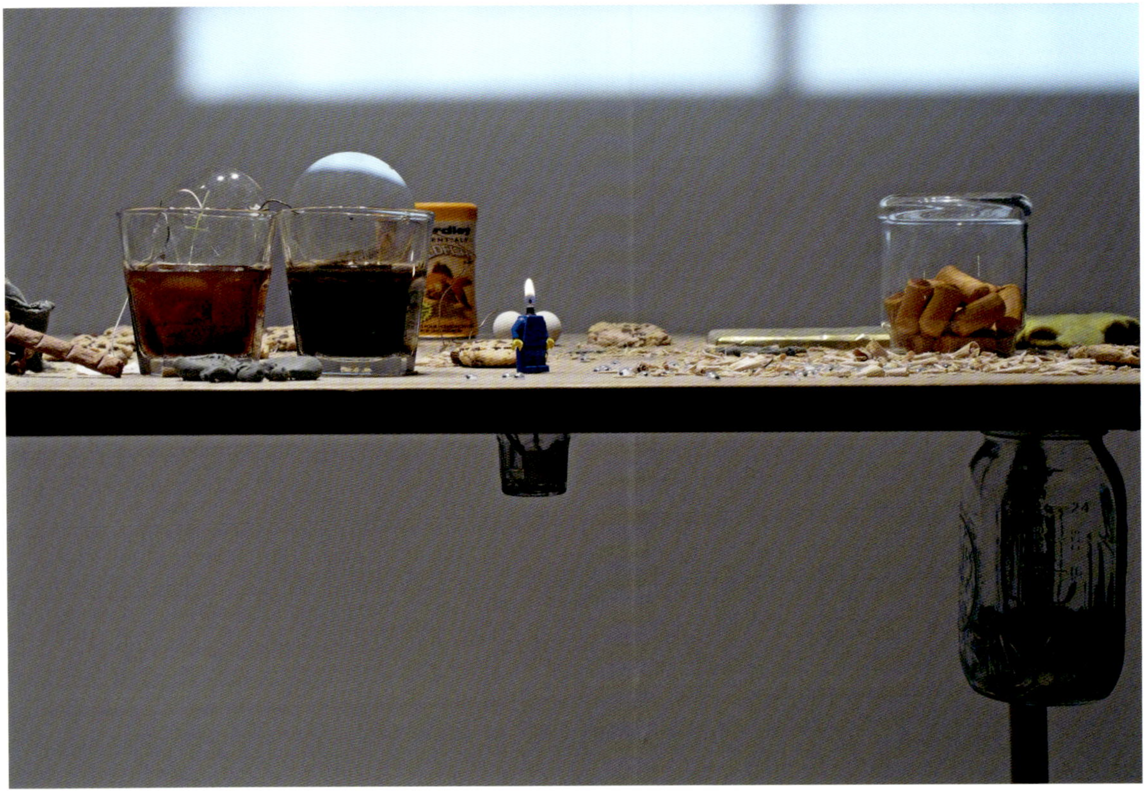

← ↑ *Geraniums* (detail), 2007

Geraniums (detail), 2007

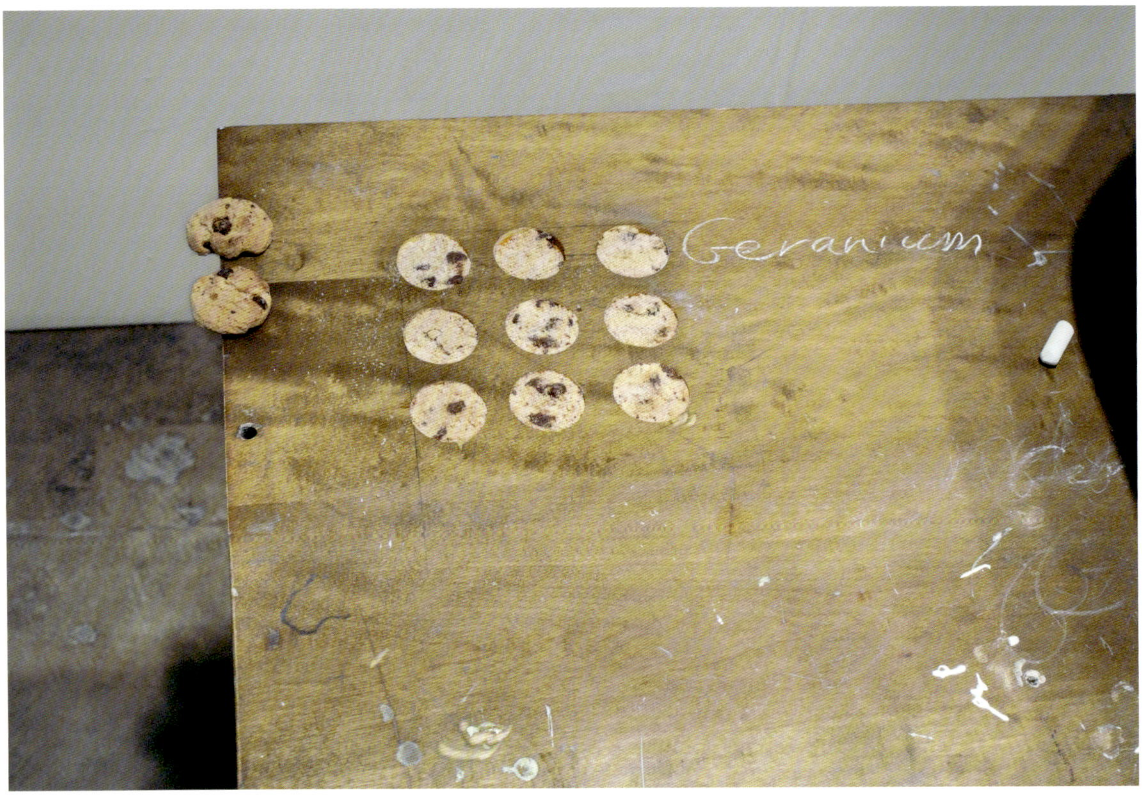

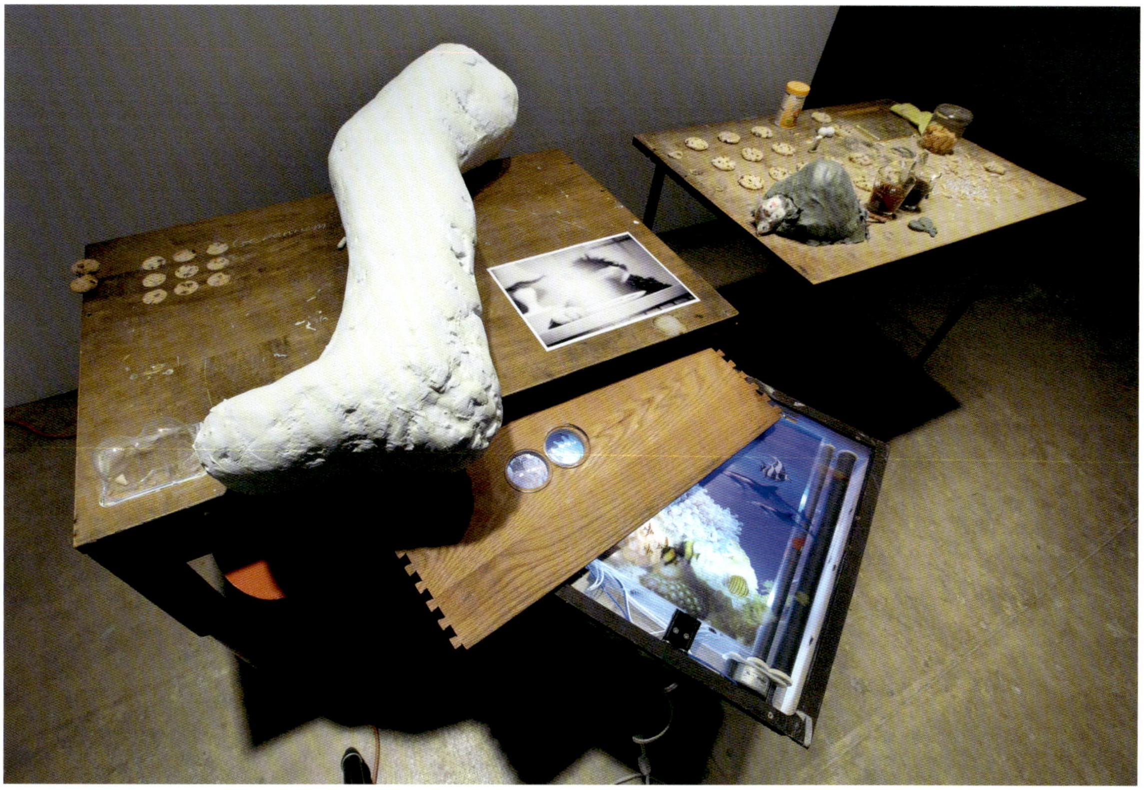

Geraniums, 2007

↓ *Geraniums* (detail), 2007 → *Untitled*, 2006

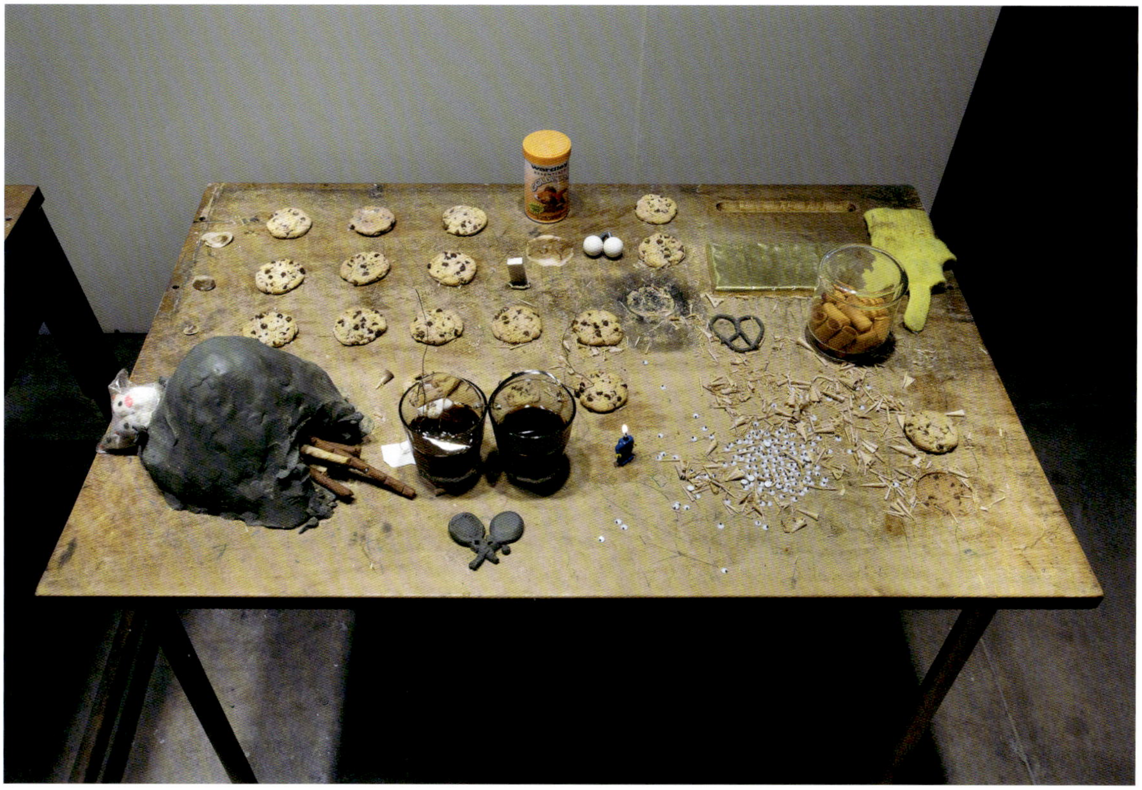

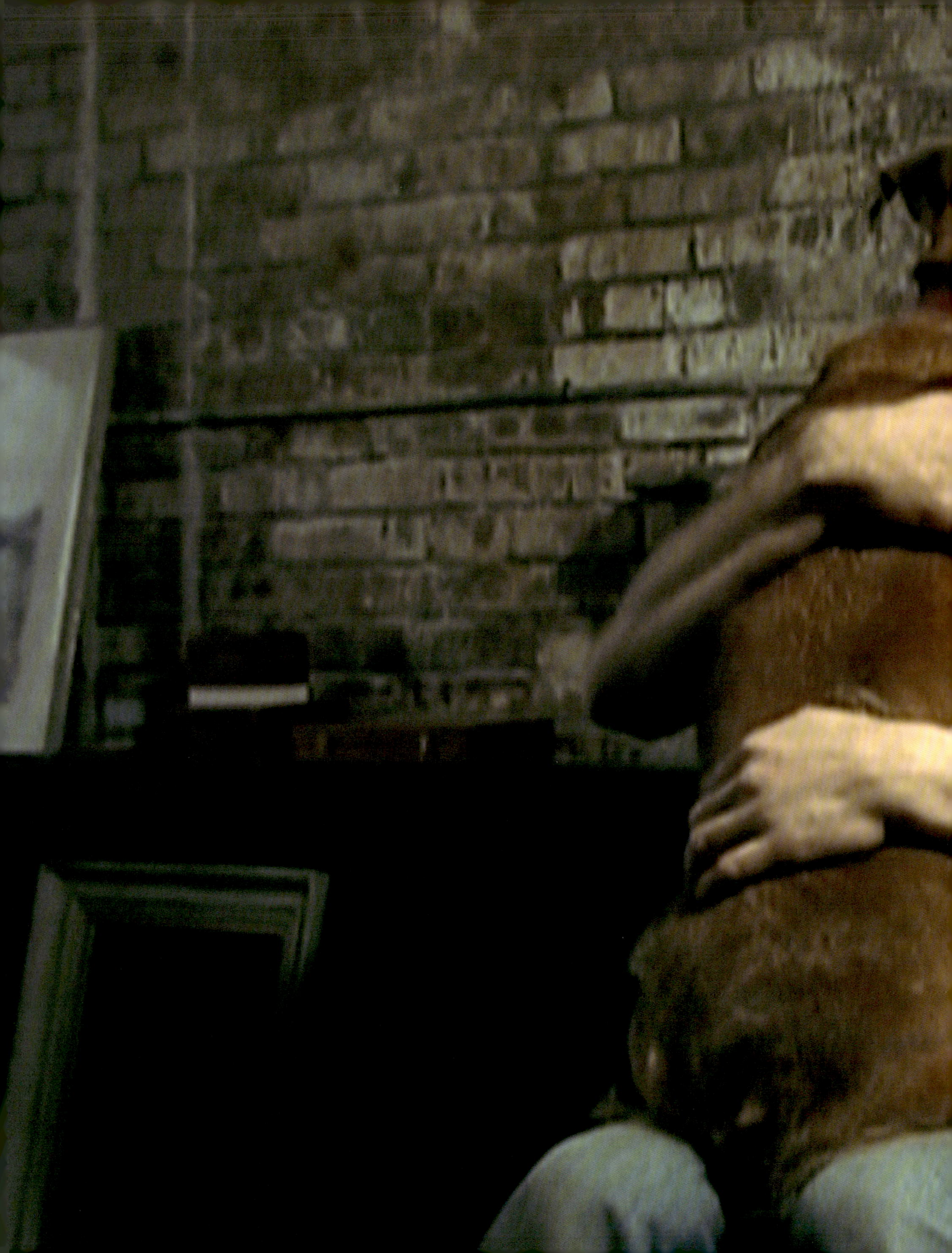

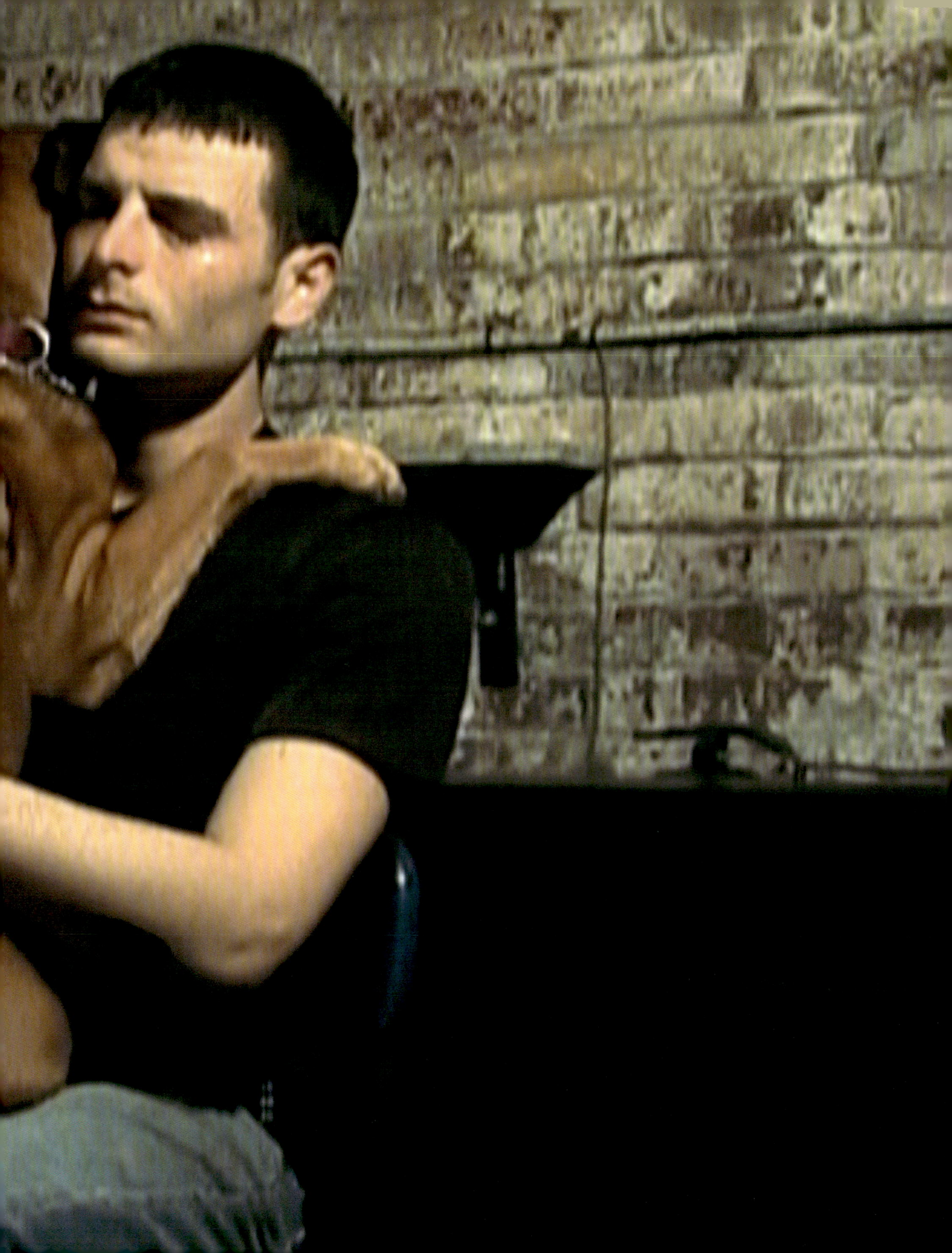

Biografie und Bibliografie /
Biography and Bibliography

Geboren 1977, lebt und arbeitet in New York. /
Born 1977, lives and works in New York.

Ausbildung / Education

2007
Columbia University, New York, MFA Visual Arts

2004
Bezalel Academy of Arts and Design, Jerusalem, B.Des.

2003
The Cooper Union, New York

Einzelausstellungen (Auswahl) /
Selected Solo Exhibitions

2015
Sadie Coles HQ, London
mother's tankstation, Dublin

2014
Sensitivo, Kölnischer Kunstverein
Puddles, Peep-Hole, Milan
Hat On Hook, Disjecta Contemporary Art Center, Portland

2013
Five Minutes Before, South London Gallery
here, here and here, Kunsthalle Zürich

2012
Untitled (Ticket Shack), Frieze Projects, New York
I mean orange (with Elizabeth Neel), STUDIOLO, Zurich
Untitled (Good & Bad), The High Line, New York
by foot, by car, by bus, Gavin Brown's enterprise, New York

2011
A to Z (that stops at Q), Statements, Art 42 Basel, with mother's tankstation

2010
Doctor, Dog, Sandwich, mother's tankstation, Dublin

2008
Geraniums, Rivington Arms, New York

Gruppenausstellungen (Auswahl) /
Selected Group Exhibitions

2014
Theater Objects: A Stage for Architecture and Art, LUMA Foundation in collaboration with gta exhibitions, ETH Zurich, LUMA / Westbau, Zurich
2014 Whitney Biennial, Whitney Museum of American Art, New York
Ambulance Blues, Basilica Hudson
Another, Once Again, Many Times More, Martos Gallery, East Marion
8th Liverpool Biennial, Liverpool
Rockaway!, MoMA PS1, Fort Tilden and Rockaway Beach, New York
Glass Puzzle, Simone Subal Gallery, NewYork
Apparition, Sommer Contemporary Art, Tel Aviv
do it Moscow, Garage Museum of Contemporary Culture Pavilion, Moscow
... / Forever Young, Galerie Catherine Bastide, Brussels
Never Enough: Recent Acquisitions of Contemporary Art, Barrel Vault and Hanley, Lamont, Rachofsky, and Stoffel Galleries, Dallas Museum of Art
Listen Up!, New Delhi
Video Screening 25, Zero, Milan
Work Order, Change Order, Mitchell-Innes & Nash, New York

2013
Ground Control to Major Tom, Cookie Butcher, Verhaegen Collection, Antwerp
Desert Plains and Internet Memes, Art: Concept, Paris
Anamericana, DEPART Foundation and American Academy in Rome
Trust (A Mi Izquierda), Balice Hertling, Paris
PIZZA TIME!, Marlborough Broome Street, New York
Rothfeld Collection of Contemporary Israeli Art, The Katzen Arts Center, American University Museum, Washington
Optic Nerve 15. Film Screening, Museum of Contemporary Art North Miami
do it, Manchester International Festival, Manchester Art Gallery; MU Artspace, Eindhoven; Tranzit, Budapest; Socrates Sculpture Park, New York
Yes I Will Yes, American Contemporary, New York
The Encyclopedic Palace, 55. Biennale di Venezia
None of This Was Supposed to Happen, Viafarini, Milan
Empire State, Palazzo delle Esposizioni, Rome
Commercial Break, Anonymous Gallery and Garage Projects, Mexico City
The Assistants, David Kordansky Gallery, Los Angeles

2012
Programme vidéo quotidien: Uri Aran, école de recherche graphique, Brussels
You Should've Heard Just What I Seen: Selections from the Collection of Martin and Rebecca Eisenberg, Riverview School, Cape Cod
The Log-O-Rithmic, GAMeC–Galleria d'Arte Moderna e Contemporanea di Bergamo
Vers la lune en passant par la plage, Les Rencontres d'Arles
MARCH, Sadie Coles HQ, London
Tommy Hartung & Uri Aran, White Flag Projects, St. Louis
Beautiful Potential, mother's tankstation, Dublin

2011
Screening Room, Kölnischer Kunstverein
Heads with Tails, organized by West Street Gallery, Harris Lieberman, New York
FUTURE FORMATS: Video in a New Decade, Electronic Arts Intermix, New York
Numerator and Denominator, Herzliya Museum of Contemporary Art
Commercial Break, Garage Projects, 54. Biennale di Venezia
After Images, Musée Juif de Belgique, Brussels
A Hole Is to Dig, Office Baroque Gallery, Antwerp
Partoftheprocess4, Galleria Zero, Milan
No More Presence 2 (with Liam Gillick), The Artist's Institute, New York

2010
Painting and Sculpture: To Benefit the Foundation for Contemporary Arts, Lehmann Maupin, New York
It's All American, New Jersey Museum of Contemporary Art, Asbury Park, New Jersey
Wait For Me at the Bottom of the Pool, Martos Gallery, Bridgehampton
The Coke Factory, Ritter/Zamet, London
1848!!! (with Liam Gillick), Esther Schipper, Berlin
Greater New York (with Tommy Hartung), MoMA PS1, Long Island City, New York
Knight's Move, SculptureCenter, New York
5 Videos, West Street Gallery, New York
No More Presence (with Liam Gillick), Gresham's Ghost, New York
Gr0up Sh0w, Taxter & Spengemann, New York
Manamal, Herzliya Museum of Contemporary Art

2009
The Living and the Dead, Gavin Brown's enterprise, New York
The Kings County Biennial, Kidd Yellin Gallery, New York
TIME–LIFE 2, Taxter & Spengemann, New York
Circular File Channel, PERFORMA, New York
PRUESSPRESS 2, Ritter/Zamet, London
The Fuzzy Set, LAXART, Los Angeles
Odeon, Ritter/Zamet, London
Video, New Museum, New York
Made in the USA, Philip Deely & Kalika Farmer, Great Barrington
On From Here, Guild & Greyshkul, New York

2008
Closer Now, Rivington Arms, New York
Controversy of the Common Experience, SOIL, Seattle
SINGULAR FRIENDS, 41 Wooster, New York
FRIENDLY, CRG Gallery, New York
New Work, Mesler & Hug, Los Angeles
YES, AR/Contemporary, Milan
PRUESSPRESS 1, Rental, New York
Sunshine, Ritter/Zamet Gallery at Rental, New York
CRG Open Video Series, CRG Gallery, New York
On Paper, Moti Hasson Gallery, New York

2007
Loot from Wars of Nationalist Aggression, Passerby, Gavin Brown's enterprise, New York
Wu tang/Googolplex show, Passerby, Gavin Brown's enterprise, New York
Dutch Elm Disease, Passerby, Gavin Brown's enterprise, New York
Artists' Cinema, Henry Art Gallery, Seattle
New Misunderstandings: Return of the Same (with Jeremy Eilers), Moti Hasson Gallery, New York
Beyond the Pale, Moti Hasson Gallery, New York

Filmvorführungen / Screenings

2013
None of this Was Supposed to Happen, Viafarini, Milan

2012
A Film to be Determined by Uri Aran, White Flag Projects, St. Louis

2011
Screening Room: Cologne, Kölnischer Kunstverein
Future Formats, Electronic Arts Intermix, New York

Bibliografie (Auswahl) / Selected Bibliography

2014
Declan Long, "In Its Place. Decoding Uri Aran's mysterious work-tables," *Frieze*, London, no. 167, November–December, p. 136–139.
Gabriel Coxhead, "Uri Aran: Five Minutes Before," *Time Out London*, London, December 2, http://www.timeout.com/london/art/uri-aran-five-minutes-before.
Kelley Taxter (ed.), *You Should've Heard Just What I Seen*, Gregory R. Miller & Co, New York.
"Glass Puzzle," *The New Yorker*, New York, July 11.
Karen Rosenberg, "Glass Puzzle," *The New York Times*, New York, July 3, p. C19.
Kelly Taxter (ed.), *You Should've Heard Just What I Seen*, Gregory R. Miller & Co., New York.
Rachel E. Guthrie, "Uri Aran: Five Minutes Before," *this is tomorrow – Contemporary Magazine*, London, January 10, http://this-istomorrow.info/articles/uri-aran-five-minutes-before.
Michele Robecchi, "Uri Aran: South London Gallery, London," *Flash Art*, Milan, no. 295, March–April, p. 97.
Timothée Chaillou, "Empire State–New York Art Now," *Flash Art*, Milan, no. 295, March–April.
Oliver Jones, "Art review: Uri Aran and Richard Fleischner at South London Gallery," *Metro*, London, January 8, http://metro.co.uk/2014/01/08/art-review-uri-aran-and-richard-fleischner-at-south-london-gallery-4254874/.

2013
Gabriel Coxhead, "Uri Aran: Five Minutes Before," *Time Out London*, London, December 2, http://www.timeout.com/london/art/uri-aran-five-minutes-before.
Ben Luke, "Uri Aran: Five Minutes Before, South London Gallery – exhibition review," *London Evening Standard*, London, December 13, http://www.standard.co.uk/goingout/exhibitions/uri-aran-five-minutes-before-south-london-gallery--exhibition-review-9002621.html.
"Untitled (Ticket Shack)," *HAARETZ*, Tel Aviv/New York, November 18.
Matt Packer, Trust (A mi izquierda), *Frieze*, London, November 15, http://www.frieze.com/shows/review/trust-a-mi-izquierda/.
Barbara Pollack, "Now Hear This: Sound Art Has Arrived," *ARTnews*, New York, vol.112, no. 10, November 14, http://www.artnews.com/2013/11/14/now-hear-this-sound-art-has-arrived/.
"Vedere Attraverso/Seeing Through," *Warburghiana*, Milan, October, http://www.warburghiana.it/index.php?&qy=em9uZT0xNyZpZD0xNDI4.
Eva Munz, „Watchlist," *Monopol*, Berlin, no. 8, August, p. 30.
"Sculpture Center Features Uri Aran Limited Edition Piece," *Broadway World*, New York, July 26, http://www.broadwayworld.com/bwwart/article/SculptureCenter-Features-Uri-Aran-Limited-Edition-Piece-20130726#.U6Gd-dyj_fY.
Chris Wiley, "Uri Aran," Massimiliano Gioni (ed.), *The Encyclopedic Palace*, Marsilio, Venice, p. 118–120, 279–280.
Colin Perry, "Uri Aran," *Vitamin D2. New Perspectives in Drawing*, Phaidon Press, London, p. 21–25.
Hans Ulrich Obrist, "Uri Aran," Alex Gartenfeld & Norman Rosenthal (eds.), *Empire State. New York Art Now*, Skira, Milan, p. 64–66.
Jenny Jaskey, "Uri Aran and Tobias Madison at Kunsthalle Zürich," *Mousse Magazine*, Milan, no. 37, February, http://moussemagazine.it/uri-aran-and-tobias-madison/.
"New York Artists Now: A Special Issue of the *New Yorker Observer*," *GalleristNY*, New York, February 22, http://galleristny.com/2013/02/new-york-artists-now/.
Ana Finel Honigman, "Uri Aran," *Artforum*, New York, no. 6, vol. 51, February, http://artforum.com/archive/id=39382.
Jörg Schwerzmann, "Mal ganz voll, mal halb leer," *Bolero*, Zurich, February, http://www.boleromagazin.ch/news/bravuroes-mit-laessiger-eleganz.
"Here, Here and Here," *50plus*, Zug, February 12, p. 63.
Suzanne Kappeler, "Die Welt aus einer Box," *Neue Zürcher Zeitung*, Zurich, February 9, p. 25.
"Uri Aran's first comprehensive solo institutional show opens at Kunsthalle Zürich," *ArtDaily*, Mexico City, February 4, http://artdaily.com/news/60523/Uri-Aran-s-first-comprehensive-solo-institutional-show-opens-at-Kunsthalle-Zurich#.U06NGrvE-FZ.
Jerry Saltz, "The Shapes of the Twentieth Century," *New York Magazine*, New York, vol. 46, no. 1, January 14, p. 64.
Fionn Meade, *The Assistants*, Mousse Publishing, Milan, p. 5–12, 169, http://dl.dropboxusercontent.com/u/44639730/The%20Assistants.pdf.

2012
Liam Gillick, "Collective interview: I Always Wonder What It Would Be Like," *Flash Art*, Milan, no. 287, November–December.
Drawing Papers, selected by Gavin Delahunty, no. 6, September, p. 26, http://issuu.com/mikecarney/docs/dp6_32pg_singles_issuu.
"Work in Progress. Photography Jason Schmidt," *V Magazine*, New York, no. 78, Fall, p. 2–7.
Orit Gat, "Portfolio: Uri Aran," *Modern Painters*, New York, May, p. 15–16.
Linda Yablonsky, "Gilding the 'Lilliput,'" *T Magazine blog*, New York, April 30, http://tmagazine.blogs.nytimes.com/2012/04/30/artifacts-gilding-the-lilliput/?_php=true&_type=blogs&_r=0.
Emily Hall, "Review," *Artforum*, New York, vol. 50, no. 8, April, p. 211.
"Review," *The New Yorker*, New York, February 27, p. 12.
Gemma Tipton, "Beautiful Potential," *Artforum.com*, New York, February, http://artforum.com/archive/id=30207.
"Uri Aran, Top TEN," *Artforum*, New York, vol. 50, no. 5, January, p. 99–100.

2011
Bartholomew Ryan, "Constructive Autism," *Kaleidoscope*, Milan, no. 12, Fall, p. 62–67.
Fionn Meade, "Currents in Sculpture. Circa 2011," *ArtinAmerica.com*, December 29, http://www.artinamericamagazine.com/news-features/news/top-10-sculpture-2011/.
Alex Gartenfeld, "First Look," *Art in America*, New York, December, p. 39.
Cecilia Alemani, "Uri Aran," *Interview Magazine*, New York, December.
Helena Kontova and Giancarlo Politi, "Top 100 Artists," *Flash Art*, Milan, no. 281, November–December.
Hilde van Gelder, "After Images," *Artforum.com*, July 26, http://artforum.com/archive/id=28663.
"Uri Aran," Tom Eccles, Liam Gillick, Hans Ulrich Obrist, Philippe Parreno, & Beatrix Ruf (eds.), *LUMA Award* 2011, Luma Foundaton, Arles & Mousse Publishing, Milan.
Fionn Meade, *After Images*, Jewish Museum of Belgium, Brussels.

2010
Cecilia Alemani, "I Believe in Mimicry," *Mousse*, Milan, no. 26, December, p. 116–122.
Mai Blount, "Doctor Dog Sandwich," *mother's annual 2010*, mother's tankstation, Dublin.
Chris Fite-Wasslek, "Doctor Dog Sandwich," *Art Papers*, Atlanta, November/December, p. 50.
Herbert Martin, "Dispatches," *ArtReview*, London, October, p. 29–30.
Fionn Meade, *Knight's Move,* Sculpture-Center, New York.

2009
Gabriel Coxhead, "Odeon," *Time Out London*, London, May 21–27, p. 53.
Liam Gillick, "Future Greats: Julieta Aranda & Uri Aran," *Art Review*, London, no. 30, March, p. 70.
Emily Warner, "Uri Aran: *Geraniums*," *The Brooklyn Rail*, Brooklyn, February 4, http://www.brooklynrail.org/2009/02/artseen/uri-aran-geraniums.
Roberta Smith, "Uri Aran," *The New York Times*, New York, January 23, http://www.nytimes.com/2009/01/23/arts/design/23gall.html?pagewanted=all&_r=0.
Ajay Kurian, "Proposals, Pronouncements, Pool balls, and Pictures: with cookies," *Whitehot Magazine*, New York, February 2009, http://whitehotmagazine.com/articles/2009-uri-aran-rivington-arms/1736.

2008
James Westcott, "Project Space Interview," *ArtReview.com*, March 4.

2007
Jerry Saltz, "Beyond the Pale," *The Village Voice*, New York, February 1, http://www.villagevoice.com/2007-01-30/art/the-biggest-picture/.

All websites last accessed January 2015.

Abbildungsverzeichnis /
List of Illustrations

120–121
Ausstellungsansicht / Installation view, *Five Minutes Before*, South London Gallery, 2013

122
Untitled, 2013
7 C-prints
je / each 115.5 x 95 cm
Courtesy Sadie Coles HQ, London, Gavin Brown's enterprise, New York, & mother's tankstation, Dublin

123
Untitled (Five Minutes Before), 2013
Verschiedene Materialien / Mixed media
Masse variabel / Dimensions variable
Courtesy mother's tankstation, Dublin

124
Untitled, 2013
Verschiedene Materialien auf Papier / Mixed media on paper
29.5 x 37 cm
Courtesy mother's tankstation, Dublin

125
Untitled, 2013
Verschiedene Materialien auf Fotopapier / Mixed media on photo paper
35.5 x 29 cm
Courtesy mother's tankstation, Dublin

126
Untitled, 2013
Verschiedene Materialien / Mixed media
37 x 28.5 cm
Privatsammlung / Private Collection

127
Untitled, 2013
Verschiedene Materialien auf Papier / Mixed media on paper
37 x 28.5 cm
Courtesy mother's tankstation, Dublin

128
Untitled, 2013
Verschiedene Materialien auf Papier / Mixed media on paper
37 x 28.5 cm
Courtesy Sadie Coles HQ, London

129
Untitled, 2013
Einkanalvideo, Farbe, Ton / Single-channel video, color, sound
15 Min. 43 Sek. / 15 min. 43 sec.
Courtesy Sadie Coles HQ, London, Gavin Brown's enterprise, New York, & mother's tankstation, Dublin

130–134
Untitled, 2013
Installation für *The Encyclopedic Palace*, 55. Biennale di Venezia, 2013, mit verschiedenen Materialien; 4 freistehende Skulpturen, 2 Videoprojektionen, 32 gerahmte Arbeiten / Mixed media installation, *The Encyclopedic Palace*, 55. Biennale di Venezia, 2013; 4 free-standing sculptures, 2 projected videos, 32 framed works
Masse variabel / Dimensions variable
Courtesy Gavin Brown's enterprise, New York

135
Untitled (Detail / detail), 2013
Graphit und Fotografie auf Papier / Graphite and photograph on paper
25 x 17.6 cm
Courtesy Uri Aran & Gavin Brown's enterprise, New York

136
Untitled (For Dan's Notes) (Detail / detail), 2013
Verschiedene Materialien auf Papier / Mixed media on paper
37.6 x 28.5 cm
Courtesy Uri Aran & Gavin Brown's enterprise, New York

137
Untitled (by snake bite) (Detail / detail), 2013
Verschiedene Materialien auf Papier / Mixed media on paper
37.6 x 28.5 cm
Courtesy Uri Aran, & Gavin Brown's enterprise, New York

138–139
Chimpanzee, 2013
Einkanalvideo, Farbe, Ton / Single-channel video, color, sound
23 Min. 58 Sek. / 23 min. 58 sec.
Courtesy Uri Aran, Gavin Brown's enterprise, New York, & mother's tankstation, Dublin

140–141
Ausstellungsansicht 2. Raum / Installation view, 2nd room, *here, here and here*, Kunsthalle Zürich, 2013

142 (oben, von links nach rechts / top, from left to right)
Untitled (Department C), 2012/2013
Verschiedene Materialien / Mixed media
110 x 121.5 x 100 cm
Courtesy Uri Aran, Gavin Brown's enterprise, New York, & mother's tankstation, Dublin

Untitled (Department D), 2012/2013
Verschiedene Materialien / Mixed media
110 x 119 x 76 cm
Courtesy Uri Aran, Gavin Brown's enterprise, New York, & mother's tankstation, Dublin

142 (unten / bottom), 143
Untitled (Department E) (Details / details), 2012/2013
Verschiedene Materialien / Mixed media
97.5 x 155 x 110 cm
Courtesy Uri Aran, Gavin Brown's enterprise, New York, & mother's tankstation, Dublin

144
Untitled (Department F) (Detail / detail), 2012/2013
Verschiedene Materialien / Mixed media
102 x 143 x 79 cm
Courtesy Uri Aran, Gavin Brown's enterprise, New York, & mother's tankstation, Dublin

145
Untitled (Dear Tenants), 2012/2013
Verschiedene Materialien / Mixed media
106 x 122 x 61 cm
Courtesy Uri Aran, Gavin Brown's enterprise, New York, & mother's tankstation, Dublin

146
Ausstellungsansicht 3. Raum / Installation view, 3rd room, *here, here and here*, Kunsthalle Zürich, 2013

147 (oben, von links nach rechts / top, from left to right)
Untitled, 2012
Verschiedene Materialien auf Papier / Mixed media on paper
37.8 x 53 x 3.8 cm
Courtesy Uri Aran, Gavin Brown's enterprise, New York, & mother's tankstation, Dublin

Untitled, 2012/2013
Beton, Gipsgrundierung und verschiedene Materialien auf Holz / Concrete, gesso, and mixed media on wood
45.5 x 97 x 45 cm
Courtesy Uri Aran, Gavin Brown's enterprise, New York, & mother's tankstation, Dublin

Untitled, 2012
C-print
42.8 x 34.3 x 3.8 cm
Courtesy Uri Aran, Gavin Brown's enterprise, New York, & mother's tankstation, Dublin

147 (unten / bottom)
Untitled, 2012/2013
Beton, Gipsgrundierung und verschiedene Materialien auf Holz / Concrete, gesso, and mixed media on wood
45.5 x 97 x 45 cm
Courtesy Uri Aran, Gavin Brown's enterprise, New York, & mother's tankstation, Dublin

148–149
Untitled, 2012/2013
Verschiedene Materialien / Mixed media
10 x 167 x 58 cm
Courtesy Uri Aran, Gavin Brown's enterprise, New York, & mother's tankstation, Dublin

150
Untitled, 2012/2013
Verschiedene Materialien / Mixed media
70 x 81.5 x 40.5 cm
Courtesy Uri Aran, Gavin Brown's enterprise, New York, & mother's tankstation, Dublin

151 (oben / top)
Untitled, 2012/2013
Verschiedene Materialien / Mixed media
35.5 x 69 x 40.5 cm
Courtesy Uri Aran, Gavin Brown's enterprise, New York, & mother's tankstation, Dublin

151 (unten / bottom)
Untitled, 2012/2013
Verschiedene Materialien / Mixed media
12.5 x 30.4 x 30.4 cm
Courtesy Uri Aran, Gavin Brown's enterprise, New York, & mother's tankstation, Dublin

152 (oben / top)
Untitled (Sketchbook), 2012/2013
Verschiedene Techniken auf Papier / Mixed technique on paper
18 x 50.5 cm
Courtesy Uri Aran

152 (unten / bottom)
Untitled, 2012
Verschiedene Materialien auf Papier / Mixed media on paper
47 x 59.7 cm
Courtesy Gavin Brown's enterprise, New York

153
Untitled, 2013
Verschiedene Materialien auf Papier / Mixed media on paper
37.6 x 28.5 cm
Gavin Brown's enterprise, New York, & mother's tankstation, Dublin

154
Untitled (B&W), 2012
Verschiedene Materialien auf Papier / Mixed media on paper
59.3 x 46.5 cm
Courtesy Uri Aran, Gavin Brown's enterprise, New York, & mother's tankstation, Dublin

155
Untitled (By), 2012
Tintenstrahldruck und Graphit auf Papier / Inkjet print and graphite on paper
89.5 x 60 x 2.5 cm
Collection of Andrew Neel

156
Untitled, 2012
Verschiedene Materialien auf Holz / Mixed media on wood
30 x 21 x 2 cm
In Zusammenarbeit mit / In collaboration with Elizabeth Neel
Courtesy die Künstler / the artists

157
Chimpanzee, 2013
Einkanalvideo, Farbe, Ton / Single-channel video, color, sound
23 Min. 58 Sek. / 23 min. 58 sec.
Courtesy Uri Aran, Gavin Brown's enterprise, New York, & mother's tankstation, Dublin

158–159
Untitled, 2012
Verschiedene Materialien auf Papier / Mixed media on paper
28.8 x 37 cm
Privatsammlung / Private Collection

160–163
Untitled (Ticket Shack), 2012
Performance und verschiedene Materialien / Performance and mixed media
Masse variabel / Dimensions variable
Courtesy Gavin Brown's enterprise, New York

164–165
Ausstellungsansicht / Installation view, *by foot, by car, by bus*, Gavin Brown's enterprise, New York, 2012

166
Untitled (Detail / detail), 2012
Verschiedene Materialien / Mixed media
Masse variabel, Tisch: / Dimensions variable, table: 81.9 x 123.2 x 71.1 cm
Courtesy Gavin Brown's enterprise, New York

167
Untitled, 2012
Tintenstrahldruck auf Papier / Inkjet print on paper
22.2 x 21.6 cm
Courtesy Gavin Brown's enterprise, New York

168
Untitled, 2012
Acryl, Tafelfarbe, Computerzeichnung und Stift auf Papier / Acrylic, chalkboard paint, computer drawing, and pen on paper
30.5 x 21.6 cm
Courtesy Gavin Brown's enterprise, New York

169
Untitled, 2012
Buntstift auf Papier / Colored pencil on paper
22.9 x 30.5 cm
Courtesy Gavin Brown's enterprise, New York

170–171
Untitled, 2012
Verschiedene Materialien / Mixed media
Masse variabel, Tisch: / Dimensions variable, table: 78.1 x 121.9 x 61 cm
Collection Catherine & Jacques Verhaegen, Brussels

172–173
All This Is Yours, 2010
Verschiedene Materialien / Mixed media
Masse variabel / Dimension variable
Collection Catherine & Jacques Verhaegen, Brussels

174
Untitled (Bus), 2008
Verschiedene Materialien / Mixed media
86.4 x 121.9 x 73.7 cm
Courtesy Gavin Brown's enterprise, New York

175 (oben / top)
John, 2008
C-print
47.6 x 62.9 cm
Courtesy Uri Aran & Rivington Arms, New York

175 (unten / bottom)
Dogs and Cats, 2008
Kokosnuss, Tasse mit Unterteller, Pompon-Bordüre, Acryl / Coconut, cup and saucer, trim, acrylic paint
ca. 25 x 20 x 20 cm
Courtesy Uri Aran & Rivington Arms, New York

176–179
Geraniums, 2007
Verschiedene Materialien / Mixed media
Masse variabel / Dimensions variable
Courtesy Gavin Brown's enterprise, New York

180–181
Untitled, 2006
Einkanalvideo auf DVD, Farbe, Ton / Single-channel video on DVD, color, sound
3 Min. 24 Sek. / 3 min. 24 sec.
Courtesy Uri Aran, Gavin Brown's enterprise, New York, & mother's tankstation, Dublin

Diese Publikation erscheint anlässlich der Ausstellungen von Uri Aran in der Kunsthalle Zürich (2.2.–24.3.2013) und in der South London Gallery (11.12.2013–23.2.2014).

This book is published on the occasion of Uri Aran's exhibition at the Kunsthalle Zürich (2.2.–24.3.2013) and the South London Gallery (11.12.2013–23.2.2014).

Herausgeberinnen / Editors: Beatrix Ruf, Kunsthalle Zürich & South London Gallery
Redaktion / Editorial Coordination: Rahel Blättler
Lektorat & Korrektorat / Copyediting & Proofreading: Rahel Blättler, Clare Manchester, Karin Prätorius
Übersetzungen (Englisch–Deutsch) / Translations (English–German): Barbara Hess
Übersetzungen (Deutsch–Englisch) / Translations (German–English): Susan Cox
Grafische Gestaltung / Graphic Design: Nicolas Eigenheer & Vera Kaspar
Lithografie & Druck / Color Separation & Print: Musumeci S.p.A. Quart (Aosta)

Schutzumschlag / Dustjacket: *Untitled*, 2014, Acryl und verschiedene Materialien auf Papier / Acrylic and mixed media on paper, 50.2 x 35.6 x 3.8 cm, Courtesy Uri Aran & Gavin Brown's enterprise, New York; Collection Uri Aran

Umschlag / Cover: *Untitled*, 2012, C-print, 30 x 37.3 x 3.8 cm, Courtesy Uri Aran & Gavin Brown's enterprise, New York

Fotonachweis / Photo Credits: Stefan Altenbruger Photography, Zurich (138–141), Ronald Amstutz (114–115), Kobi Benezri (77), Sara Eklund (160–163), Matteo de Fina (130–132, 133 unten / bottom), Brian Forrest (12–13, 34–35), Ori Geva (174 unten / bottom), Keith Hunter (75, 100–105), Andy Keates (2, 120–128), Gunnar Meier (84, 156), Thomas Müller (16–17, 53, 79, 83 unten / bottom, 90, 91, 118–119, 167–168, 170–171), Elizabeth Neel (9), Bill Orcutt (112–113), Tom Powel (11, 25, 29, 31, 133 oben / top, 169, 172–173, 176–179), Adam Reich (4, 8, 158–159, 174 oben / top, 175 unten / bottom), Andrea Rossetti, Milan (106–109, 111), Annik Wetter (142–151, 152 oben / top, 153), Todd White, London (28), Mark Woods (164–165), Max Yawney (83 oben / top)

Ausstellungen / Exhibitions

Uri Aran. here, here and here, 2.2.–24.3.2013

Kunsthalle Zürich
Limmatstrasse 270
CH–8005 Zurich
T +41 (0) 44 272 15 15
F +41 (0) 44 272 18 88
info@kunsthallezurich.ch
www.kunsthallezurich.ch

Direktorin & Kuratorin / Director & Curator: Beatrix Ruf
Leitung Administration / Head of Administration: Monika Milakovic
Ausstellungsleitung & Publikationen / Head of Exhibitions & Publications: Rahel Blättler
Ausstellungsmanagement / Exhibition Management: Rebecka Domig
Kuratorin Theorie & Vermittlung / Curator of Theory & Programs: Julia Moritz
Kommunikation, Presse & Events / Communication, Press, & Events: Martin Schmidt
Administrative Assistenz / Administrative Assistant: Lily-Pauline Koper
Leiter Technik / Chief Technician: Attila Panczel

An der Ausstellung mitgewirkt haben / With assistance from:
Joëlle Allet, Andreas Ammann, Marc Asekhame, Tina Braegger, Nadja Crola, Jacqueline Domeniconi, Anna Francke, Boris Knorpp, Florence Le Bègue, Nella Lombardi, Alfonso Negri, Konstantinos Manolakis, Maya Minder, Niels Olsen, Jessica Pooch, Jean-Charles De Quillacq, Benjamin Rosenthal, Roland Rüegg, Li Sanli, Johanna Saxen, Joke Schmidt, Karin Schuh, Timothy Standring, Florian Wagner, Urban Zellweger, Michael Zimmermann, Fabian Zwicker

Ein spezieller Dank für die grosszügige Unterstützung der Ausstellung und der Publikation an / Special thanks for the generous support of the exhibition and publication to:
Evelyn Lingg
Hulda & Gustav Zumsteg Foundation
Anette & Sami Bollag-Rothschild
Bloomberg L.P.
Ringier AG
Gerd Schepers
Iwan & Manuela Wirth

Kunsthalle Zürich dankt für die kontinuierliche Unterstützung / Kunsthalle Zürich would like to thank for their continuous support:

Stadt Zürich Kultur

Kanton Zürich Fachstelle Kultur

Partnerin

Zürcher Kantonalbank

LUMA FOUNDATION

Uri Aran. Five Minutes Before, 11.12.2013–23.2.2014

South London Gallery
65 Peckham Road
UK–London SE5 8UH
T +44 (0) 20 7703 6120
mail@southlondongallery.org
www.southlonondgallery.org

Direktorin / Director: Margot Heller
Direktionsassistentin / Director's Assistant: Leah Swain
Stellvertretender Direktor / Deputy Director: Hiraani Himona
Entwicklungsleitung / Development Manager: Georgina Davey
Leitung Programm / Programme Manager: Simon Parris
Stellvertretende Kuratorin / Associate Curator: Anna Gritz
Programmassistenz / Programme Assistant: Rachael Harlow
Ausstellungstechnik / Gallery Technician: David Angus
Leitung Marketing & Kommunikation / Marketing & Communications Manager: Katie Haines
Volontärin Kommunikation / Communications Trainee: Rosie Gibson

The South London Gallery wird unterstützt von / is supported by:

Supported using public funding by ARTS COUNCIL ENGLAND

Southwark Council

Die Ausstellung wurde unterstützt von / The exhibition was supported by:

outset.

The Henry Moore Foundation

Danksagung / Acknowledgments:

Wir danken den grosszügigen Leihgebern der Ausstellungen / We are grateful to the generous lenders to the exhibitions:
Collection of Andrew Neel
Collection of Bridget Donahue, New York
Collection of Sascha Bauer, New York
Gavin Brown's enterprise, New York
mother's tankstation, Dublin
Private Collection, Dublin
Sadie Coles HQ, London

Uri Aran und die Institutionen danken herzlich für die Hilfe und Unterstützung / Uri Aran and the institutions very much appreciate the help and support of:
Mai Abu ElDahab, Harry Acland, Cecilia Alemani, Stefan Altenburger, Elad Amitay, Dan Aran, Gideon Aran, Naomi Aran, Taltal Aran, Michel Auder, Daniel Bailey, Tenzing Barshee, Naaran Barzilai, Jelena Behrend, Ruta Behrend, Vincenzo de Bellis, Kobi Benezri, Itai Benjamini, Melissa Bent, Lionel Bovier, Alexandra Branch, Gavin Brown, Sadie Coles, Stuart Comer, Antonio Coppola, Clarissa Dalrymple, Pauline Daly, Amanda Dandeneau, Karolina Dankow, Gavin Delahunty, Bridget Donahue, Ara Dymond, Nicolas Eigenheer, Sara Eklund, Andrew Falberg, Fredi Fischli, Katherine Flynn, Alex Gartenfeld, Michael Gaurdiola, everyone at Gavin Brown's enterprise, Candida Gertler, Ori Geva, Liam Gillick, Massimiliano Gioni, David Godbold, Anna Gritz, Rachael Harlow, Dani Harris, Tommy Hartung, Julia Hasting, Itamar Heifetz, Nick Hempton, Anthony Huberman, Finola Jones, JRP|Ringier, Vera Kaspar, Matt Keegan, Jon Kessler, Alison Kizu-Blair, Itai Kriss, Kim Lane, Jeremy Lewison, Laura Lord, Clare Manchester, Mirabelle Marden, Helen Marten, Lillian & Billy Mauer, Fionn Meade, Laura Mitterrand, Reymond Mosser, everyone at mother's tankstation, Tyler Myers, Roy Nassee, Martin Nederpelt, Ginny Neel, Hartley Neel, Anton Obeid, Hans Ulrich Obrist, Natacha Oliveira, Marina Olsen, Niels Olsen, Simon Parris, Karin Prätorius, Yoav Reches, Magali Reus, Bruna Roccasalva, everyone at Sadie Coles HQ, Mason Saltarrelli, Stefania Scarpini, Mary Simpson, Laura Smith, Andy Stillpass, Annie Thornton, Peter Traficanti, Murray Trider / Ground Control Studio, Felipe Vasquez, Jacques Verhagen, Gal Weinstein, Itai Weissmann, Shani Dosh Weissmann, Sterling Wells, Annik Wetter, Matt Wycoff, Honza Zamojski, and a special thank you to Elizabeth Neel

Und ein ganz besonderer Dank an Uri Aran. / And a very special thanks to Uri Aran.

Publiziert von / Published by:

JRP|Ringier
Limmatstrasse 270
CH–8005 Zurich
T +41 (0) 43 311 27 50
F +41 (0) 43 311 27 51
E info@jrp-ringier.com
www.jrp-ringier.com

ISBN 978-3-03764-384-6

JRP|Ringier-Bücher sind international in ausgewählten Buchhandlungen und bei den folgenden Vertriebspartnern erhältlich / JRP|Ringier books are available internationally at selected bookstores and the following distribution partners:

Schweiz / Switzerland
AVA Verlagsauslieferung AG,
Centralweg 16, CH–8910 Affoltern a.A.,
verlagsservice@ava.ch, www.ava.ch

Deutschland und Österreich /
Germany and Austria
Vice Versa Distribution GmbH,
Immanuelkirchstrasse 12, D–10405 Berlin,
info@vice-versa-distribution.com,
www.vice-versa-distribution.com

Frankreich / France
Les presses du réel, 35 rue Colson, F–21000 Dijon, info@lespressesdureel.com,
www.lespressesdureel.com

Grossbritannien und andere europäische Länder / UK and other European countries
Cornerhouse Publications, HOME,
2 Tony Wilson Place,
UK–Manchester M15 4FN
publications@cornerhouse.org
www.cornerhouse.org/books

USA, Kanada, Asien und Australien /
USA, Canada, Asia, and Australia
ARTBOOK|D.A.P., 155 Sixth Avenue,
2nd Floor, USA–New York, NY 10013,
orders@dapinc.com, www.artbook.com

Für eine Liste der Partnerbuchhandlungen oder allgemeine Fragen kontaktieren Sie bitte JRP|Ringier direkt unter info@jrp-ringier.com oder besuchen Sie unsere Webseite www.jrp-ringier.com für weitere Programminformationen. / For a list of our partner bookshops or for any general questions, please contact JRP|Ringier directly at info@jrp-ringier.com, or visit our home page www.jrp-ringier.com for further information about our program.